U0127842

无缘·公界·乐

中世日本的自由与和平

［日］网野善彦 著

夏川 译

长江出版传媒 崇文书局

ZOUHO MUEN KUGAI RAKU – NIHONCHUUSEI NO JIYUU TO HEIWA

by Yoshihiko Amino

© 1996 Machiko Amino

Kaisetsu – "BUNMEI" NO AYAUSA NO JISSHOU

by Hiroshi Kasamatsu

© 1996 Hiroshi Kasamatsu

All rights reserved.

Originally published in Japan by HEIBONSHA LIMITED, PUBLISHERS, Tokyo

Chinese (in simplified character only) translation rights arranged with

HEIBONSHA LIMITED, PUBLISHERS, Japan

through TUTTLE-MORI AGENCY INC. and Pace Agency Ltd.

著作权合同登记图字：17-2022-102

审图号：GS（2023）2265 号

图书在版编目（CIP）数据

无缘·公界·乐：中世日本的自由与和平／（日）
网野善彦著；夏川译. -- 武汉：崇文书局，2023.8
　（崇文学术译丛. 日本史经典）
　ISBN 978-7-5403-7315-3

　Ⅰ.①无… Ⅱ.①网… ②夏… Ⅲ.①日本- 中世纪
史- 研究 Ⅳ.① K313.3

中国国家版本馆 CIP 数据核字 (2023) 第 099951 号

出 版 人：韩　敏
策划编辑：鲁兴刚
责任编辑：鲁兴刚
责任校对：李堂芳
装帧设计：彭振威设计事务所
责任印制：李佳超

无缘·公界·乐：中世日本的自由与和平
WUYUAN GONGJIE LE ZHONGSHI RIBEN DE ZIYOU YÜ HEPING

出版发行：长江出版传媒 ｜ 崇文书局
地　　址：武汉市雄楚大街 268 号 C 座 11 层
电　　话：（027）87677133　　邮政编码：430070
印　　刷：湖北新华印务有限公司
开　　本：880mm×1230mm　1/32
印　　张：9.875
字　　数：220 千
版　　次：2023 年 8 月第 1 版
印　　次：2023 年 8 月第 1 次印刷
定　　价：88.00 元

（如发现印装质量问题，影响阅读，由本社负责调换）

《无缘・公界・乐》初版于一九七八年六月、增补版于一九八七年五月由平凡社刊行。本书是将增补版收入"平凡社图书馆"系列后的版本。

日本古代令制国示意图（公元900年前后）

五畿七道	国名	今日所属郡府县名
西海道	筑前	福冈县
	筑后	福冈县、大分县一部
	丰前	福冈县、大分县一部
	丰后	大分县
	日向	宫崎县
	大隅	鹿儿岛县
	萨摩	
	肥后	熊本县
	肥前	佐贺县、长崎县
	壹岐	长崎县
	对马	长崎县
南海道	伊予	爱媛县
	土佐	高知县
	阿波	德岛县
	赞岐	香川县
	淡路	兵库县
	纪伊	和歌山县

	长门	山口县
山阳道	周防	山口县
	安艺	广岛县
	备后	冈山县
	备中	冈山县
	备前	冈山县、香川县一部
	美作	冈山县
	播磨	兵库县
山阴道	石见	岛根县
	出云	岛根县
	隐岐	岛根县
	伯耆	鸟取县
	因幡	鸟取县
	但马	兵库县
	丹后	京都府
	丹波	京都府、兵库县、大阪府一部
畿内	摄津	大阪府、兵库县一部
	和泉	大阪府
	河内	大阪府
	大和	奈良县
	山城	京都府

东海道	伊贺	三重县
	伊势	三重县
	志摩	三重县
	尾张	爱知县
	三河	爱知县
	远江	静冈县
	骏河	静冈县
	伊豆	静冈县
	甲斐	山梨县
	相模	神奈川县
	武藏	东京都、埼玉县、神奈川县一部
	安房	千叶县
	上总	千叶县
	下总	千叶县、东京都、茨城县、埼玉县各一部
	常陆	茨城县

东山道	近江	滋贺县
	美浓	岐阜县
	飞骅	岐阜县
	信浓	长野县
	上野	群马县
	下野	栃木县
	出羽	秋田县、山形县
	陆奥	青森县、岩手县、宫城县、福岛县、秋田县一部
北陆道	若狭	福井县
	越前	福井县
	加贺	石川县
	能登	石川县
	越中	富山县
	越后	新潟县
	佐渡	新潟县

源氏、北条氏、足利氏关系表

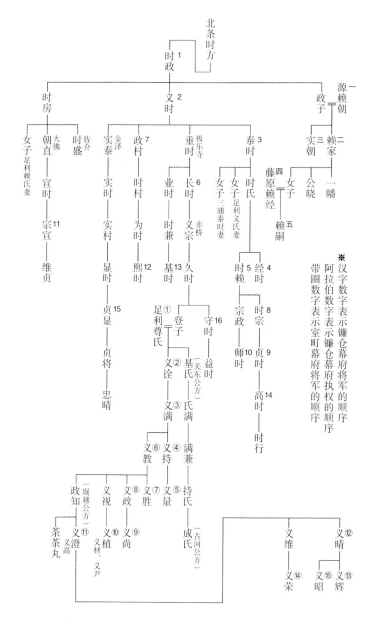

※
汉字数字表示镰仓幕府将军的顺序
阿拉伯数字表示镰仓幕府执权的顺序
带圈数字表示室町幕府将军的顺序

日本历史大体分作古代、中世、近世、近代、现代五个阶段，其中中世起于11世纪后半期，终于16世纪后半期，核心阶段为镰仓幕府时期（1185—1333）、南北朝时期（1336—1392）、室町幕府时期（1336—1573）。近世起于战国时代（1467—1576）后期，终于明治维新时期，核心阶段为德川幕府时期。

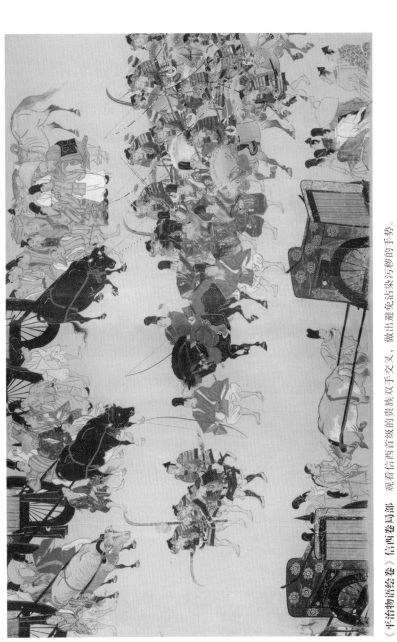

《平治物语绘卷》信西卷局部　观看信西首级的贵族双手交叉，做出避免沾染污秽的手势。

《一遍上人绘传》上人阅寂部分　画面中可见非人（图中下方房屋右侧穿褐色衣服者）等多种非农业民的身影。

《洛中洛外图》（舟木本）左侧第二扇局部　画中上部可见向人劝进的僧人、手持金扇的熊野山野僧等。

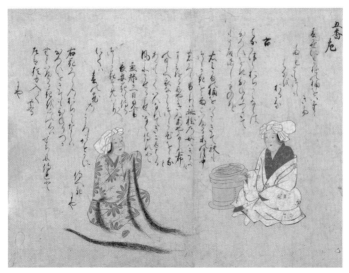

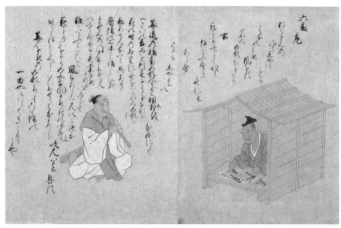

《三十二番职人赛歌》 右起至下依次是桂女、捻发者、卜算者、虚无僧、高野僧、巡礼。

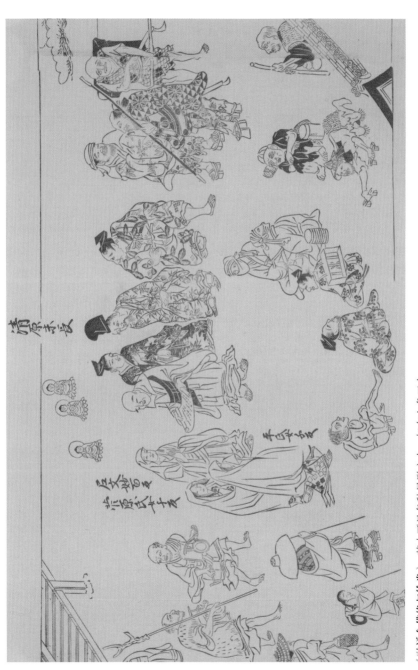

《融通念佛缘起绘卷》 其中可见各种异形之人，如右上角三人。

镰仓时代的集市 人们在固定时间固定时间回来到河滩，在搭建的简易房屋中交易。出自《一遍上人绘传》。

序 言

决心以历史学为毕生志业后，几乎同一时间，我站上了高中（都立北园高中）讲台。初次担任教师，回答不上学子的提问而在讲坛上哑口、呆立的情形屡屡出现，不过其中只有以下两个问题至今记忆犹新。

"你解释说，天皇的力量变弱，命悬一线，但为什么天皇还是没有消失呢？如果只是形式上的象征，拿掉它应该也可以，那为什么谁都没做到呢？"在我每年讲授平安末期、镰仓初期内乱，南北朝动乱，以及战国、织丰时期动乱时，这个问题几乎都会出现。对传统的利用、权力者的软弱，诸如此类的解释虽然能暂时糊弄提问者，但实在让人难以信服，这个问题便深深地扎根在我心中。

对于另一个问题，我则一句话也解释不出来，只能完全低头认输。"为什么杰出的宗教家只在平安末期及镰仓时期这个时代成群出现？为什么不是其他时代，而是在这个时代出现了这种现象？请解释一下。”

这两个问题，至今我也不能给出完美的解答。但是从那时起，我一直思考这两个烙印在我脑海中、片刻不曾离开的问题，将部分思考的结果作为试论汇集起来，便是本书。

我不擅长记人名，不记得那时提问者的姓名了。非常抱歉，但是现在应该已经过了三十五岁的昔日学子，万一在什么地方读到本书，请你们把它视作当时幼稚的老师竭尽全力思考过的、现阶段的拙劣回答。

为求慎重，在此需要说明的是，希望读者不要将本书副标题中的“自由”与“和平”，直接等同于西欧近代以来的自由与和平。当然，正如正文中也屡屡叙述的那样，我认为引号标注的“自由”“和平”不仅与后者有关，而且近代以来的自由与和平的理念只有以它们为基础才得以产生。但是，“自由”与“和平”只是原始时代以来的概念，它的实体随时代发展而衰弱，随着真正意义上被自觉到的自由、和平、平等思想从它的胎盘中出生而灭亡。正因如此，即便我们可以从世俗世界进入这个“自由”与“和平”的世界，但要回到相反的道路就渐次困难，甚至有时让人感到“绝望”。而作为灭亡事物的无奈命运，“自由”与“和平”既可能华丽地灭亡，也可能寂寞地离场，或者堕落，有时甚至散发着“恶臭”地消散。

本书采取倒叙法与此有关，但内容本身几乎没有涉及那种现在仍在发展的“末期症状”的种种情况。比起深入这一侧面，我更想尽可能地强调本质上与世俗的权力、武力所不同的"自由"与"和平"——本书所谓的"无缘"原理——对人类历史和生活在日本这一自然之中的我们祖先的生活所产生的无限影响，以及对其"重生"的展望。

如果读者能从这种粗糙的叙述中多少了解到，我们日本人的历史中贯穿了世界其他各民族——人类历史中共通的法则，同时，我们的祖先也从自己的生活本身中创造出了绝不逊于其他民族的东西，那么我的愿望就可以说实现了。

在这种意义上，本书原本就没有打算写给专家看。然而，最关键的是因为我自身能力不足，不可避免地受到目前学界状况的影响，结果叙述脉络常常断裂。克服这种缺点，并质朴地叙述出加入本书尝试思考之角度的某个时代的历史，是我今后长存的梦想，我会继续学习，而对本书中相当难读之处，则先要向读者表示抱歉。

我本来就是一个逻辑思考能力甚缺，且相当粗枝大叶的人，或许在本书各处都犯下了可笑、幼稚的错误吧。特别是关于古代及未开化社会，我原本就充分意识到自己完全没有资格讨论。在铭记今后要学习的同时，真诚地希望读者对这篇满是缺陷的拙劣试论，予以直截了当的指正。

目录

第一章

"Engacho"

我小的时候，有一种叫"Engacho"〔エンガチョ〕*的游戏。突然大家开始冲着我嘲笑道"Engacho、Engacho"。这是我碰到或踩到了什么脏东西，但自己没有注意到。然而朋友全从我身边逃开。我是"Engacho"，我绝对不能接触。如果不把"Engacho"传给别人就会永远孤独的恐惧，驱使我到处追赶朋友。之后它就和"追人游戏"一样了。追上跑得慢的人并用手碰到他。这下我得救了。"Engacho"转移到那个孩子身上。

不过，这个游戏里有一个奇特的护身术。将两手的拇指和食指结成链环，对某个人说"斩断En"，再请他把链环断开，就再也沾不上"Engacho"。大家都做完这一护身术后的那种无可奈何、束手无策的记忆，至今仍鲜活地留在我的脑海之中。

---

* 正文六角括号及页下注内容皆为译注，后文不赘。

我是 1930 年代在东京度过小学生活的，东京最近似乎仍有孩子在玩这个游戏。在日本西部好像没有一模一样的游戏，但也有类似的。[1] 在名古屋的一个公寓同好会上，出席的老妇人说，在她的故乡金泽县也有这样的游戏。

这个游戏不像"追人游戏"那样彻底是个游戏。突然，"嘲笑"出现，大家瞬间喧闹，不知不觉间又忘掉、结束。然而排挤、使坏等邪恶的动机也能融入这个游戏之中，所以它有残酷的地方。也因此，当时的情景现在才能在我脑海中鲜明浮现出来吧。

鹤见俊辅氏似乎也对这个游戏记忆犹新，他提及河内纪氏的《简易房学校》〔『ベニヤの学校』〕一书，谈到了"Engacho"。[2]鹤见氏说："真正成为 Engacho 的人，必定要从 Engacho 这一身份中恢复过来。"完全如此！鹤见氏还说："Engacho 是污秽的家伙，是虽然污秽，但这种污秽却变成魔力，是拥有不让人靠近的 Engacho 的家伙。这就是 Engacho 的定义。""Engacho"祈祷"自己的 Enga 更强"，"也就是说，Engacho 消失，力量也就消失。学习不好的人必须依靠自己的 Enga 之力来对抗别人"。对此，我一半同意，另一半则意见相反。

如前文所述，沾染上"Engacho"的人可以说与"追人游戏"中的"鬼"一样。因此，"Engacho"是某种"魔力"这一点是事实，正如鹤见氏所说，它既是"污秽"的魔力，也可以是与之完全相反的"清洁"的魔力。"这是我们自己的力量，是自己的力量哦。当我们成为最后一个，当我们作为自己而坠落时，只要有Enga，只要 Enga 强大，我们就能从那里恢复过来。"鹤见氏此处所说的自然是"清洁"的"魔力"——"神圣的力量"。

不过鹤见氏在此虽频频强调"Enga"的"魔力",我却实在无法赞成。的确,"Engacho"中的"En"似乎可以认为是"秽",但前文中"切断En"这一护身术的"魔力"应当看作为"斩断缘",则"Engacho"中的"En"也可能是"缘"。*不管怎样,我认为如果把后者的"魔力"纳入思考之中,则这个游戏的意义就容易理解得多。这样,"Engacho"这一游戏就充分展示了这种"斩断缘"原理的正反两面,带有触及人类心灵和社会深层的意义。

另外,我小的时候,游戏"鱼雷舰章"风靡。这大概是"水鱼·舰长"的方言称呼,到了中学后我才知道,也有孩子把同款游戏叫作"海战"。正着戴有帽檐的帽子或戴红色帽子的战列舰(又称舰长、大将)只有一人,克制驱逐舰(横着戴帽子,或腰带上别着手帕),被鱼雷(反着戴帽子,或戴白色帽子)克制。驱逐舰克制鱼雷。孩子们分作两部,以"开战!"的信号开始比赛。战列舰跟随众多驱逐舰和一两个鱼雷,组成战队出动。鱼雷基本上由腿脚快的孩子担任,大多数分散隐蔽,等待战列舰到来时伏击他。战列舰一旦被抓住,因为只有一位,游戏自然就输了。这是很多孩子向往海军的战前时代的游戏,几乎都是村组里的孩子参与。大家分成两队,在整个校园里奔跑的场景,至今仍是愉快的记忆。在这个游戏中,双方有"阵地"(或

---

* "秽""缘"的日语均可读作えん,即En,鹤见理解为"秽"。

许也称作"基地"），大部分时候是一棵大树，或者是树周边一圈的区域。碰到那棵树，或者跳到圈内，就和外面的比赛没有关系，己方的话就获得安全，被抓住的敌人则成为俘虏，被关入此"阵地"中。要搭救他，只需从外面碰到抓住树的俘虏即可。所以俘虏们手牵着手，尽可能地排成一列长队，拼命求救。

另外有趣的是，同一"舰种"（？）的孩子撞上，叫作"平了"（"平局"的方言？）之类，敌我双方都会失去加入比赛的力量，但用手碰到"阵"或者接触到"大将"（战舰）的身体，就能再次恢复战斗力。

这个游戏融合了"村长、枪、狐狸""夺阵游戏"，以及"追人游戏"等古老的日本游戏，具有立体结构，即使现在来看，孩子沉迷其中也是理所当然的。从其中出现"鱼雷"等略显老旧的词汇可知，这多半是明治后半期以后某人想出来的游戏。不过，对于现在的我来说，饶有兴趣的是这个游戏中的"阵"和"大将"的功能。

触碰或者踏足其中，就与外面的胜负、战斗无关，并获得安全的地方与人；通过触碰或踏足其中，就能恢复战斗力、活力的空间与人。它与前面的"Engacho"很相似，也可以说这个游戏本身展现出来其反面、对立的东西。在这里，与之接触成了生命力的源泉，保证了"自由与和平"。当然，我们不能忘记那些被抓到"阵"里成为"俘虏"的人，但"解放"之门在此大开。所以与"Engacho"不同，我对这个游戏只留下了极其开放的明亮记忆。

如果上文关于"Engacho"和"斩断缘"原理的推测没有错，那么这也可以说是"斩断缘"这一事情的另一面，显示了原本与"缘"无关之物、拒绝"缘"之物的强大与明亮，以及它的生命力吧。与"Engacho"一样，这里的"阵"和"大将"也一定在人类社会及其历史中有着深厚的根基。[3]

我想从此处追溯这个"原理"，或者说"魔力"、"巫术"的源流。这项工作能走多远，我心里没有底，但我觉得这是有意义的工作。

当然，有很多人注意到了这些事情，并进而研究这个问题。比如我注意到"Engacho"一事，得意地在朋友笠松宏至氏面前说起时，他若无其事地对我说："什么，现在才注意到？我二十年前就开始思考了。"这让人哑口无言。另外，著名的皇国史观倡导者平泉澄氏在《中世神社、寺院与社会的关系》〔『中世に於ける社寺と社会との関係』〕第 3 章《社会组织》中——这篇他年轻时的论文全部使用横排版式，从其后来的发言几乎无法想象——注意到"追人游戏的所谓'宿'或'场'"和"庇护所"〔asylum〕的相似性，称"庇护所是人类发展的某一阶段普遍经历的风俗或制度"。这正是站在世界史、人类史的角度究明日本庇护所的具体样貌。此外，为日本现代历史学、法制史奠定坚实基础的中田薫氏在思考这些问题方面，发表了《法制史上的手的活动》《古法与触秽》〔「法制史に於ける手の働き」「古法と触穢」〕[4]等很多具有启发性的论文，但出人意料的是，这些似乎并没有引起注意。

中田氏学问的这些方面，现在由以佐藤进一氏为首，包括前述的笠松氏、胜俣镇夫氏等人继承，不断结出卓越成果；关于庇护所的具体例证，则由田中久夫氏、秀村选三氏、阿部善雄氏等人屡屡介绍、论及并逐渐丰富。此外，杉山博氏、三浦圭一氏、石尾芳久氏等人基于商业史、贱民部落形成史之角度的发言也不容忽视。

以下，我们将随处援引这些研究，同时采用倒叙法，不断上溯时代进行思考。

第二章

江户时代的断缘寺

快刀斩断萦绕缘，镰之寺

众人苦求之，松冈

松冈，女子独往的地方

在江户时代，女性没有离婚权。即使丈夫有错，为表歉意
而离婚，写出那三行半的离婚书约，并与妻子离婚的仍是丈夫
一方。因此基本上可以说，不管是多么随意的理由，丈夫都可
以自由地与妻子离婚。

尽管如此，妻子一方也并非完全没有离婚手段。在丈夫未
经妻子同意就将妻子的衣物等物典当出去，或者妻子回到娘家
后丈夫三四年放任不理等情况下，妻子的离婚意愿便被认可。

不过，就像本章开头所引的那样，妻子积极实现离婚决意
的最有效手段，是在诙谐短诗中也可以看到的跑入断缘寺。江

户时代，镰仓松冈的东庆寺、上野德川的满德寺就是这样的断缘寺。这一点广为认知，目前已有大量研究，相关史料也得到大量介绍。仅举主要作品，在东庆寺方面，我们可以举出穗积重远的《离婚书契与断缘寺》〔『離縁状と縁切寺』〕、井上禅定的《奔入寺》〔『駈入寺』〕、石井良助的《断缘寺——东庆寺的情况》〔「縁切寺——東慶寺の場合」〕[1]、小丸俊雄的《断缘寺松冈东庆寺史料》〔『縁切寺松ヶ岡東慶寺史料』〕；在满德寺方面，则可举出五十岚富夫的《断缘寺的研究》〔『縁切寺の研究』〕、高木侃的《断缘寺满德寺史料集》〔『縁切寺満徳寺史料集』〕等。据以上著作，打算离婚的女性只要将草鞋、梳子等随身物品扔进门内，追捕者就不能再碰她。由此寺法支撑的这种断缘寺，可以说正是在江户时代的现实社会中发挥作用的、前述游戏中的"阵"。我想在此借鉴井上氏的工作成果，并依据阐明东庆寺寺法之变化的石井氏的研究，思考支撑这种寺院的"原理"。

众所周知，东庆寺是尼寺，跑入之后以比丘尼的身份工作、服务三年（最初是三整年，后来是二十四个月，即连头挂脚三年；满德寺为二十五个月）便断绝了姻缘，产生了离婚的效果。但是，这种"原理"或者"寺法"的功能在整个江户时代绝非一成不变。且如石井氏所揭示的那样，时代越久，它的独特作用就越活跃。

石井氏推测在宽保二年（1742）幕府将军德川吉宗编订《审判法令》〔「公事方御定書」〕之前，不仅是东庆寺、满德寺，还有相当多尼寺具备这种功能。而且不止尼寺具有此功能。在前桥藩，宝永元年（1704）以前，应该存在"村镇中的妻女讨厌丈夫，跑入藩士（藩主的家臣）家里服务三年，就可以再婚的习俗"[2]；在八王子附近，存在"跑入八王子千人头*之家，按照主人的希望过三年或五年后，就产生离婚效果的'断缘奔入'的惯例"[3]。这样，在江户时代前期，断缘的原理仍以各种各样的形式在社会中维持着生命，并发挥不小的作用。

然而，权力对此显出露骨的不快神色。前桥藩的惯例在宝永元年遭禁，幕府官员也视跑入东庆寺为"不法"行为。江户衙门的这种"反感态度"延续到享保〔1716—1736〕初年。[4]大约宽保年间〔1741—1744〕以后，权力开始成功将这些原理的作用置于自身之下。

眼下，幕府公认的断缘寺只剩下前面的两座了。在东庆寺这里，"寺社管理长官要求移交跑入寺院的女子时，该寺院不能拒绝移交"[5]。在此之前，东庆寺对跑入女子的丈夫，"命令性"地要求其出具离婚书约，但大约在宽保年间以后，东庆寺虽希望其出具离婚书约，但态度已主要放在通知此地接受跑入女子上了。[6]而且在宽保年间以前，丈夫不出具离婚书约时，村镇官员向统治衙门提出请求，官员会露出不快神色，但仍命令该人"奉命"离婚。到了这个阶段，那不再是"奉命"，而只是"劝说"。

这样，东庆寺的功能可以说开始向斡旋离婚的方向转变，而幕府也支持这一制度。但在文化、文政年间〔1804—1831〕以后，这一趋势进一步发展，通过完善复杂的手续，东庆寺事

---

* 江户幕府直属武士集团八王子千人队的首领。

实上作为"相谈和解""离婚和解"的斡旋机构被置于幕府体制之内。

满德寺方面，文化年间以前的事例很少，无法像东庆寺那样清楚地探寻此类变化，但也是在天保年间〔1831—1845〕前后，寺内细致完善了通向"和解"的寺法。[7]当然，当事人一直到最后也未能和解时，断缘的原理仍被激活，但断缘寺的自立功能至此显著衰退。不久后明治维新，这个原理被政府完全否定了。不过我们有必要考虑到这种原理的生命力本身的弱化过程，而不是仅将此视作强大专制权力压制的结果。

如此一来，江户时代保障从属于丈夫的女性些许"自由"的断缘之场就消失了。此处有几个需要注意的地方。其中之一，就是具有这种断绝关系"原理"的场所本身的特质。

如前所述，石井氏认为，在江户前期可能有相当多的尼寺具有断缘功能。"男结界"、严格"禁止男性"的尼寺，确实是与之相符的场所，但不是所有寺院而只是尼寺如此，则是一个我们要预先记住的有用好事实。或许，那是因为这些地方与女性的性别本身有关。[8]

另外值得注意的是，成为最后两个断缘寺的东庆寺、满德寺本身的特质。这两座寺院是受到德川氏优待的寺院[9]，而这无疑是它们在江户时代得以保持这种寺法的背景。东庆寺是圆觉寺末寺的禅宗寺院，由镰仓御所—古河公方一脉的喜连川家族之女担任历代住持，可以说是公方祈愿所[*]；满德寺是藤泽的清净光寺的末寺，是时宗的寺院。于是我们也必须注意到禅宗、时宗之寺或公方祈愿所成为断缘寺这一点。与此同时，如前文提到的前桥藩和八王子的事例所示，某些特定的"家"成为断缘场所这一点也须留意。

穗积氏、石井氏等人都注意到，断缘寺是自日耳曼时代以来就存在于西欧社会的庇护所的一种形式，但我们在这里要考虑的是，庇护所究竟是在什么原理的支撑下成立的、什么样的地方才能成为发挥这种原理之地。为了探究这一点，上述事实可以说提供了宝贵的线索。

如前文所述，那些地方的确是"自由"的场所。但是我们也不能忽视，这种"自由"从另一方面来看是极其严格的纪律束缚。东庆寺四周有坚固的内外围栏，从那里逃跑会被处以"剃发、裸体"赶走的惩罚。在寺里打水、清扫、洗衣服等劳动自然是义务工作，与八岁以上男性接触则是彻底禁止的行为。那么，我们也可以说这是一种"牢狱"吧。

而且，奔入的女性之间有阶层之分。东庆寺分为女郎众格、御茶之间格、御半下格三种，井上、石井两氏推测这种阶层是依据其父母等人捐献的、作为她们在奔入寺生活费用的扶持金多寡决定的。但据青谷弥生氏的调查¹⁰，奔入女性的出身方面，

---

[*]　"公方"意为公权力的所有者，最初指代天皇及其朝廷，后来含义不断扩大，室町时代不仅指代将军及幕府，也用于幕府下设的镰仓府的长官及后代继承者，如镰仓公方、古河公方；"祈愿所"是天皇、大名等人为祈愿而建立的寺院。

来自农村的几乎都是一般百姓，来自都市的几乎都是房客，上缴扶持金的事例极少，因此这种推定仍有可质疑之处。我们自然不能认为世俗阶层对寺内完全没有影响，但我觉得在这种地方形成的阶层背后，非常有可能是与之不同的原理。不过毋庸置疑的是，那里绝对不是单纯"平等"之地。

虽说如此，那里无疑是以当时的权力——极其专制的幕藩权力，也无可奈何的深层习俗所支撑的场所，也是难以填补的"缝隙"。幕府的官员对于这种场所、习俗显露出反感、不快之色这一事实本身，就清楚地说明了这一点。我们很难否认那里存在着哪怕是极其限定意义上的"自由"，以及不依靠权力、武力的"保护"。

而且在幕藩体制下，这样的场所不只是作为实现离婚的断缘场所而存在。阿部善雄氏在他相当有趣的著作《奔入农民史》〔『駈入り農民史』〕中详细介绍了在福岛的守山藩，整个近世一直存在着罪犯奔入藩内的菩提寺或侍奉氏神的神职者之家，成为"寺院雇人"，从而逃避藩政府的追捕、处罚的惯例。这里虽然没有特别提及"断缘"，但如果考虑到犯罪之人是通过跑入与俗世断绝关系之地而获救，则可以认为这种惯例的背后是与断缘寺本质完全相同的原理。从后述的战国时期奔入寺的例子来看，这一论断也是正确的。

阿部氏在上述著作中详细描述因逃亡而落入受罚命运的农民、强行集体上诉的带头人、违反赌博禁令者等奔入此地的事例，认为守山藩将"奔入"作为一个法律程序。这种处罚方针中贯彻了即便是通奸等罪也尽量和解的理念，而守山藩之所以产生如此特有的状态，是因为此藩是牢狱机构很少的小藩。

接触到这些事例，我们不免意识到，在将农民束缚得难以喘息的幕藩体制下，不是也仍然存在同样的场所吗？石井氏也记下了断缘寺存在于萨摩、周防大岛的传闻。在各种意义上的"边境"区域，大概也存在着我们尚未得知的同性质场所吧。

上述情形不仅存在于小范围区域。一个完全不同的例子是，在霞浦四十八津、北浦四十四津的活动中，我也感受到与支撑前述场所同质的力量。[11] 这些组织持有将那片广袤的霞浦、北浦作为所有渔民入会之场的议定书，是沿海渔村自治联合组织。面对试图将入会之海圈起来的水户藩的权力，它们以"叛徒一律处死"的严厉姿态，持续了近五十年的抵抗。战败之后，这些组织在幕府的权力之下变质为霞浦、北浦的统治组织，而其转变的关键时期正是与前述断缘寺性质蜕变大致相同的享保年间。这一点绝非偶然吧。确凿的事实是，在德川幕府通过享保改革，更加露骨地展现其专制性格之前，这种自立性的自治、"自由"场所，在社会的各个地方仍然保持着它的生命。

话虽如此，这些事实在江户时代仍只是一个侧面的事实，且多少是有些例外的事情。前面提到的守山藩官衙中的牢狱，入狱者很少，"屋檐下矮竹、杂草丛生，内部的墙壁也破败不堪"[12]。换个角度来看，这是因为奔入寺本身起到守山藩牢狱的作用吧。这和前述断缘寺类似"牢狱"是一样的道理。若如此，将此观点进一步推进，则幕府和各藩收容罪人的牢狱，本身也可能是反过来的"自由"之地。[13]它与断缘寺相反，是被社会断绝关系之人的聚集地。因此，牢房之中或许也形成了与世俗秩序不同的阶层。在婆娑世界受欢迎的人，应该不会成为俗语所说的"牢老大"吧。完全推测地说，那里的阶层或许是根据入狱时间、罪本身的性质（罪的"艺能"！）决定的。

与这些进入牢狱的犯人一样，被断绝与社会的关系，或者不得不自行断绝关系之人在江户时代被迫度过凄惨的生涯也是事实吧。游女与游廊、赌徒与赌场、被称作河原者的演员和小戏院，还有"秽多、非人"与贱民部落，乃至在驿站之外连个安稳之处也找不到的各种流浪民众，等等。这些"常识"提醒我们其中黑暗、颓废的一面。

但是，即便在这种情况下，事实上也存在着与前述居于牢狱同样意义上的、颠倒反转过来的"自由"吧。因此在这种情况下，我们也可以尝试反溯这一过程，也即以根深蒂固的断缘原理支撑着的"自由"之地、奔入寺的尽头，是冷酷的牢房、监狱的过程。如前所述，仅就江户时代而言也可看到，越往前追溯，奔入寺就越有生命力。那么，我想前文那些在幕藩体制下处于阴森的压迫以及由此堕入深渊中的人们或者地方，应该有一段以完全不同的面貌而生动地活动、发挥作用的时期，对此进行研究也有足够的前景。[14]

接下来我想沿着这条路前进，对于这种尝试，人们可能会这样说：在妓院、赌馆、戏院等地方寻找近世"自由和人民生活的中心"是缘木求鱼。本来我也并不打算局限于此。前文说过，虽然这种"自由"在农村地区也作为一种暗流存在，但我觉得它较之农村更在渔村、山村，较之经济、政治中心更在"边境"区域活跃。不过，对于这样的批评者，我想用一个问题来回应：

如果将文化视作人类或多或少的自由精神活动的产物，那么我们如何看待可称作江户时代的文化——绘画、文学、戏剧等，大部分都通过上述场所才产生呢？这一事实本身就表明了上述观点的正确性吧。而且，我们也有必要更加深入地思考日本的近世社会是在将"自由"的原理逼入如此程度后才成立的事实吧。

总之，恩格斯将包括卖淫在内的淫游制（与单个婚姻并行的、男性与单身女性的婚姻外性交）称作"过去的性自由的延续"，说卖淫对陷入其中的"男性的腐蚀，远比女性更严重"。这些话也给了我勇气。下面，我将继续推进前述研究。

第三章

若狭的奔入寺

——万德寺的寺法

北川流经若狭小滨平原。在从南方汇入的支流远敷川的右岸，有一个大概是室町末期铸工聚居的、名为"金屋"的村落。以优美的借景庭园而闻名的万德寺，就在它的边缘上。

在战国时期，这座寺院内部耸立着正昭院、宝聚院等几个小寺，是座规模很大的寺院。庆长七年（1602），正昭院被纳作大德寺直属的末寺，获得了"万德寺"这一寺名。寺里流传下来的文书最近由须磨千颖氏收录在《小滨市史》（社寺文书篇）中刊行，如其在《解说》中指出的那样，战国时代，此寺是典型的奔入寺。下面的文书，清楚地讲述了这一事实：

> 正昭院之事，为当国真言众之本寺，相定为祈愿所，故斗诤喧呶，或杀害刃伤，或山海之二贼，其外纵为何种重科人，走入正昭院并宝聚院求请者，申报原委后可为扶

助［持］。若彼主人及违乱，欲诛罚者，严令其给予安堵。
恐恐谨言。

十二月七日　　　　　（武田）信丰（花押）

正昭院

住持

这是若狭国守护武田信丰发给正昭院的文书，大意是说：
正昭院是若狭真言众的本寺，被定立为祈愿所，因此就算是打
架争斗、杀人、持刀伤人、成为山贼海盗，乃至犯下任何罪责
的重犯，只要跑进正昭院、宝聚院寻求保护，在向武田氏申报
情况后就由寺院照顾；即使是犯人的主人，也不允许因为犯人
是家臣、下人就诛罚跑入的犯人。此处所列的罪行，是相当于
当时"大犯三条"（镰仓时代意为"催促服大番役*、追捕谋反者、
追捕杀人者"的这一词汇，到了南北朝末期或室町时代初期转而
指代"盗窃、放火、杀人"之意）的最重的罪行，但武田氏在此
正式认可并保证，即使是重犯，只要跑入这座寺庙就会受到保护。
如此具体列示跑入者的罪行，并讲述战国大名明确承认奔入寺的
特权、奔入之习惯的史料，在此之前并不为人所知。

不过在这封信件中，信丰向正昭院保证这种特权的依据，
是该寺是真言宗的本寺。它虽然也说此寺被定为武田氏的祈愿

---

* 也称"京都大番役"，守卫皇宫及京都，是镰仓时代与幕府将军结有主从关系的家臣即御家人特有的兵役。

所，但正昭院成为祈愿所是在此之前的武田信丰之父武田元光时期的事情。

　　大概是室町时期以后，金屋的铸工及散乐、附近的神宫寺以及隔着北川相望的山谷中的太良庄小野寺僧人（大概是山野僧*）等，向正昭院捐赠了一公顷左右的小田地。大永四年（1524），武田元光认可这些田地并免除诸赋役，禁止采伐寺属山林竹木等，并在享禄五年（1532）依下面这样的签押文书〔判物〕，将此寺定为祈愿所。

　　　　依本寺为无缘所，以思案之旨，寺法之仪，条条相定毕。向后专此旨，愈专心祈念国家。恐恐谨言。

　　　　　　三月廿一日　　　　　（武田）元光（花押）

　　　　　　正昭院

　　　　　　　　主持

　　此中所说的"寺法"，是同一天武田元光在开头空白处签下花押，并发给正昭院僧都快逻的命令文书〔下知状〕。它由九条法令构成，其中保证了正昭院作为"当国真言根本之寺"的地位，再次承认大永年间认可其获赠上述田地、山林、竹木等的签押文书，同时规定即便施行"天下一同""一国平均"的德政（勾销借款），该寺造营用的标会金、利用他人捐赠的米

---

*　为修行而睡卧于山野的僧人。

钱所放的贷款（祠堂米、祠堂钱）也不适用此政策等。这份文书不过是重新确认正昭院此前多年被认可的特权，但值得注意的是上述文书中称此寺为"无缘所"这一点。

如果元光是以此为前提制定"寺法"，并将正昭院作为祈愿所，那么我们认为包括免除课役、免于德政在内的法令，以及由信丰公认、保证的上述奔入寺的规定源于这座寺是"无缘所"这一点肯定是没错的。若如此，在此我们就可以确认，断缘的原理在战国时代被称作"无缘"。[补注1]

实际上，如前文所述，即使是主人也不能追捕跑入此寺的仆从、下人，主从之缘就此断开。不仅如此，不适用于德政也可以说是同一性质之事。这座寺庙与世俗世界的借贷关系是无缘的。因此，即使因德政法令而勾销借贷关系，正昭院贷出的款项也不受影响吧。

这样，上溯到战国时代，断缘的原理就远比江户时代强大，不仅适用于夫妇之缘，对主从之缘、借贷关系之缘等也有斩断之力。因此，有不少寺庙不仅接纳罪犯，而且认可仆从、下人、奴婢等从主人手中逃出而跑入其中。

田中久夫氏在题为《战国时代科人及下人跑入社寺》[1]的论稿中介绍了数个此类事例。例如文明三年（1471），岛津立久在颁给萨摩国市来的龙云寺的禁令公告牌中有"奴婢出入者，不可论"一条，认可仆从跑入其中。他也提及永正九年（1512）长野宪业发给上野国长年寺的壁书中有"□当寺，纵重科之□，□御门中者，不可惩罚"的条文，以及永正十二年（1515），岛津忠隆对于岛津家世代相传的菩提寺，严厉约定"然者至福昌寺末寺末庵，纵虽大犯三条之者走入，不可及刃伤之事，况于本寺之领哉"的事实。这些都可以说是与正昭院之事完全相同的事例。

此外，田中氏举出磐城国三春的田村隆显颁给菩提寺福聚寺的法令条文，以及后北条氏的菩提寺早云寺等类似例子，注意到此类寺院多是与战国大名渊源深厚的菩提[*]。这与前述江户时代的东庆寺是公方祈愿所、正昭院被作为若狭守护武田氏的祈愿所，可说是完全一致的事实，所以战国时代诸多受认可接纳仆从、罪犯跑入、奔入的寺庙，应该都有这样的性质吧。

话虽如此，如田中氏所论，战国大名自身无疑是要尽可能地否定这种奔入寺的特权。实在无可奈何时，他们就像武田氏对正昭院所做的一样，认可寺院领地、确认寺法，但同时通过将寺院定为自己的祈愿所，尝试将其纳入统治范围之内；除了这些特殊的寺院以外，他们一般不认可罪犯、下人的奔入其他寺庙的行为，而且大多特别对其定下包含禁止奔入条文在内的寺法。我们从中可以清晰地看到与那些对断缘寺显露出相当不快神色的江户幕府官员一致的意图。

但反过来看，这些事情也可以说是在讲述仆从、下人、奴婢及罪人能够奔入的地方——保证"解放"的"自由"之地，在战国时代相当广泛且强力地存在于各地区。在这一意义上，

---

[*] 祭祀祖先的家族私寺。

不管是肯定、认可它，还是否认它，进入这个时代后急速增加的与奔入相关的规定、寺法本身，正是显示出支撑这类场所的原理与战国大名专制统治的原理之间激烈格斗的痕迹——大多数是前者"败北"的痕迹。实际上，我们在前述正昭院的事例中可以清晰地看到，在此之前并不需要特别诉诸文字、持续支撑奔入寺正昭院的习俗，因为武田氏尝试将此寺作为祈愿所、纳入统治之下，首次作为"寺法"被书写下来。因此毋庸多言，这则寺法绝非战国大名根据自己的意志新创造出来的。我们在此看到"无缘"原理根深蒂固的力量，即便是"败北"，它也通过与那些想要贯彻专制统治的战国大名间的战斗，将自己的身影清楚地刻印出来。探索在日本社会基底下持续活动但未必被文字书写下来的这一原理的诸多面貌，是本书接下来的课题。与之相关，关于当前的正昭院还有两三个需要注意的点。

首先，如前所述，这座寺庙位于铸工居住的金屋，由铸工、散乐、山野僧这类广义的"艺能"（直至中世前期，"艺能"这个词语具有包含这种手工业者、宗教者的广泛含义）人士捐赠而维持。这一事实有必要注意。这一时期的铸工定居在金屋、太良庄的尻高[2]等地，散乐、山野僧也各自居住在其近处。他们虽拥有农田，但是这些人本就与农田关系淡薄（尻高几乎没有耕地），不如说是依靠广泛游走做事而营生。因此，他们捐赠给正昭院的耕地也极其零碎。

与此同时，另一个值得关注的点是，金屋、正昭院所在的远敷川侵蚀出的山谷入口处，有一处叫作"远敷市场"的古老集市，与隔着北川上游一座山峰的谷地里的东市场相对。远敷市场在若狭国二宫，即若狭姬神社门前，位于国分寺[*]旁边。沿着远敷川向金屋所在的山谷上游走去，在接近谷地最高处的地方坐落着若狭国一宫若狭彦神社，因此这处集市也可以看作是一宫、二宫、国分寺门前的市场吧。

而且，以这片土地为姓的若狭本地武士，将一宫、二宫作为精神中心，与其神官一族（牟久氏）结成蛛网般的婚姻关系。他们结成一揆[†]，在庆安四年（1371）一尝毁灭性失败之前，一直顽强对抗南方朝廷派遣的国司、东边幕府任命的东国人守护[‡]所在的根据地、衙门、守护所。[3]

游历的"艺能"民，市场，寺社的门前以及一揆。这些实际上与"无缘"原理都有深远的关系，但深入探索这一点留待后述章节，当前我只想在确认若狭的"无缘所"位于传承远古时代以来若狭传统的"最若狭"之地这一点后，先遍访其他地区的"无缘所"。

---

* 奈良时代在每一个令制国设立的官方寺院，正式名称是"金光明四天王护国之寺"。

† 本义为团结，指为某一目的而在神明面前立誓结成的组织，或结成此组织的行为，也指结成此组织后的起义、抗议行为。

‡ "国司"本指朝廷任命的地方官，后来专指地方行政长官，相当于省长；"守护"与国司相对，是幕府任命的维持地方治安、统领武士的官员，后逐步变成地方最高长官。

第四章

周防的"无缘所"

山口县东南方的鲭山。在通往防府的道路所在的山脚,有一座名为"禅昌寺"的大寺院。这座位列防长五山、被称作"法幢山禅昌护国禅寺"的高等级寺院,在战国时代也是"无缘所"。

承蒙赐示此事的木村忠夫氏的厚意,前些年深秋我得享机会游览此寺。山门后不远处,是立有地藏菩萨、由大小石块堆成的冥河河滩。越过此处,稍稍靠里的地方林立着众多石塔,给人一种异样的壮观之感。在那里散步片刻,其间空无一人,广阔的寺域寂静无声。

每年六月举行开山忌时,许多参拜者汇聚而来,寺内热闹异常。根据寺里流传的说法,应永三年(1396),出身于能登的长谷部氏,且继承加贺大乘寺明峰和尚法系的庆屋定绍在此开山。大概是庆屋最初将此地自古以来的寺庙变成禅寺。尊崇庆屋的守护大内义弘欲为此布施庄园,但庆屋坚决谢绝这一提

议，回答说"不敢望田园，只愿许国中头陀之行"。不需要耕地，
但希望获允游历国内的"头陀之行"——托钵乞食。庆屋的这
一请求得到义弘的爽快同意，并获得了签押文书。据说此后该
寺遵守开山之主的教导，不持田地，靠着寺内僧众夏天二十日、
秋天五十日的两次托钵乞食维持运转。

现在根据《萩藩阀阅录》第四卷《寺社契约文书》〔「寺社
証文」〕卷三十、《防长风土注进案》等收录的《禅昌寺文书》，
可知这份大内义弘颁发的签押文书在享禄元年（1528）年已
被烧毁，但由文明三年（1471）陶弘护颁发的禁令，以及享
禄二年（1529）大内义隆颁发的签押文书等诸多文书，可知这
则寺内流传的说法确是事实。

> 当寺之事，依为无缘所，以头陀之行、祠堂米助力。
> 众僧堪忍，为国家之祈祷并修造、修行以遂其节。动或德
> 政或申借钱、借米等，至寺家退转，无道之至也。向后有
> 妨害之辈，任急奏之旨严令禁止，委细常乐寺。恐恐谨言。
>
> 　　　十一月九日　　　　　　　辉元（印押）
>
> 　　　　　　　　　　　　　　　元就（印押）
>
> 　　禅昌寺

这份毛利元就、毛利辉元联署的文书说：禅昌寺是"无缘
所"，因此僧侣靠托钵、贷出祠堂米维持生计，并为国家祈愿、
修造、修行，但动不动就有人以德政、借钱、借米等为由控诉

其违法，导致寺庙难以维持。这太不好了，今后如果有人做这样的事，就严令禁止。这是以战国大名毛利氏的名义，保证禅昌寺的特权。

禅昌寺在此被称作"无缘所"，具体而言应是指它不接受世俗权力捐赠田地，也就是与捐赠之"缘"没有关系。因此，寺僧的生活就如前所述，一方面是靠游历各地的化缘乞讨维持。这与若狭的正昭院接受铸工、散乐、山野僧等"艺能"民捐赠零星田地是相通的。翻阅中世各种《职人赛歌》中可见，除了手工业者和狭义的艺人，"持经者""念佛者"或者"虚无僧""巡礼""山野僧""敲钹僧"等都属于"职人"之列。[1] "头戴黑漆莲叶形斗笠，身着称作'编缀'的衣服，小腿高露，背着大布袋，口中唱着'头陀坊、头陀坊'以叫醒世人烦恼之睡，经过百姓家门"的禅昌寺托钵僧，自然也是"职人"，也可被视作"艺能"民。那么上一章指出的"无缘所"与"艺能""职人"有难以割裂的关系，且"艺能"民与无缘原理关系深远这一点，由此可以说更加确定了。

中世时期，游历各地的"职人"中，有很多获允在关渡津泊（关卡）自由通行，并享有免除关税等交通税的特权，而禅昌寺的托钵僧及寺院物品因属于"无缘所"而免交"口钱"（关税）。这一点也须关注。这种获得免交关税特权的"无缘所"的例子，除了禅昌寺这里，在尾张也能看到。

位于尾张国山田郡饱津保，也即近世时期赤津村白石的大龙山云兴寺，以天鹰祖裕为开山祖师，是一座应永七年（1400）

成立的曹洞宗禅寺。据传，祖裕最初住在同样位于尾张下津、被称作"无缘所"的正眼寺，之后在矢田川上游发现了古老的毘沙门堂，便在此营造寺院。

云兴寺流传下来一份下文所见的织田信长颁布的禁令。

　　　禁令　　　　　　　白坂云兴寺

　　一、军队、贵贱之人等妨害事。

　　一、于境内杀生、伐采寺家门外竹木，并借宿事。

　　一、祠堂物，买得、获捐田地，虽为原物本人子孙而主张权利事。

　　一、准总寺庵引得之地，申门前房税、人夫诸役等，并派入督促使事。

　　一、于国中渡诸关所事。

　　右，当寺依为无缘所，免许诸役。若有违犯之辈者，速可处严科也。仍制旨如件。

　　　永禄元年十二月　日　　　　　信长（花押）

上文第五条，在弘治二年（1566）织田秀俊颁发的禁令之中，是更限定的"免许饱津诸役以下造营之事"，但到了信长时期，此寺获允在尾张国内部所有关津渡口免交诸税。这一条的主要对象或许是营造所用的木材及其他寺院货物，但我们自然也可认为其适用于寺内僧人。如此考虑，则进入"无缘所"的东西，以及要进入其中的东西，不管是人也好，还是物也好，都相当有可能在分国——或者诸国之内自由移动，且免缴关津渡口的交通税。[2]

这一点后文再述，此处我们再次将目光转向禅昌寺。与托钵同为维持此寺经济之支柱的祠堂米（钱），不仅与正昭院一样获得了免于德政的保障，而且法令还禁止了寺外之人追讨借钱、借米的行为。这一点有必要引起我们的注意。或许这是禁止一时将物品以祠堂米、祠堂钱的形式捐赠给寺庙，随后又将此视作借钱、借米而要求寺院偿还之事，是与免于德政互为表里的规定。再说直接些，就算是借钱、借米，只要进入此寺，出借人就不可讨要了。如前所述，如果认为“无缘所”的米、钱与世俗借贷的债权债务无缘，就能很容易地理解此条的意思。从云兴寺也有同样规定来看，将这种免于德政，并禁止追讨借钱、借米视作“无缘所”的一般特征也完全无妨吧。

颁给云兴寺的禁令第三条中提到的“买得、获捐田地”也是如此。捐给或出售给“无缘所”的田地，本身就成为“无缘”之地，即便是捐赠者、售卖者的子孙，也不得再干涉这片土地。

免除一切课税，禁止军队、督促使进入，禁止寺外人员借宿、布阵等，自然也都以同一逻辑为依据。在这种意义上，“无缘所”及其门前区域、寺域正是“不入”之地。虽然完全没有证据证明禅昌寺、云兴寺是奔人寺，但这种可能性非常大。而且就算没有这些寺法明示，与支撑正昭院及后述那些奔人寺完全相同的“无缘”原理、断缘作用，也明显贯彻于这座寺院。

在上一章，我强调此种原理与战国大名专制统治的原理在本质上是对立的。对此也可能存在各种各样的不同意见吧：从禅昌寺的事例来看，面对百姓的德政——或许是所谓"地德政"的地方德政，寺院不是借战国大名的权力来保护祠堂钱吗？所谓免于德政，归根结底就是维护高利贷而已。换句话说，它是在保障"基于买卖、借贷关系的私有"[3]，那么这里面不是贯彻着"所有的逻辑"吗？战国大名在此是想要通过保护"无缘所"，将寻求德政的地方百姓与"无缘所"切割开来，强化压迫百姓的体制。奔入寺也是如此。最终，无缘所只是战国大名的"牢房"的替代品，对于跑进去的人来说，那里不过是和"章鱼房"[*]一样悲惨的地方吧。"无缘所"是"自由与和平"的场所，其中贯穿着"无缘"的法理、"无主"的原理等想法，无非只是幻想而已。[4]

前文涉及缘切寺、守山藩的事例时已经多少提到，上述这类批评所指出的事实正确地反映了事情的一方面，可以说是非常出色地代言了作为战国大名的统治者的意志。就像禅昌寺也是毛利氏镇护国家的寺庙一样，战国大名一面保护"无缘所"的"特权"，一面将其作为自己的祈愿所，试图借此将"无缘"的原理封存于此。这是不容置疑的事实。"无缘""无主"的原理在这个时代被如此压迫，带有前述批评所说的"堕落"、悲惨的一面，自然也是事实。

尽管如此，即使是幻想，仆从、罪人为了寻求解放而奔入"无

---

[*] 日本近代在北海道从事非人道劳动的囚犯或被骗劳工的住处。

缘所"这一具有重要意义的事实，绝对不会消失。而且，高利贷、金融活动受到"无缘"原理保护这一事实本身，也不会消失。何况，如后文第十六章所述，该原理与金融本身的产生也有关系，是极其本质的原理。我们在"私有"的阴影里看到一直默默地或愤怒，或怨恨地站着的"无主""无缘"的身影，也不要像看到鬼魂一样胆裂魂飞吧。如果要更加沉浸于"有主"也即私有的世界则另当别论，否则我们就必须要鼓足勇气，毫无畏惧地正视"无主"的身影。

第五章

京都的"无缘所"

在京都北部的堀川西岸,有一处称作"芝药师町"或"堀川町"的地带,战国时代坐落着一座阿弥陀寺。天文二十四年（1555）、弘治三年（1557），三好长庆两度颁布禁令,保证此寺的寺域安全。

两份禁令之中,前者禁止军人、贵贱之人员乱入横行,砍伐竹木,提出不合理主张等行为,与给予一般寺院的禁令并无特别不同,后者则包括下文所示的值得注意的内容:

禁令　　　　　　阿弥陀寺

一、国质所质事

一、口角打斗事

一、押买狼藉事

右诸条,严令停止。于违犯之族者,速可处严科也。仍下知如件。

弘治叁年三月　　日

筑前守（三好长庆）（花押）

根据胜俣镇夫氏的研究，"国质"指"一种扣押行为，即当债务人不回应债权人的还款要求时，债权人为求损失赔偿，私自扣押作为第三者的债务人同国人，或该国人的动产"；"所质"是扣押"所"这一范围内的人或其动产的行为。[1]另外，"押买"的意思是以低价强制收购。问题是，这三条禁令与整个室町战国时期幕府、战国大名颁发的最普通的集市法令完全一样。阿弥陀寺本身无疑是一个市场。

不过，第二年，该寺获得了由室町幕府官员联署的下述臣下文书〔奉書〕：

> 阿弥陀寺，依为无缘所，于境内，或立墓，或檀那之辈土葬等事，为结缘令执行。向后不可有相违。仍执达如件。
>
> 永禄元年十月廿七日
>
> 左近大夫将监（诹访晴长）（花押）
>
> 左卫门尉（中泽光俊）（花押）
>
> 当寺住持

此寺果然是"无缘所"。因此寺内允许建造坟墓，并有土葬"檀那之辈"的墓地。〔补注2〕市场与墓地，这两者重合于一处的阿弥陀寺的样子，依照我们现在的感觉，多少有些奇异。

不过，前文就提到市场也与无缘原理关系深远，依据上述三条内容组成的市场禁令，这一点可以说更加明确了。禁止国质、所质，与禁止申诉借钱、借米完全一样，只是因为此处是与世俗的债权债务无缘的区域。认为禁止口角打斗、强买、暴行也因为此地与外部纷争等无缘（这一点将在后文详述），就自然能够理解此条含义。那么，从根本上支撑所谓"市场的和平"的，正是无缘原理本身。

墓地、葬礼或负责葬礼之人与无缘原理密切相连这一点后文还将讨论。目前来看，上述文书可以说已是明证了。市场与墓地，就这样在无缘原理方面紧紧地联系在一起。

很快，将这两者结合起来的人物就出现了。永禄三年（1560），由室町幕府官员联署的命令文书如下所示：

禁令

本愿人清玉

一、口角打斗事

一、取国质所质事

一、申公事钱于诸买卖事付押买事

右诸条，千部经之间严令停止。若有违犯之辈者，速可处严科。仍下知如件。

永禄三年八月七日

信浓守神宿祢（诹访晴长）（花押）

对马守平宿祢（松田盛秀）（花押）

除了第三条规定免除各种买卖的杂税 *，并附上禁止强买、暴行这一点不一样以外，这份文书与前述三好长庆颁布的禁令意思几乎相同，是更加明确的市场禁令。不过有两点需要我们注意：收信人成了清玉、时间限于诵读千部佛经期间。同年十二月十八日，北野经王堂收到完全相同的室町幕府的禁令，在之后的永禄四年（1561）二月某日又收到松永久秀及三好义兴两人颁布的禁令；永禄六年七月二十五日，阿弥陀寺收到只是将"千部经之间"改为"别时执行之间"，其余文字完全相同的室町幕府的禁令。

那么，我们可以认为阿弥陀寺的住持清玉在永禄三年以后，于北野神社西边的北野经王堂诵读千部佛经，在此期间，此堂成为市场。经王堂是足利义满为了吊祭在明德之乱中身死的山名氏清，于应永八年（1401）建造的寺院。室町幕府历代将军效仿义满之时的做法，在此举行万部经会。法会非常隆重，永享元年（1429）"都鄙男女，倾首群集"[2]，宽正二年（1461）幕府将军足利义政在听一切经的归途，在此欣赏"散所"之人表演的"操"，则经王堂也是"艺能民"的聚集之地。清玉负责的千部佛经诵读就是追随这一先例的举措，墓地、市场以及艺人于此联系在一起。[3] 此次诵经结束之后，对于阿弥陀寺，清玉也再次从幕府获得了在别时念佛（规定期间的称名念佛）期间

---

* 日本中世与地租相对的税目。律令制度崩溃后，针对土地的租演变为"年贡"，针对人头的庸、调演变为"公事"。

这一限定条件之下的市场禁令，永禄十一年（1568）则获得了幕府官员下发的臣下文书，再次确认它作为墓地。

由此我们清楚知道，将市场与墓地联系在一起的就是清玉。他被称作"上人"，也称"南无阿弥陀佛御房"，因此是时宗的僧侣。那么，市场与墓地的联系就毫无意外了。据时代更早的《一遍圣绘》等资料，时宗僧侣与集市关系密不可分是众所周知的事实。通过《楠木合战注文》《太平记》等，时宗僧侣与葬礼的联系也为众所知。[4]

周游、遍历的时宗僧侣也是"无缘"之人，阿弥陀寺的清玉虽可说是定居状态，但这位清玉上人后来为了重建永禄十年（1567）被松永久秀烧毁的东大寺大佛殿，也成为劝进上人。

辻善之助氏已经指出，永禄十一年（1568）三月，朝廷下达复兴大佛殿的诏令〔綸旨〕，同时清玉开始了"诸国之助缘"的劝进[*]活动。[5]对此，松永久秀、三好长逸为清玉写下了"洛中洛外诸寺诸山，依志而定，不寄多少，可为劝进"的书信，[6]承诺帮助；元龟元年（1570），清玉还获得了保障其劝进的圣旨。这时他被称作"东大寺本愿上人"，其事业得到毛利元就、武田信玄、德川家康、织田信长的帮助，其中织田信长在元龟三年下令征收"分国中每人每月一钱"的税款以保证劝进。不过重建大佛殿最终未能成功，至元禄年间方告完成。

这些暂且不论，此处我们需要注意的是，这些"无缘"的

---

[*]　原指化缘，中世以后特指为建造寺庙、铸造佛像而筹集财物的行为。

上人与劝进之间的关系。如第十五章所述，周游各地进行劝进，是获得无缘原理的上人、圣〔ひじり〕才可以有的行为。阿弥陀寺虽是"无缘所"，但定居于此的清玉除了京都内外，周游劝进的范围能有多大仍是一个疑问。倒不如说他更多是通过征收人头税的方式劝进。像这样依靠大名的权力、利用其统治机构的劝进方式，已经是镰仓后期之后的事情。它清楚表明了无缘原理的衰弱、劝进的堕落（后述），即便我们仍需注意到劝进上人与无缘的关系在此仍然得到贯彻的事实。

相较于清玉这样获得天皇、大名保护的劝进上人，自然也有以本来状态周游劝进的圣。但战国、织丰时期以后，这些人被称作"代愿和尚"等，遭到歧视，事实上处于堕为乞食者的悲惨处境。在此可见临近末路的无缘原理的面容，那么关于"无缘所"，我们自然也可以预想到在阿弥陀寺那样受权力保护、炙手可热的寺院背后，也有黑暗阴惨的阴影。实际上，相对于上京的"无缘所"阿弥陀寺，通过下京"无缘所"的面貌可以真实地了解这些黑暗侧面。

清玉现身于京都的二十年前左右，也就是天文五年（1536）左右，自平安末期以来就世袭管理各国铸工（室町时代以前是管理灯炉供御人）的藏人所小舍人御藏纪氏家，因为继承人问题发生了很大的动荡。继承纪氏正统的新见有弘及其子弥三郎忠弘陷入窘境之中。他们苦于巨额的债务，最终不得不以长期继承的御藏一职为对价，立约将债务转给松木新九郎、真继弥五郎久直父子。

有弘死后，新九郎、久直父子"为逃其烦"，用三贯钱将仍苦于旧债的忠弘扔进了下京的"无缘所"，忠弘"乞食"度日，最终饿死。天文十五年（1546），忠弘的侄子富弘为此起诉久直。久直对此辩解说，进入"无缘所"是忠弘自己的意志，忠弘死后其家里还有一贯铜钱，自己也有忠弘写下的表达谢意的书信。他最终拒绝了富弘的要求，夺取了纪氏的御藏一职。虽然我们很难判断这两人的主张中哪一方表述了事实，但诉讼经过真实反映出"无缘所"的另一面。

忠弘苦于欠款，为躲避债主索要而进入"无缘所"或许是事实。因为如前所述，一旦进入"无缘所"，世俗的借贷关系——借钱、借米之缘便被斩断了。此时久直付钱若干让忠弘进去，则让人想起"断缘寺"的扶持金，确实值得玩味。这种习惯或许还能从战国时代上溯到更早时代。［补注3］

然而，忠弘在"无缘所"的生活非常艰苦。富弘所说的自然很难定作真实，但"乞食"是无可否认之事，至少出现了忠弘"饿死"这一值得指责的状况也是确切无疑的吧。忠弘之死，终究难说得享天寿之类的状况。[7]

我们不知道下京的"无缘所"在哪里，又是一座什么寺庙。只是忠弘的命运之中，有与前文周游各地的劝进和尚共通的黑暗。如前所述，我们绝不能忘记战国时代的"无缘所""无缘"之人一直有这样的侧面。

第六章

无缘所与氏寺

　　到此为止，我们巡历了数个"无缘所"。当然，并不是所有寺庙都是"无缘所"。在战国时代，与大名及其家臣有渊源、处于他们保护及统治之下的寺院，与"无缘所"的区别清晰可见。

　　今川氏的分国骏河国、远江国有很多"无缘所"。就骏河一地而言，有弘治二年（1556）收得今川义元、永禄三年（1560）获得今川氏真颁发的签押文书，获得免除诸税、朝廷官员不得进入之特权的富士郡久远寺；有同样是在永禄三年，依据今川氏真的签押文书而获得同样特权的本门寺（北山）；有通过天文三年（1534）今川氏辉、天文五年今川义元、永禄三年今川氏真颁布的签押文书，获得免交"门前之内房屋税"等税的大石寺；有天正十一年（1583），据德川家康的朱印文书而"免除寺内诸役"的妙莲寺等。而在安倍郡，则有天文十二年（1543）今川义元"为古所，为无缘之间"而予以免除诸税、禁止朝廷官员进入的瑞应庵。在现在的静冈市，还有天正十八年（1590）获得丰臣秀吉的朱印文书的玄忠寺。

在远江地区，我们也可以看到许多"无缘所"，包括永禄三年（1560）据今川义元、今川氏真的签押文书而获准祠堂钱"一向不准于其他借米钱也"的小笠郡春林院；有据天文二十年（1551）今川义元的签押文书而停止缴纳诸税的同郡满胜寺；有因永禄十年今川氏真颁布的签押文书（共五条），获得免除诸役、代理官员不得进入之保障的滨名郡大通院；有因永禄六年今川氏真的签押文书获得同样特权的滨名郡本兴寺；有获得永禄三年今川氏真颁布的签押文书的引佐郡龙潭寺，其内容包括免除诸役、官员不得进入、祠堂钱免于德政，以及"恶党以下，号山林奔入之处，住持等无其届，于寺中不可惩处"这一认可罪人奔入法令等五条；有天正八年（1580）获得德川家康颁发的签押文书，享受祠堂物免于德政等特权的同郡方广寺等。[1]

大体可以看出，这些地方与前章所述的"无缘所"具有共通的特质，其中瑞应庵被称作"古所"这一点需要特别注意。位置稍远的越前国宝圆寺（今武生市内）也是如此。此寺在天正元年（1573）收到富田长繁颁发的禁令，天正三年获得前田利家、佐佐成政、不破光治连联署的禁令，[2] 是严格禁止于此"阵取滥妨狼藉并采伐竹木事"的"无缘所"。这些禁令中说的也是"当寺之仪，古所之事"或"本寺为无缘所古迹事"等。或许"古所""古迹"，就是与"无缘所"成为"无缘"之地的本质相关的必要条件。[补注 4]

　　此点暂且不论，今川氏、德川氏、织田氏颁给这些寺院的签押文书中，一定明确写上"依为无缘所"一句，作为保证其特权的依据。但是颁给一般寺院的签押文书，比如以存世数量最多的今川氏真的签押文书为例，即使是与"无缘所"一样获得免除诸役、官员不得进入之特权的寺院，授予其特权的根据也是"任先判""任代代判形之旨""任天泽寺殿（今川义元）判形之旨""任增善寺（今川氏亲）、临济寺（今川氏辉）、天泽寺判形之旨"等词句。与"无缘所"不同，这些寺院是由今川氏族长世代授予的签押文书，也就是由与今川氏的关系所支撑的。（此点承蒙胜俣镇夫氏赐教。）［补注5］

　　今川氏将这些寺院与"无缘所"区别开来，称作"私所"。远江的龙潭寺是"无缘之所"，同时寺内又建有大日堂，作为今川氏家臣井伊直盛的菩提所。如前所述，今川氏真在永禄三年颁给此寺的签押文书（共五条），写有"直盛私所、无缘所"的语句，明确区分这座菩提所与本来的"无缘所"。［补注6］

　　不过在今川氏这里，很难说"私所"一词得到了普遍使用，但在下总的战国大名结城氏的家法《结城氏新法度》中，相当于"私所"的寺院被称作"氏寺"，相当于"无缘所"的寺庙被称作"公界寺"，二者的区别在法律上也清晰可见。明确显示出这一点的，是下文列举的第三十条：

　　　　一、诸寺、诸庵、诸房共公界寺，如我所建之氏寺，或置子，或置兄弟□□诸事，诚腹筋痛之事（下略）

这是在说，不要将兄弟、子孙安排进"公界寺"，做出干涉行为。[3]结城氏或其家臣所建的"氏寺"与"公界寺"在待遇上完全不同。此外，其第八十七条规定：

> 一、巡检久洞中（结城家臣），于公界寺置子息、兄弟，虽无能之至，深可见期欲持寺之体。此诚为误事。（中略）以一族望公界寺住寺者，应专付其能，以达公界僧之成为第一。（下略）

此条是在训诫随意将子孙、兄弟安排进"公界寺"，以图将来成为该寺主持的行为，规定若要成为"公界寺"之住持，必须掌握与"公界僧"相称的"能"——学识和能力。

根据这两条法令，相比于与结城氏及其家臣武士有一族之缘的"氏寺"，"公界寺"明显是建立在完全不同原理之上的寺院，与前文的"无缘所"有着相同的本质。特别是此处强调"公界寺"的僧人也即"公界僧"必须具备"能"——"艺能"这一点需要我们注意。前文屡次提到"无缘"原理与"艺能"之间的关系，由此更加明晰。在"无缘"的世界、"公界"里通用的正是"艺能"。

综上所述，我们可以确认战国时代"无缘所"也称"公界寺"的事实。不过一般表示"世间"或"公众"的"公界"一词，真的可以说一直与"无缘"同义，也是表达同样原理——"断缘"原理的词语吗？单凭这一个事例，还不具备足够的说服力。

因此，下面我暂时离开"无缘所"，去追寻"公界"的面貌。

第七章
公界所与公界者

以大辩才天之道场而闻名的相模江岛[*]，在战国时代是"公界所"。根据江岛上的寺院岩本坊流传下来的下述文书，这一点相当明确。

> 江岛住持之事，为公界所之事，故有旧例，纵遭敌，其可致策媒者也。仍如件。
>
> 辛酉
>
> 三月四日　　　　　　康成（花押）
>
> 致江岛住持

辛酉年是永禄四年（1561），康成是后来的北条氏繁，即

北条氏纲养子北条纲成之子。这份签押文书的意思有些难以理解，但大意是江岛乃"公界所"，所以即使敌人蜂拥而至，也要"策媒"（也写作"策配"）——采取政治性措施，保持平常状态。换句话说，这份文书可以看作是在保证江岛为"和平领域"。

那么，为什么江岛能成为这样的地方呢？天正七年（1579）八月十二日颁布的北条氏照的五条法令中第四条，可以轻易解开这一疑问。[1] 其内容如下所见：

> 一、于江岛者，侍奉他人为主之事，令停止。（中略［补注 7］）江岛中之人，号他人为主之事，令停止。有背此法令者，速可行惩罚事。

江岛之人不准有主人。反过来，也就是说江岛中的人是主从关系断绝之人。因此，此地与外部的纷争、战斗无关，得以维持和平。江岛正是"无缘"之地，"公界所"一词在此与"无缘所"同义，表达了同样的原理。

另外，某年十月二十三日的北条氏照的禁令，禁止在江岛争吵打斗、强买、暴行、国质乡质。如前所述，这是典型的市场禁令。与"无缘所"阿弥陀寺一样，"公界所"江岛也是一座市场。

这种"公界所"在越前国也能看到。相国寺鹿苑院荫凉轩主的公务日记《荫凉轩日录》"延德三年（1491）十月二十六日"条有如下记载：

本院末寺越前含藏寺，以顺番老僧当住持也，于越前
门徒寺所所有之。朝仓非本愿檀那，一乱以来，皆仗朝仓
无为也。纵虽为朝仓御敌，含藏寺为公界所上者，可为无
为乎。

在此之前，长享一揆爆发，加贺国成为一向一揆*统治的区
域，越前也受到影响。越前国守护朝仓贞景虽予以压制，但室
町幕府将军足利义材进兵讨伐近江的六角高赖，未来也要讨伐
与之结盟的朝仓氏，于是越前风云告急。不过含藏寺是"公界
所"，与这些战乱无关，应该可以保持平稳无事吧。《日录》的
作者龟泉集证如是记载。我们由此应可推测含藏寺与江岛一样，
是与寺外的对立、战乱"无缘"的"和平领域"。[补注8]

此外，上野国长乐寺住持义哲西堂的日记《永禄日记》"永
禄八年（1565）七月二十九日"条中，有"不分敌我之公界寺"
的记载。此寺详情虽不清楚，但大概也可以看作同样的寺庙。[2]

据上述事例，可以说"公界所""公界寺"明显是与"无缘所"
完全相同的、与世俗断绝关系的场所。[补注9]"公界"一词
在战国时代常用来表达与"无缘"相同的意思，据此也可以说
基本无误。结合"公界往来人""公界者""公界众"等指代人
的用例来看，此点更加明晰。

威震以防长为中心的中国、北九州地区的大内氏，颁布过

---

* 净土真宗本愿寺派信徒结成的一揆组织。

《大内氏法令》这一法令，其中有以下述内容：

> 一、蒙御咎之人御定法事
>
> 被追放之御家人辈（中略），或被杀害刃伤，或遇耻辱横难，纵又有如何受害之子细，既蒙御咎者，当为公界往来人。故其敌不可蒙御罪科，定法如此。光孝寺殿畠山德本管领职之御时，惩罚如斯。分国中之人，须守此旨。壁书如件。
>
> 延德三年十一月十三日

此处规定，触怒大内氏族长也即主君而受责罚，被断绝主从关系之武士，即便遭到砍伤、杀害、羞辱或意外灾难等任何事情，因为已经等同于"公界往来人"，所以不得对加害者问罪。法令的依据是嘉吉二年（1442）至文安二年（1445），或者宝德元年（1449）至享德元年（1452）间，畠山德本（持国）担任幕府管领时如此裁决，分国之人皆应遵守此法。上引条文的大意便是如此。

被从大内氏的主从制、私人保护中抛弃的人，被切断主从关系的人与"公界往来人"同等，则"公界往来人"正与"无缘"之人同义。"往来人"这一词语本身也让人立刻想起在路上"往来"、游历、漂泊的人们。事实上，我们从"公界之大道"（《土御门文书》）、"公界之路"（《尘芥集》）等用例可以清楚看出，道路就是"公界"。

这条大内氏的法令表明，落入"公界往来人"待遇、被放逐到"公界"本身就是严厉的处罚，从大内氏家臣的角度来看是可耻的境遇。我们可以认为这就相当于被抛入"无缘所"，踏上饿死之路，意味着那些人从此跌入悲惨处境。

但是，这也仍是事情的一个侧面。大名的统治的确不断侵蚀、遮蔽"公界"，上述悲惨侧面渐次扩大。但在战国时代，往来于"公界"并从中找到生活舞台的人们，作为"艺能"民也即"职人"，不仅仍保持了相应的自立性，而且完全没有失去在"公界"中生活的自信与自豪。

有一出滑稽戏剧叫作《居杭》。从清水寺观音那里获得隐身头巾的下人居杭，捉弄动不动就打自己脑袋的老板，然后戴上头巾就消失了。这时传来了"占算、占卜、灵验无误"的叫卖声。占算人，即游历的占卜师路过，老板就请他算一下"失物"所在。占算人算得很准确。隐身的居杭眼看就要被抓到，无奈之下将算签藏起来，又使坏地揪老板的鼻子、扯占算人的耳朵等。被居杭打了脑袋的两人开始争吵起来。老板怒斥道："你这个可恶的家伙，为什么要打武士？"占算人也针锋相对地反问道："占算人是公界者，为什么要被你打？"这时居杭现身，两人意识到是他在恶作剧，追着喊道："给我站住，给我站住。"

游历的占卜师是"公界者"。身为下人、仆从的居杭为了逃避脑袋被老板打，只能用观音赐予的头巾隐身，而占算人却向武士身份的老板激烈抗议"打'公界者'是什么事情"。与老板有主从关系的居杭和"公界者"占算人之间的区别，以及即便对方是武士也坚决反对其对无缘之人动手的"公界者"的昂然气概，在这出戏中得到鲜明体现。

这类"公界者"有时会结成"众"，甚至出现在大名的宴席上。

永禄四年（1561）三月，毛利元就、毛利隆元父子到访小早川隆景的居城雄高山并短暂停留。小早川数次设宴招待，三月二十八日的席次如下文所示。[3]

			上		
贤卫	宗 新 则 八 郎 左 卫 门	兵 大 夫 阿 卫	桥 仓 九 郎 左 卫	大 夫 弥 门 本 桥 门	细 辉 溜 南 治 兵 卫 溜 吉 是 三 郎 溜 守 子 道 庆 桂 十 五 郎 （席中）

| 元就样 |
| 胜浦 |
| 隆景样 |
| 胜都勾当 |
| 保利中务少辅 |
| （中略） |
| 小仓新四郎 |
| 心木守宗 |
| 源村得清 |

在此席间，侍立在元就、隆元身边的"胜浦"是桂女。桂女因特有的头巾而知名，据说也与"御阵女郎"等有关，此时作为对武将来说吉利的游女现身席间。众所周知，战国时期桂女以畿内为中心遍历各地，也远行至小早川氏统治的安艺国。

这些故乡在桂川的女性，在镰仓时代是被称作"桂供御人"的饲养鱼鹰者集团中的女性，是卖鲇鱼的商人。不过这一点留待后日讨论，[4] 此处不再深入。

隆景旁的"胜都勾当"，也是琵琶法师吧。闰三月二日，在隆景的茶会室读《太平记》的"一艺"者，或许就是此人。在同一天举行的连歌席上，我们也能看到这位盲人的身影。在那里，上述座席排列面对"上座"、排在末尾的宗贤也有出现。接下来举行的蹴鞠之会上，我们也可以看到守得的身影。而在这里并排落座、以"大夫"为开端的人，大部分都是在此月二十八日、闰三月朔日、同月四日等日期表演能剧，被称作"近江大夫""严岛大夫"的能剧剧团成员。

值得注意的是，闰三月三日他们在会场吃饭时的座次记载如下：[5]

面向"上座"并排落座的人是"公界众"。或许就是前述三月二十八日座席上的同一批人坐在那里。那么，其中肯定有能剧演员、连歌师、蹴鞠师，而胜浦女（桂女）、胜都勾当（读《太平记》？）坐在那里也绝非异常。他们都是"公界者"。结合上述占算人之事来看，"艺能"民与无缘的关系在此更加清晰。在战国时代，他们正是"公界者""公界众"。

从这些座位图也可以清楚看出，他们与以元就、隆元等为首的大名及其家臣团之间有明显区别。不过，能乐的舞台自不待言，连歌、蹴鞠之会上也不见这一区别。在那些地方，是大名及家臣加入"公界"之场。另外，在上述座位图中与"公界众"对称的是"上"（君上、主人）座。那是将军等"贵人"应坐的位置。但这次宴席上自然没有贵人。也就是说，这里没有相对于"公界众"的"上"。这实际上象征性地显示出战国时代"公界者"的面貌（后述）。〔补注 10〕

此点暂且不论，这种"公界者"在战国时期的社会中随处可见。前文提及的劝进圣、乞食的托钵僧原本也是此种身份，而三浦圭一氏在《中世的分工流通与都市》〔「中世の分業流通と都市」〕中列举的下述事例，作为彰显"公界者"本质的事例也值得我们关注。[6]

前关白九条政基为了亲自管理庄务，下乡前往自家庄园和泉国日根野庄，此时的日记《政基公旅引付》"文龟元年（1501）七月十一日"条中，记载了和泉国守护细川氏之家臣吉井氏的属臣逮捕了日根野庄入山田村的两位三昧圣、一位庄园内番头的下人之事。三人不一会儿就回来了，政基问起其轻易返回之事，记载如下：

吉井之官人等捕取至佐野处，彼三昧圣之叔父在安松，当道之事，更不及敌我双方之裁断也。田不作一反，只计当道之职以为渡世之事也。田尻之下人又坚固小者也。

因此他们给了十文钱就被放回了。这份记载中需要注意的是，三昧圣称自己的"职"是"当道"，"不及敌我双方之裁断"，以及他们一千平方米左右的田都不耕作，全靠此"职""渡世"。三昧圣是以送葬为"职"的人，也仍是广义上的"职人"即"艺能"民，但他们同时是与土地毫无关系，且与世俗的"敌我双方""无缘"的、不折不扣的"公界者"。正因如此，在守护与入山田村的对立中，他们才得以保持这样的"和平"境遇。

前述阿弥陀寺的清玉，也被认为是与送葬有关的时宗僧侣。但从事送葬的并不只有时宗僧人。林干弥氏在其颇可玩味的论稿《律僧、禅僧、三昧僧与太子》中，揭示禅僧、律僧自古就与葬礼关系密切。[7]圣德太子出现在其中是非常有趣的事情，但不管怎样，三昧僧中确实有禅僧、律僧。不仅在前述的托钵僧之中，在禅律僧之中也多有"公界者"（详见第十四章）。

如此思考，我们马上就想起另一个事实：室町、战国时代，在互相敌对的大名之间往来的使僧有很多是禅僧。时宗僧侣、山野僧等人也常常作为这种使者登场，而这正因为他们是"不及敌我双方之裁断"的"公界者"。即使同为僧侣，与大名有私人关系的人绝对起不到这样的作用，因此无缘之辈、"公界者"才走入战乱的旋涡，成为"和平"的使者。

　　不过，战国时代以后，大名对这些人的戒备心越来越强，就像"无缘"之地渐次缩小一样，这些人的"自由"活动也变得不可能。等待其中一部分人的，是和前述"代愿和尚"一样遭受歧视的命运。

　　从上述三昧圣的形象中，我们已经可以看出这种迹象。但在战国时代，像狂言《居杭》中的占算人那样自信昂然的"公界者"，以及由这些人构成的"公界"，仍不仅在寺院，还在社会的各个角落存在、活动着。

第八章

自治城市

南伊势的大凑，在南北朝时期就已经作为通往东国的海上交通起止地，成为远近闻名的要港，在战国时代则是由会合众运营的自治城市。关于其实态，丰田武氏的《中世日本商业史研究》〔『中世日本商業史の研究』〕、德田钏一氏的《中世水运的发展》〔『中世における水運の発達』〕、中田四朗氏的论文《室町末期的大凑》〔「室町末期の大湊」〕[1]等已经详细揭示，实际上此市是一处"公界"。

此市政府保存下来的文书中，有这样的账簿：

（封面）

「前前古日记写之也

永禄叁年庚申十二月廿一日

老若（花押印）」

　　此日记，划点需公界之印章。仍如件。

（中略）

酉三月卅日

‾‾‾‾‾‾‾‾‾‾‾‾‾‾‾‾‾‾‾‾‾‾‾‾‾‾‾

七百六十四文（花押印）薄钱〔うす钱〕｜右京进殿预申。

（下略）

　　这里的"老若"，在其他文书中也写作"会合众""老分"等，是大凑的自治组织称谓。此账本记录了天文二十二年（1553）至永禄十二年（1569）之间与"老若"也即"会合众"相关的钱财等出入情况。封面之后开头的话说，此日记"划点"（也称"合点"）时要用"公界之印章"，上文只举一个展示具体手续的例子。此例大概是永禄四年（1561）三月三十日，"老若"将"薄钱"（钱的种类）七百六十四文存放于应是会和众之一的右京进那里，当时他们"划点"——"⌐"，并盖上"花押印"。在账簿的其他地方，有"前六月晦日于京殿会合划点""又六郎殿会所之时老若合点"等记载，可以推测这种手续是"老若"在"会所"集合时进行的。

　　依据上述引文，我们明确可知此处所盖的"花押印"被称作"公界之印章"，也就是封面"老若"署名之下盖的"花押印"。"老若"正是"公界"。

　　这个时候的大凑，以"坂东"船只为首，骏河、远江乃至三河、尾张、伊势、志摩的船只均频繁出入，与此相关的数本账本，如永禄八年（1565）的《船船聚钱帐》、天正二年（1574）

的《船之取日记》等流传下来，[2]前者封面署名为"大凑老若"，后者署名为"大凑公界"，皆盖有"花押印"。由此也可知，"老若"显然就是"公界"。

进出大凑的船只在入港时，会缴纳一百文称作"八幡钱"的"迎舟钱"，即入港税。其中七十四文给"迎舟船"（大约是接待入港船只的旅店老板的船），二十二文给"公界"，剩余四文中的两文分给"年度祭祀使"（大概是会合众的年度祭祀人员，两人），最后两文留给八幡宫吧。"公界"也即"老若"便是如此拥有独自的经济基础，对外也代表大凑的自治机构。

不仅仅是大凑，近邻的山田也是如此。

泷川政次郎氏在其著作《关于山田三方及宇治会合所》〔『山田三方並に宇治会合所について』〕中已经详细研究了山田的情况，指出山田三方这一组织借正长、永享以来的民众一揆而成立。它也被称为"三方寄合""三方老若"，对内负责诉讼裁决、管理市场，对外则作为一个自治体独立行动，是可称作"自治政府"的组织。而这个山田三方，也被称作"公界"。

山田三方为应急，在通过多数决议后向八日市场的行会抵押的文书，或新认可行会的文书，在《征古文府》〔「徵古文府」〕等中保存了许多，其中有如下文书：

定　布座事
　　　合壹间者
右，三方用钱之时，申合座中之仪，以公界入申曾称彦左卫门殿，召筵酒等。仍状如件。

（花押印）

明应六年丁巳九月吉日三方　（花押印）

（花押印）

这是承认曾祢彦左卫门的布匹行会，以换取对方贷款的文书。此处所说的"以公界"，在同类文书中也写作"以三方老若众仪""以众仪""为三方"等，则在此事例中，将"公界"解释为"三方老若"并无错误。

三方的"花押印"是以三个"花押印"合用为特征的印章，与大凑的老若一样，此地也使用具有花押形状的印章。佐藤进一氏指出，此处的花押已经完全失去了原本的私人性质，发挥可谓城市自治体公章的作用，则它们正是名副其实的"公界之印章"。[3]

虽然没有被称作"公界"的确凿证据，但被泷川氏视作与山田同为"自治政府"的宇治，以及后述的"十乐之津"桑名，也可以说是确切具有同一本质的城市。而对于那个闻名遐迩的自治城市——和泉国堺市——的会合众，虽然证据不多，但我们也能找到其确切被称为"公界"的证据。

禅僧季弘大叔在堺市逗留期间的日记《蔗轩日录》"文明十八年（1468）二月十二日"条留下如下记载：

　　印首座今在北庄经堂，经堂者，地下之公界会厥也。

　　由此可知，堺市北庄的经堂是"地下之公界"的会所。[4]《蔗轩日录》中屡屡记录堺市的会合众，也即"老少"（老若）、"地下"这些负责堺市自治之人的多样活动，参照前文大凑、山田的情况，推定这里的"老少""地下"就是"公界"当无错误。

　　至此，认为自治城市或者负责其自治的会合众一般被称作"公界"，也就没有问题了吧。与前述"公界所""公界者"的情况一样，我们也可以推测"无缘""断缘"的原理支撑着这种城市的自治。[补注11] 实际上，这样的自治城市，正是上述"公界者"的聚居之地。

　　永禄五年（1566），耶稣会传教士加斯帕·维莱拉将下面这封著名的书信寄回祖国：

　　　　日本全国没有比堺市这个地区更安全的地方，其他诸国曾有动乱，但这里从来没有。无论是失败者还是胜利者，只要来到这个城镇，都能和平地生活，诸人相和，没有人加害他人。街道上从未发生纠纷，不分敌我，大家都以广博的爱心和礼仪来对待他人。城区街道都有大门，并有看守人，一旦出现纠纷就立即将其关闭。这也有理由。出现纠纷时，犯人及其他相关人员都会被逮捕处罚。然而，互相敌对的人走到城墙外，即使还没有超过一投石的距离，双方相遇时也会互相杀伤。城镇非常坚固，西面以海，其

他方以深的护城河环绕，河水一直充溢。（后略）

（摘自《耶稣会士日本通信》）

维莱拉在前一年也报告说，"这个城镇就像威尼斯市一样，由执政官统治"，将堺市比作自由城邦威尼斯。堺市能够保持这样的"自由"与"和平"，很大程度上是因为会合众的财力，以及成功利用三好、松永等大名之间分裂、对抗的政治策略。但是，当我们想到其根底是"公界""无缘"原理时，这个秘密就有了更清楚的理解。上述维莱拉的报告，生动地描绘了在堺这座城市结晶出的"公界"的面容。这里正是一处"不及敌我双方之裁断"的地方。永禄十一年（1568），面对织田信长征收临时战争税〔矢钱〕的专制性高压，堺市民众号召附近的自治城市平野的老若，"堺津一庄之众人团结，无业者诸浪人等相集，于北口广撒铁菱、深掘城壕、建造望楼，专心准备作战"。我们在决意武力抵抗的堺市寻找《居杭》里的占算人那样，决不允许他人插手自己所建"公界"的"公界者"的昂然与自豪，绝非离题吧。

众所周知，堺市最终屈服于信长的胁迫，选择了妥协的道路。不过，就像很多"无缘所"依靠大名的权力保持其特权一样，堺市也在信长的庇护下，朝着保持"自由"与"和平"的方向前进。因此进入信长的统治之下，堺市作为"公界"的本质也绝未立刻消散。

在维莱拉那份信寄出的二十年后，天正十年（1588）二月十三日，耶稣会日本准管区区长加斯帕·奎略〔Gaspar Coelho〕寄回如下书信：

> （前略）河内教区里有堺市的教徒，该市距离稻叶〔イアバ〕十二英里，因为城市气派、富商多，而且自由，曾作共和国体制治理，市镇之庄丽、富裕、有名，在日本的城市中无出其右，因此拥有巨大的特权和自由。于是，当其他城市及城下市镇专心进行极其残酷的战争时，这座城市却过着极其和平的日子。（下略）

屈服后的堺市，仍然保持着这种"公界"的面貌。在被丰臣秀吉赐死的千利休的身上，"自由""公界者"的灵魂一直活着。

尽管如此，堺市的屈服自然象征性地说明"公界""无缘"原理的生命力进入衰退之途。与前文提到的"无缘所"一样，显示自治城市作为"公界"性质的史料，在进入这一时期之后就出现了。

与堺市一样历史悠久的港口城市、作为遣明船只起止地而繁荣起来的博多，也是由"老若"管理的自治城市。[5]这座城市也被纳入秀吉的庇护下，获得了如下法令：[6]

　　　定　　　筑前国博多津
一、于当津诸问诸座一切不可有之事

一、地税诸役御免去之事

一、于日本国津津浦浦，当津回船，虽有自然之损，不可有违乱妨碍之事

一、争吵打斗者，不问是非，应惩罚双方事

一、无论何人，停止付裁断之事

一、起火放火，惩罚其一人事

一、虽有德政之事，当津可免去

一、诸家臣不可于津内有持家之事

一、停止强买暴行之事

以上诸条，若有违犯之辈者，立可蒙罪科

天正十五年六月　日　　　（朱印）（丰臣秀吉）

这九条法令披着秀吉立法的外衣，但与前述"无缘所"的情况一样，它只是认可博多作为自治城市之特权的文件，换句话说，它本身可视作是博多的城市法。

免除地税诸役（第二条）、禁止打架斗殴（规定惩罚双方的第四条）、免于德政（第七条）、禁止强买暴行（第九条）等，都与我们此前发现的"无缘所"相关法规相同，从中已经可以推测此地与"无缘"的关联，而最直接体现博多作为"公界"性质的是第八条。此条可以理解为，禁止秀吉或者其他大名的家臣在博多拥有家室，因此它无疑在说明博多是切断主从关系的"公界"之地。

第三条保证博多的沿岸商船在日本国各港口自由通行，与前述周防禅昌寺、尾张云兴寺等事例中的条款性质相同。在此意义上，博多的沿岸商船主就是"公界者"。第六条规定对起火、放火之事不问"缘坐"之罪而只处罚犯人一人，无疑也与这种"公界""无缘"原理有关。

至于第一条，可以说正是后章提到的废止行会〔楽座〕的法规。此地不承认与批发商、行会有关的特权，"自由"交易。这条禁止依靠与港口外部特定联系而交易的条款，也是以"无缘"原理为基础的。第五条禁止"付裁断"也可以在同一方向思考。所谓"付裁断"，与"委托裁断"一样，指诉讼的原当事人委托具有政治权力之人或在法庭上拥有特权之人作为表面上的当事人应诉。[7]此条法令否定了博多港之人以这样的形式与外部人士维持"缘"。

虽然博多已经逐渐被纳入秀吉专制权力的框架之内，但不得不说，这个时期的博多作为由断缘原理支撑的"公界"、自治都市，依然保持丰富的生命力。

安野真幸氏在题作《中世城市长崎之研究》〔「中世都市長崎の研究」〕的瞩目论文中，阐明作为教会领地的著名城市长崎也是同样的自治城市。[8]据安野氏的研究，护城河、石墙环绕着的长崎，是被领主放逐、不想弃教而自行离开本国、因战争流离失所的天主教徒聚集的城镇，由称作"头人"的自治组织管理。安野氏推测，那可能就是"老若"，仆从、下人奔入此处应该也被认可。他还认为，在龙造寺氏、大村氏等大名的争斗中，确保自治的头人"公开起誓尊敬圣堂、尊重今后逃进圣堂之人的自由与特权，面对施暴者而守护圣堂及伴天连等"，也即头人承认教堂的"庇护权"时，作为教会领地的自治城市长崎便宣告成立。

这正是"公界"的面貌。长崎也是不折不扣的"公界"城市。

我们已经无须推测，而是可以断言了吧：支撑中世城市的"自治"、支撑其"自由"与"和平"的，就是"无缘""公界"的原理，是"公界者"的精神。

众所周知，西欧的自由城市牢固地确立了一种习惯法：逃到那里的农奴，只要居住一年零一天，就可以获得解放，得到自由身份。"城市的空气使人自由。"对于支撑这一习惯的原理，我才疏学浅，并不知道西欧的历史学家有什么见解。但我觉得，它与支撑迎入下人、仆从、逃亡百姓以及罪人（后述）的日本中世自治城市的原理一定是完全相同的。不仅是西欧吧。或许"无缘""公界"的原理贯穿于整个人类史。

不过，现在涉及这些大问题还为时过早。为了阐明这一原理对日本社会起到的作用，甚至深入到那些细小的褶皱，我们必须继续走下去。

前面我说过"老若"等于"公界"。这一等式不仅仅在自治城市这里成立。对于"一揆"，我们也可以用同样的等式来理解。

第九章
一揆与总

肥后国的战国大名相良氏的家法《相良氏法度》第十八条，有如下规定：

> 诸裁断之事，老若敬申役人后，若于公界有论定，敬申之人虽有道理，应定非义，况公界有无理之批判。仍以可失一身申乱者，至爱，自然有不虑之仪者，为道理者虽为不运之死，取彼非义者之所带与道理之子孙。无所领者，可至妻儿等。（下略）

笠松宏至氏在《中世地方审判权的一个考察》[1]、胜俣镇夫氏在《关于〈相良氏法度〉的一个考察》[2]中，分别关注此条中的"公界"，并大体做了如下解释：

诸种裁断（诉讼）中，属于"老若"的某人，向役人（相良氏的权力机构）提出诉讼后，如果在"公界"中被认为无理，则即便是有理之诉，提出诉讼之人（从相良氏的角度来看）也应被判败诉（优先"公界"的论断）。何况"公界"已判定诉人主张之事无理，（无视这一点）仍继续以死亡威胁被告人（是完全不当的行为）。在这种情况下，万一出现被告人死亡的情况，即使是完全意外的死亡，也要没收起诉人的家产，交给被告人的子孙。没有领地的人，（不仅本人）连其妻子、儿女也要被处刑。

基于这一解释，笠松、胜俣两氏将"公界"视作该法令第七条中所见的"所众"的合议，认为其独立于相良氏权力所支撑的裁判权之外。胜俣氏也阐明此"公界""所从"是拥有老者、少者，并从中选出年度代理人进行管理的"郡中总"——领主们的一揆。[3]

若如此，则"老若"＝"公界"的等式在一揆这里也能成立，一揆也必须被视作"无缘"之场。

对于这一点，胜俣氏在最近的论文《战国法》[4]中，以下列史料给予了明快解答。

一、此人数中，所务、弓箭以下相争时，加合议，应以多分之仪相定。若有异议之辈，不依缘者、重缘，应一同为道理之方人云云。此后此中，公私一体，一人之大事应为面面一同之大事。

一、此人数中有裁断时，不依兄弟、叔甥、缘者、他人，理运、非仪之意见不可留心底，尤不可偏颇私曲。（原

文为日式汉文体,《青方文书》)

这是以五岛为中心的宇久、有河、青方、多尾等族的一揆契约,胜俣氏注意到这里"规定一揆内部成员合议时,各成员不论'兄弟、叔甥、缘者'之关系,而是基于个人的主体性判断坦率表达是非意见。对于违反在这种方式下以多数票决定的一揆裁断之人,同样斩断'缘者、重缘'关系,并采取尊重众议的行动",强调一揆正是"无缘"之场,并且认为"'无缘'状态的设定,正是一揆形成、存续的基本条件"。他还认为这份契约中所见的"多分之仪"——多数决议制度,是在"无缘"之场中才首次得以确立,一揆是一个以成员独立、平等为原则的"和平团体"。

不过,一揆当然也是领主统治下人、仆从以及百姓的组织。这和前述自治城市的会合众是富商统治城市下层民众的组织是一样的。组成一揆的各个领主自然也可以与更上层的领主、大名结成主从关系。自治城市的富商也一样,若审视各个成员,事实上也有些人是大名手下的官员。此外,一揆、会合众的成员之间也有强弱、大小之别,实际上存在不平等也是自然之事吧。[补注12]

但即便如此,这些人以一揆、会合众的形式创造出由"公界""无缘"原理支撑的、贯彻强烈平等原则的场域,就算在某些状况下只是一时的,它野仍值得我们注意。反而就是在那里,我们才能看到就算是在上述限制之下,也要彻底贯彻自我的"公界""无缘"原理无限的深度与生命力。室町、战国时期，日本全国各地以多种多样形式现身的一揆，持续抵抗从战国大名到织丰政权，再到江户幕府等权力的专制性统治，并与自治城市一道成为这种统治最终完成的最大障碍，其理由正在此处。

在与这些点的关联上，我们必须要注意的是在自治城市、一揆中皆可看到的"老若"这一组织。如石母田正氏所论，[5]这个由"老者""老名""年寄"与"若众""弱者"组成，有时也在中间设置"中老"的组织，以年龄序列秩序原则为基础，"原本是阶级社会以前，或者未开化社会时期的身份分化样式，是与性别一同自然形成的分工秩序"。仅从文献史料来看，这种秩序可远溯至战国时期，我认为它正是"公界""无缘"之场中的秩序，是"公界者"独具特色的组织形态。较之以对下人、仆从的私人所有，对随从、家臣的私人支配为轴的秩序、组织，这是本质上性质不同的秩序原则。因为它可以追溯到不知私有、不受私有隶属侵犯的未开化社会，是与"无缘""公界"原理一起，深植于日本人民生活中的事物。

如此思考，则镰仓后期开始在文献中显露，室町时期以后全面出现的农村、渔村、山村的"总"这一组织〔惣，"团结""全部"之义，日本中世的自治组织，多出现在村落，称作"总村""总中"等。〕具有"老若"的形态，可以说是理所当然了。

在因保存众多"总"的法令而著名的《今堀日吉神社文书》中，有如下文书：

定　　　地下年寄若众置目条条

一、右以一书，相定上者，于向后不可有违乱之事

一、地下何样之仪，合议□□之，付以多分之事

一、违背先例，或有异议时，以总处理之事

右定如件。

天正十年壬午二月八日　　总分（年寄）（花押）

总分（若众）（花押）

（《今堀日吉神社文书》三四八号）

此处"总分"的花押虽然没有像前文的大凑、山田那样成为专有印章，但其本质完全相同。文书中虽无"公界"二字，但"老若"明显就是"公界"。不用说，"总"的成员在这个时期也逐渐被领主招作下属，自然出现成员之间不平等、分化的现象，但总在此期间得以成立，不能不说仍是因为"公界"的原理。

这样考虑，则在中世至近世的转型期，对于要确立专制性统治体制的权力来说，最大的障碍自然是一向一揆和寺内村镇。关于一向一揆，最近有丰富多彩的研究，在此自然无法深入，而且我现在也没有这种能力。最近金龙静氏具体阐明了本愿寺主导的主从制式统治关系向"一揆"内部渗透的实际情况[6]。不考虑这一点，我们就无法真正揭示一向一揆的本质吧。但观察下述寺内城镇的法规，会发现那里也仍然贯彻了"公界""无缘"的原理。

　　定　　　富田林道场

　　一、诸公事免除之事

　　一、德政不可行之事

　　一、诸商人座公［或缺"事"字］之事

　　一、国质所质并裁断之事

　　一、寺中之仪，皆可同大坂寺事

　　右之条条，严定置毕。若有背此旨而违犯之辈者，速应严惩也。仍颁布如件。

　　永禄三年三月　　日

　　　　　　　美作守（安见宗房）在判　　（《兴正寺文书》）

　　这是兴正寺的证秀在河内国石川郡内的芝寺所开发的寺内村镇富田林的法规，安见宗房是畠山氏、游佐氏的家臣。峰岸纯夫氏称此为"战国时代城市法的典型"[7]，但这份包含参照大坂寺寺内区域同等对待之条文的法规——后者在天文七年（1538）获得免除赋役、免除德政特权——可以说与上文提到的以博多为代表的各处"无缘所"的法规性质完全相同。在这个意义上，我们可以认为富田林道场是"无缘"之地，而寺内村镇是"公界"吧。

　　也被称作"太子"的"渡客"，即漂泊、游历的海民和山民、工商业者一起，是一向一揆的主要成员。尚未完成这一主张就离开人世的井上锐夫氏的观点[8]，暗示了一向一揆与"公界者"难以分割的关系。结合前文胜俣氏关于一揆组织原理的看法，则"公界""无缘"原理无疑在一向一揆、寺内村镇中以坚韧的生命力发挥效用。若如此，如何解释金龙氏主张的主从关系的渗透与这一侧面之间可能矛盾重重的实际情况，并阐明一向一揆的历史性作用，将成为今后一向一揆论不容分说的课题吧。而且，这也是与拥有自治城市长崎的天主教徒及岛原之乱相通的问题，"公界""无缘"的原理与这种宗教思想的关系，也可以说是今后需要阐明的课题之一。

不过，这一原理还有另外一个独特的表达："乐"。

第十章

十乐之津与自由市场

在伊势、志摩的海边，分布着自古以来为天皇进献贡品的海民集团。大约在平安末期以前，这些人隶属藏人所，构成"藏人所供御人"这一群体，由勾当内侍*统辖。桑名也是该群体的根据地之一，可以确认宝治二年（1248）这里就有进献牡蛎的供御人活动。我们基本可以推断这些不仅从事渔业，还广泛从事海上交通业的海民后裔，就是担负中世末期自治城市、天皇领地桑名发展的商人。[1]

这处桑名在战国时期被称作"十乐之津"。据丰田武、德田钏一两氏早在战前的研究，以及最近佐佐木银弥氏的劳作《自由市场令与对行会的保障认可》〔「楽市楽座令と座の保障安堵」〕[2]等，这一点已广为人知，我们由下述史料也可知道。

---

* 后宫内侍司的女官。

近江国的保内商人与枝村商人，在永禄元年（1558）前后就桑名的美浓纸贸易发生纠纷。面对主张垄断性购销、运输美浓纸的保内商人，被称作"桑名众"的丹羽定满、丹羽定全、水谷常信、枝木明朝四人在写给枝村商人的书信中说：

> 此津者，诸国商人穿行，随意买卖，殊昔以来即为十乐之津，保内恣意而为，甚可怪。
>
> （《今堀日吉神社文书》第199号）

收到此信的枝村总中的条文文书〔条々事書〕中也有"桑名为十乐之凑，诸国商人相立事不珍"的记载（同文书，第211号），强调桑名是商人自由交易的"十乐"之津、港。另外，上述三氏都注意到同年保内商人的条文文书中有"桑名既不承引上仪，为被讨伐之津"（同文书，第215号）一事，认为这是指永正七年（1510），此地民众以逃散对抗附近豪族长野氏的压迫，最终实现重返此地居住的事件，称其中可见自由城市桑名的"光辉抵抗"（佐佐木氏，前揭论稿），而事实的确如此。

同时，佐佐木氏通过上述桑名众的书信，推测这里存在"自由都市之宣言"，"与战国大名自上而下的自由市场令不同的、由桑名的（中略）门阀商人发布的地方自由市场令"。是否存在可称作"发布""宣言"的行为尚有疑问，但其中无疑贯穿着与战国大名目标本质不同的法理、地方习俗的强烈自我主张吧。该氏没有特别提及这种自我主张产生的根源，但我认为那正是"无缘""公界"的原理，上述四人所代表的桑名的会合众，就是与大凑、山田等地一样的"老若""公界"。

而且，这个事例中特别需要注意的是，桑名是天皇领地、桑名众是供御人后裔这一事实。大凑、山田的民众是伊势神宫神人（广义的）的后人，堺市那里也有与春日神人、供御人之后裔有关联的人。综合考虑此类事实，不得不说这是上溯到中世前期探究"公界者"源流的重要线索。

另外，桑名众不接受"上仪"这一点也很难被忽视。这与《今川假名目录》中记载的"敬申分国中守护使不可入之事。其曲事也（中略），如他国，不依国之制法，申无上之事，不及裁断曲事也"可以视作同义吧。[3]此点自然也是与战国大名强化统治的逻辑本质上对立的、另一种逻辑的展现。但如果考虑到前述《毛利家文书》座位图中"公界众"与实际不存在的"上"之间的对应关系，则可以说"无上"的主张与"公界众"的状态以及"公界"的理论有难以分割的关系吧。

上述"公界众"多源自供御人、神人等的事实或许也与此有关。而到了战国时期，对于"公界众"来说，作为"上"的天皇、将军、神社等彻底衰弱，现实生活中完全形同虚设，就如同前述座位图象征性地展现的那样。然而，"公界众"也不愿轻易接受战国大名取而代之，成为这些"上"，并一直顽强拒绝，"无上"的主张应该就由此而来。

如此，"十乐之津"桑名是"公界"这一点从各种情况来看都没有问题，但仅凭这一点就断定"十乐"等于"公界"，依据自然不够充分。不过，对于和桑名一样继承藏人所供御人血脉的伊势松坂的"町中"，丰臣秀吉手下的大名，领有南伊势的蒲生氏乡在天正十六年（1588）颁布了十二条法令，明确说明了"十乐"之市镇就是由"无缘""公界"原理支撑的城镇。[4]

首先，其第一条规定"本町之仪，为十乐之上，免除诸行会诸役，但油之事另别"。这与前文中的博多、桑名一样，是说除了油以外的商品，允许自由交易。值得注意的是第二条法令："停止强卖强买、抢占住房，并科人预置存町内之事，不可令申，但科轻重至其时为另别之事。"这里的问题是后半部分，如果不将松坂理解为罪犯奔入之地，则此条恐怕无法理解吧。

第四条保证其免于德政，第九条规定"本镇之内奉公人之宿，令停止，但五日十日之间为另别之事"。此处的"奉公人"指的是大名的家臣，则此条自然与博多禁止"家臣"拥有家室完全相同。那么，松坂是"无缘"之地已毋庸置疑了。所谓"十乐"，正是"公界""无缘"原理的一种更为积极的表达。

如此思考，则迄今为止关于自由市场令的见解，就必须要大幅修正了。佐佐木银弥氏在前述论文中广泛收集诸法令，并详细分析，批评了将自由市场令视作战国大名、织丰政权为打破本家 * 与行会的联系，确立领国经济而制定的法令这一通说，将其理解为一种城市法，推测存在前述那种"地方自由市场令"。

---

* 日本中世庄园领主中的上级领主，多为皇族、中央贵族或大寺院神社。其下有领家，常为实际管理的庄园领主。

借此研究，我们无疑进一步明确问题之所在。只是佐佐木氏仅将他所谓的"地方自由市场令"放在伴随商业发展、商人成长而来的社会新动向中理解，不得不说仍留有问题。

精准解决这一缺陷，并首次真正阐明自由市场意义的，是胜俣镇夫氏最近的论文[5]，此处所述也完全依据该论文。不过沿着前述论点思考，特别值得注意的是下面这份织田信长颁布的禁令公告牌：

　　规定　　　　自由市场〔楽市場〕
　　一、越居此市场者，往还分国不可有烦，并免除借钱、借米、地子、诸役；虽为谱代相传者，不可有违乱事。
　　一、不可强买暴行、争吵打架事。
　　一、理不尽之使不可入，不可强求宿泊事。
　　右条条，有违犯之辈者，可速严惩。仍下知如件。
　　　　永禄十年十月　日　　（花押）（织田信长）
　　　　　　　　　　　　　　　　　　（《圆德寺文书》）

保存这一禁令公告牌的美浓国圆德寺，也留下了永禄十一年（1568）与此意思完全相同的织田信长颁布的法令，其中写的是"规定　加纳"的字样，则我们可以推定"自由市场"就是加纳（现在岐阜市内）之地。[6]

公告牌中第二条、第三条应该没有什么特别的问题。值得注意的是第一条：首先，保障迁至此市场居住之人在分国内自由通行。这和禅昌寺、云兴寺以及博多那里的规定相同。其次，借钱、借米方面也与前述禅昌寺等地的情况一样，不得向此市场的民众追索讨要。世俗的借贷关系在这里被切断了。免除土地税、诸种赋役也与其他无缘所、公界相同，不过这里还规定即便是"谱代相传者"——下人、仆从、家臣奔入此市场，也禁止主人对其做出"违乱"之事。在本书开篇提到的若狭正昭院，"若彼主人及违乱，欲诛罚者，严令其给予安堵"，与此条的意思可以说完全一致。

换句话说，第一条集中规定了"无缘""公界"的原理，而"乐"的原理也正在其中。与前述诸多事例一样，这个市场也是"无缘"之地。如此思考，则"无缘""公界""乐"毫无疑问是表达完全相同原理的一系列词汇。

我们从儿童游戏"Engacho"开始，经过"断缘寺"，终于抵达此处。"断缘"原理在战国时代确实如此表达，但是这些词语具有什么意义，为什么会成为表达这种原理的词语呢？我想在下节重新思考这些问题，同时尝试总结迄今为止所阐述的事实。

第十一章

无缘、公界、乐

此前已反复指出，战国时代以"无缘""公界""乐"等词语规定性质的场所或人群（集团）的根本特质，在于其斩断了主从关系、亲属关系等世俗之缘。本章根据前述胜俣氏的论文等，尝试归纳由此自然而然产生的特征，大致如下：

一、不入权。胜俣氏也指出，前述美浓国加纳的自由市场法令第三条中所见"理不尽之使不可入"这一条款，与近江善立寺寺内的金森、后北条氏认可的相州荻野乐市等地的禁令告示牌内容一致，是自由市场的特征。而如前所述，在无缘所、公界之地，这也是完全共通的特征。

二、免除地租、诸役。正如胜俣氏所述，免除地租、建造用地年贡、户税等赋税是自由市场的特征，而参照今川氏领地内的无缘场所获准免除"门前之内房屋税"、"免除寺内诸役"，以及博多免除地租诸役等事例，则可以说这也是公界、无缘之地或者其中之人的共同特征。

但我们也要注意下文这类事实，例如曾是进贡生蚝之供御人的桑名民众，在战国时期仍然要向朝廷进贡，或者从战国大名那里获准免除诸役的铸工，也仍需向朝廷缴纳杂税。这种杂税与地主所收的地租本身就是不同性质的负担，此处免除包括户税在内的赋税，当然也只限于战国大名所征收的赋税吧。无缘、公界之民众向天皇进奉贡品之事，在某些地方历经战国时代延续到了江户时代。公界、无缘之地或其群体与天皇之间的关系，以这种微弱但确定的形式存续下来。这一点也绝对不可忽视（后述）。

三、保证自由通行权。如前所述，在周防的禅昌寺、尾张的云兴寺、自治城市博多、美浓的加纳自由市场等地，居住在无缘、公界、乐之地区的人们享有自由通行权（若是战国大名授予，则是分国内的通行权）。胜俣氏又举出其他事例，如织田信长下发给尾张国热田八处村庄的天文十八年（1549）告示牌第三条规定：

一、宫中依先例，他国、本国敌友双方并奉公人、老弱及诸人预存之物等，不可改之事。付，出入宫中者，于路次不可申非仪事。（摘自奥野高广《织田信长文书之研究》〔『織田信長文書の研究』〕上卷）

此外，永禄九年（1566），今川氏将骏河国富士大宫六斋市变成自由市场时，规定"神田桥关之事，为新役，故令停止其役"。胜俣氏据此极具说服力地论证，自由市场的居民可以在社会层面上获得免除通行税、安全通行路途的权力。他从自由市场这一"场所"本身免除赋税的特征中推导出这一结论，是完全正确的论证。如果进而认为迁居于这种公界、无缘之地的人们本身就是公界者、无缘人，不管他们与无缘"场所"是否有关，都可作为无缘人士获享这种自由通行权，则胜俣氏的论证就可能延伸到更广的范围。

不只前文提到的劝进上人、卜算者、铸工等公界者。例如，以近江粟津为根据地的鱼商，即粟津行会的人们，作为禁里供御人，在永禄七年（1564）据室町幕府官员联署的命令文书，获免"万杂物诸公事"，获得"东西南北无其烦，无关渡津料、市公事、所质"的特权[1]；进贡"御物之引物"的辘轳师内木小太郎也在永禄六年从幕府获得"往反他国时，诸关渡不致其裁断之事已垂听"的命令文书[2]。

战国时期，社会认可游历的公界者享有自由往返诸国之权利是确切无疑之事，不过值得注意的是，这些人大多属于中世前期的供御人系统。前述持续向天皇进贡一事，自然与此有关，因此我们把视野打开至此，可以说已经铺平了将这种通行权的渊源，乃至无缘、公界、乐之原理的源流追溯至中世前期的道路。在这样的视野下，胜俣氏上述论证的正当性更增分量。游历的"艺能民"、公界者逐渐固定于特定"场所"这个战国时期（可能也包括室町时期）以后的特征，正清楚展现在这种自由通行权随"场所"而得以保障的新形式之上，而胜俣氏的论述非常准确地指出了这一事实。

四、和平领域，"和平"集团。如在江之岛等公界所、堺市等自治城市所见，无缘、公界、乐之地区是"不分敌我"和"不及敌我裁断"的"和平领域"。胜俣氏举出的热田神宫内部法令里有"他国、本国敌友双方""不可改"，织田信长颁给摄津国尼崎市场的长远寺门前市场的公告牌上写着"敌方不可撰之事"[3]，也都是完全相同的事例。以三昧圣、劝进上人、禅律僧、山野僧为代表，包括连歌师、茶人、桂女等工商业者在内的广义的"艺能民"，都是可以担任和平使者的"和平"集团。世俗间的争斗、战斗——产生"斗净喧哗""杀害刃伤""山海之两贼"等罪的战斗，以及诉讼都不涉及他们。因此，上述各处禁止"付裁断""寄裁断"，也认可罪人跑入、奔入之事。如胜俣氏所说，武州荻野市的"为□□□〔乐市之〕间，自何方来者，不可有一切横合非分"[4]，以及尾张国圣德寺寺内村镇的"当寺内市日出入辈，无论居近国他国之所，不论权门高家，不可申违乱之事"的法令[5]，也具有同样的意义。正因如此，圣德寺才成为织田信长会见斋藤道三的场所。胜俣氏这一论点，可谓明晰地刻画出作为"和平领域"的无缘、公界、乐之地区的特质。这种功能在江户时代严重衰弱，但它无疑仍然存在于游廊和赌徒群体之中，或许在那些不起眼的社会的各种褶皱中，还存在着许多尚未明确的此类场所。

五、从私有隶属之中获得"解放"。"虽谱代相传者不可有违乱事"（美浓加纳的自由市场）、"侍奉他人为主之事，令停止"（相州江岛）、"彼主人及违乱，欲诛罚者，严令其给予安堵"（若狭正昭院），以及胜俣氏也引用的"奉公人之宿令停止"（伊势松坂）、"诸家臣不可于津内有持家之事"（博多），还有热田神宫规定的任何官员不可审讯的法令（前文）等。这些语句清楚表明，私人的主从关系、隶属关系很难扩展到无缘、公界、乐之地区。正因如此，公界之地才拒绝拥有主君的武士居住，才会成为下人、仆从或逃亡百姓奔入之地。如此考虑，则藤木久志氏指出的逃亡百姓流入城市、市街、旅店之事[6]，也可以很自然地理解了。

不止区域，这一点也同样适用于人群。公界者、公界往来人是不受大名、主人私人性保护之人，是脱离私人主从、隶属关系之人。这些人断然谢绝他人以主人姿态关照自己，其行动在战国时期仍然得到社会认可与支持。

六、借贷关系失效。关于借钱、借米在无缘、公界、乐之地区被勾销一事，根据前述美浓国的加纳自由市场、周防国禅昌寺之事例，以及胜俣氏列举的近江国金森的自由市场法令第三条"年贡之古未进，并旧借米钱已下不可纳之事"，颁给播磨国三木城下镇的公告牌第二条"借钱借米，年贡之未进，天正八年正月十七日以前之事，令免除事"的规定，乃至武藏国的荻野六斋市、松山新市场、高萩新宿的"借钱借米不可致催促"这一条款的规定等，已经完全明了。关于禁止国质、所质、乡质等,此处也无须赘述吧。从同一原理出发,对于无缘、公界、乐之地区免于德政一事,考虑到若狭正昭院、周防禅昌寺、远江龙潭寺、远江方广寺等无缘所,博多、富田林、松坂等市镇这些前文列举的实例,以及胁田晴子氏详细调查的众多事例[7],则我们终归不可能认为这是个别的免于德政之类的事件,而必须认为它是这些地区特有的属性。特别需要注意的是,不仅仅是"地区",若狭的铸造师、石清水八幡的大山崎神人等也免于德政(胁田氏也注意到此点),加上禁止对栗津行会的商人实行所质的事实,则公界者集团本身与寺院、城市具有完全相同的属性。

基于这种属性,无缘、公界、乐之地区获准平等、对等的交易,祠堂钱借贷等金融活动也获得社会性保障。胁田氏在"商人之道的习惯做法"中寻求这种金融、交易获得保障的根源,强调它是以"私有的逻辑为轴心"运作,追求"基于私有逻辑而确立秩序"的行为。从结果上看,这一观点的确正确,但如前所述,如果忽视了与这种逻辑正相反的"无缘"逻辑在背后支撑,仅用"私有的逻辑"来处理一切,那么统一理解自治城市、无缘所等地具备的上述诸多特征的道路就完全堵死了吧。仅从这一角度,恐怕也无法充分揭示"商人之道的习惯做法"本身的内容。而且我觉得,这种看法之下根深蒂固存在着仅在"私有""有主"逻辑的发展和深化中发现历史的"进步",在"无所有""无主"逻辑中只能发现落后、需要克服之物的想法。

但是,如果我们扭转视角,与胜俣氏一起站在承认无缘、公界、乐之原理的立场上，不仅能首次以一贯的逻辑理解上述诸特征——写在一条条法令、法规中的各种规定，而且视野也会得到新的扩展。例如，对于室町时期频发的要求发布德政令的民众起义〔德政一揆〕、收回土地〔地德政·地起〕等事件，如果将这些原理放入其背景之中，也可能得出与以往不同的看法。或许它们与前述一揆的公界、无缘性，以及"德政"本身对无缘世界的志向等深刻关联。

七、否定连坐制。前述颁给博多津的法令第六条"起火放火，惩罚其一人事"，颁给松坂的法令第三条"口角打斗坚令停止，借屋者虽仕出，家主不可悬其科。往还之旅人，虽为下下者，可为一人曲事"，同法令第十一条"火事之义，于付火，亭主不可悬其科。至自火，驱逐其身一人（下略）"等规定，清楚明了地说明了当时世间厉行的连坐制不适用于无缘、公界、乐之地区及其人群。关于这一点，胜俣氏对于信长的废止行会令〔安土楽市令〕第五条"火事之仪，于付火者，其亭主不可悬科；至自火者，遂究明，其身驱逐，但依事之身可轻重事"，以及第六条"咎人之仪，借屋并虽为同家，亭主不知其子细，不及口人者，亭主不可有其科。至犯过之辈，遂咎明可处罪过事"有详细论述。上述条款最能展现这类地区以及其人群的特征吧。

八、老若组织。如前所述，这是继承了未开化社会的年龄阶梯式秩序原理的组织形态，是具有无缘、公界、乐之地区及其人群特征的形态。当然，这个时代不只有自然的年龄序列这一个标准，也有根据各个地区、集团特有的"艺能"这一技能的资历——"腊次"来区分老若的情况。因此,在商人等群体中,也可能用"财富"的多寡作为区分基准吧。

虽说如此,在构成老众、若众的成员之间仍然贯彻着平等原理。众所周知,被称作"会合众""三十六人众"等的老众,选出当月轮值人员,可能就以"多分之仪"即多数表决制的会议来管理城市。被称作"古所"、应是无缘禅寺的伊势光明寺,由"评定众""禅寺之一众"管理[8],则无缘所、公界寺基本上也应有同样的组织。中世前期的"行会"同样采取老若这一组织形式,与战国时期无缘、公界、乐的老若有直接渊源,但其更深层次的源流仍是未开化的平等秩序原理。这种原理的顽强力量,虽被提高到更自觉的形态,但仍然维持生命至此。

以上总结了无缘、公界、乐之地区及其人群的特征,如果其中内容原封不动地得以实现,不能不说是一个令人震惊的理想世界。世俗权力无法介入,赋役被免除,自由通行获得保证,从私有的隶属及借贷关系中脱身,与世俗的争斗、战争无关的和平、平等之地或其群体。这正是"乌托邦",用中国式的语言甚至可以说,这正是"世外桃源"[9]。

当然,战国、织丰时期的现实是严酷的,这样的乐园不可能原封不动地存在。前文屡屡提到,世俗权力极力将无缘、公界、乐之地区及其人群压缩、设限、包裹,其压力引发了严重的内部矛盾。不仅如此,这种乐园世界的一部分也逐渐被排除在体制之外,封闭于歧视之中。饿死、暴尸街头与自由的地位,是互为表里的现实。

不过，传教士对堺市的自由与和平惊叹不已，也是无可争辩的事实。欲将上述种种特征变为现实，创造出理想之乡的强韧志向，在面对"有主"原理强硬的渗透，以及以此为基础的强大权力的压力时仍不屈服，拼死贯彻自身。当时之人将这些地区命名为"乐""公界"这一事实本身，就淋漓尽致地展现了这一点。

如前所述，"乐"意指"十乐"，而"十乐"本是佛典中的词汇。源信在《往生要集》中举出圣众来迎乐、莲华初开乐至随心供佛乐、增进佛道乐这十乐，称颂极乐净土。所谓"十乐"，正是极乐，是理想世界之"乐"。

这一词语在中世前期，有时作为"十乐名""一乐名"等"名"的名称出现，应该还未用来指代此处所述的明确含义。[10]但是接近战国末期，它就作为立志实现上述理想世界的人们的目标，得到自觉而广泛地使用。在一向一揆的人们内心深处悸动的希求，也可以说与此完全相同吧。［补注13］

"公界"与"十乐"一样，也是佛教用语，推测可能源自中国禅院使用的词语。在日本文献中，如道元说"云堂公界之坐禅"[11]、无学祖元所写"圆觉公界"[12]那样，它最初出现时与禅宗寺院相关。如"公界上堂"（定期在法堂正式说法）等词所示，一般认为"公界"是指相对于佛界的、一般公众所使用的场所。不过在建长二年（1250）九条道家转让土地的文书中，对于东福寺，"公界人百人"之项下记有长老、知事等禅僧[13]，则它反而是指斩断尘世之缘而进行修行的场所。

南北朝时期，此词自然仍在禅院内部使用，但如《太平记》卷十九"述怀为私事，弓矢之道为公界之义"所示，它已经开始作为指代相对于"私"的"公"、"世间"之词，得到广泛而普遍的使用。不过，此处称与弓箭"艺能"相关的"道"是"公界之义"绝不是偶然。进入室町时期后，"公界"不仅有"世间""公众"等一般性含义，也带有狂言《居杭》中"公界者"那样正面、自觉的意义，这两种含义并行，直至战国、织丰时期。

"公界"正是从自力修行的宗教禅宗中出现的词汇，与"乐"相比，是具有严苛感的自立性语言，隐藏着斩断一切个人之缘的强烈意志。面对压迫追求"乌托邦"之志向的力量，"公界"可以说是展现坚决拒绝之姿态的最恰当词语。[补注14]

不过，如"公界往来人"一词所示，"公界"一词始终带有某种黑暗的孤独。这与信长、秀吉喜好并将之列入法令而准许的"乐"这一词汇所伴随的某种甜蜜，构成一体两面，而"无缘"一词则给人一种比"公界"更孤独的印象。

原本"无缘"也是佛教用语，意思是"没有原因、条件、对象"，"无缘之慈"便是"不分对方如何，一视同仁地拯救一切的慈悲心"[14]。在此意义上，它也是一个寄托理想状态的词语。因此，与"乐""公界"一样，"无缘"也用来表现上述那种地区及人群的状态。但是这个比"公界""乐"更早获得广泛使用的词语，因为"缘"字的多义性而逐渐具有诸多含义，如"贫道无缘""无缘非人"等用法所示，从中世前期开始，它就多少带着与贫、饥、贱联系在一起的阴暗印象。到了战国时期也是如此，与"公界""乐"相比，在"无缘"一词中，主张积极性理想的含义并不那么鲜明。

但是，这些佛教用语从日本民众生活本身的底层涌现出来，成为表达对自由、和平、平等理想之根源性希求的词汇。通过这一事实，我们可以了解到真正意义上的佛教大众化、日本化之一端。当然，与具有希腊—罗马公民的民主主义与基督教的传统，由日耳曼民族未开化的生命力支持，在中世纪不断深化，又通过与王权斗争而得到增强的西欧的自由、平等与和平思想相比，"无界、公界、乐"的思想还欠缺体系性的明晰与打动人心的力量。但我们必须知道，这正是竭尽全力有意识地、积极地表达日本社会中自原始时代以来绵远流长的无主、无所有的原思想（原始无缘）的"日本式"表达。

时代从织丰时期进入江户时期，这种积极性从这些词语身上迅速消失。"乐"被信长、秀吉拔掉獠牙并圈养起来，生命力被大肆浪费并消散，"公界"转变成"苦界"，而"无缘"成为"无缘佛"那样表达寂寞、黑暗世界的词语。[补注15]

正如我们屡屡提及的，这股低音在整个江户时代的确一直存在于庶民生活的深处，那为什么会变成这样的结果呢？为了弄清这一点，我们必须以多少提及过的事实为线索，将"无缘"原理的源泉追溯到中世前期——南北朝时期至镰仓时期。在那个时期，自觉性的"无缘""公界""乐"等词汇刚刚萌芽。因此，接下来我想按照前文列举的八个特征，迈出研究的步伐。

第十二章
山林

　　战国时代，"走入山林"乃跑进奔入寺之意。今川氏真在永禄三年（1560）颁给远江国引佐郡龙潭寺的签押文书中，写有"恶党以下，号山林走入之处（下略）"便是例证。蒙佐藤进一氏指教的下述史料，也是同样的事例：

　　推定为永禄十年左右的里见义尧手信[1]、里见义弘手信就是其中之一。义尧如下写道：

> 敌退散，我等思可满足同前，而十左卫门者，与太良打，山林延命寺，事已至此，延命寺亦不定（中略），早早恐恐谨言。
>
> 　　九月八日　　　　　　　　　正五（黑印）
> 　　　太郎殿（义赖）

第二天义弘同样写给义赖的书信中，对于同一事件如此写道：

> 敌退散，再三如申大庆（中略）。然安田与太郎，为十左卫门讨杀，后者山林延命寺，已无可奈何。是为法度，断而恐怖尤甚。

安房国安房郡曹洞宗寺院延命寺，并未被公认为奔入寺，但杀害安田与太郎的十左卫门跑入其中，义尧、义弘也都将这一行为称作"山林"。

那么，里见义赖颁给同国安房郡的真言宗寺院圆藏院的五条禁令中的第五条：

> 一、勾引人之事付女山林之仪。

也可以理解为禁止女性奔入吧。

这些事例均与寺院有关，或许有解释认为"山林"指代寺院，但这一事情本身就相当值得玩味。

我认为在中世前期，山林本身——当然不是所有山林——就是庇护所，寺院具有奔入寺功能的最初根源，也在于山林的庇护所性、圣地性。[2]

回溯前文中的战国时期事例，我们立刻就能遇到百姓逃亡的事例。例如，延文二年（1357）十月，若狭国太良庄的百姓

控诉公文禅胜及名主＊实圆的非法行为，称若"无严格裁断，则
舍弃名田旱地，百姓等交山林，为此各饮起请之神水，捧联署
之状"。在此，逃散成为百姓威慑的手段，他们将之称作"交
山林"。那些为躲避地头†的非法行为、逃避追究而亡散的百姓，
实际上跑进了"山林"。这样的实例并不少见，而再往前追溯，
在平安末期的承安二年（1172），面对官衙之使乱入、追讨税
赋时胡作非为，伊予国弓削岛庄的居民等称"各交山野，以为
失方"，申诉若不停止非法行为，则"弱民之身，除逃散之外，
岂有他计"。[3]

　　山林也是下人、仆从逃入隐居的地方。镰仓初期，源为贤
派督促使前往领地大和国伊奈津庄，但使者被恶人为清杀害。
为贤立刻将为清抓捕绑住，正要处罚时，为清请求称："我认罪，
但'对于投降之敌人，免除其罪责是古今之例'，我愿举一族
为您的仆从，请原谅我的罪责。"源为贤答应了他的请求，将
为清一族七人收作仆从，常年召使。然而为清的女婿定尚将为
清的女儿引诱出去，逃入"春日御领杣原山"。为贤立刻起诉
定尚犯了"勾引人"之罪。这一事例就说明山林是逃亡仆从跑
入的地方吧。

　　平安初期，也即9世纪以后，僧人的山林修行得到公认，

＊　"公文"是庄官之一，因负责公文、账目而得名；"名主"是拥有土地，并承担赋税者
　　的权势农民。
†　镰仓幕府设置的基层职位，负责逮捕盗贼、征收年贡等，后来常常利用职权侵占庄园
　　领主的土地。

许多寺院开始耸立于山林之中。一般认为，这种寺院多少都具有庇护所的性质，其中最有名的是高野山。战国时期，这里曾有"遁科屋"。这是一种无论犯了什么罪，只要踏入其门就能逃脱惩罚的建筑物，是说明高野山庇护所特征的最好证据。[4] 而这种特征的源头便在于山林本身的圣地性。

对马岛南端的豆酸镇的龙良山，以庇护所而闻名，在相传是天道法师墓地的深邃山林入口处，有由水平石头高高堆积起的建造物。这里并没有寺院存在的特别痕迹，但在日本各地的山谷深处、进入山林的入口处建造的寺院，原本就和对马岛这处天道之地具有同样的本质吧。

若从这种方向考虑，能够清楚确认具备该功能的山林、寺院非常多，比如迎接过以天武天皇为首的众多入山者，接纳过源义经乃至后醍醐天皇的吉野山，以及熊野山、比叡山、高山寺、神护寺等。而这也是与"不入"相关的问题。［补注16］

这一点我们后文再述，目前在这里只想确认，至少在中世前期乃至在古代末期，某些山林本身具有"无缘"场所的性质，起到了庇护所的功能。不止山林或山野，我们自然也可以举出河、海作为具有同样性质的场所。当然，在此我们很难明确河、海本身作为庇护所的功能，但通过后文举出的史料（第十五章）可以明确浦、滨是无缘之地，而漂流物的处理也是值得我们注意的事情。

大概在战国时代，沿岸商船主"舟道者"之间固定下来的习惯，被总汇为"法规"形式的《大船回法》〔「大船廻法」〕或《沿岸商船法》〔「廻船式目」〕。这些文本有七十多种传本，[5]大多数的第一条都是关于寄船、流船、寄物等漂流物的处理。

　　例如，伊势大凑的《诸沿岸商船法》〔「諸廻船法令条々」〕使用了贞应二年（1223）三月十六日后堀河天皇所颁圣旨的形式（《沿岸商船法》多标作贞应二年，样式各式各样，但这些自然都是假托），其中第一条说：

　　　　一、寄船、流船者，应作其所在之神社、佛阁修理。若其船有乘者在，由船主处理进退。

即规定漂流船充当神社、寺院维修的费用。

　　如长沼贤海氏所论，这种习惯在很久以前的镰仓时代初期就可以在文书中确认。宽喜三年（1231），下达给大宰府的辩官局文书〔官宣旨〕称，"往昔以来"，即数百年的漫长时间里，筑前国宗像社大小七十社的费用都是靠漂流到苇屋津、新宫滨的"寄物"来负担，但由于劝进僧人往阿弥陀佛在钟崎筑岛，作为船港帮助往返的船只，"寄物"不见，因此捐赠田地约四公顷作为维修费用。

　　住吉社也存在这样的惯例，也许我们可以认为这是广泛的全国性习俗。而且，这一习俗可以说是源于漂流物为"无缘"之物，因此作为神佛之物，多少带有"圣"的意义。河海作为"无缘"场所的特质，在这些方面可见一端。

第十三章

市场与宿所

如前所述，战国时代的市场是"无缘"之地，但市场的这种特质也可以追溯到相当久远的时代。宽正四年（1463）逃亡的进京役夫出现于备中国新见庄的市场，杉山博氏据此推测市场具有庇护所性质[1]，自然是值得注目的论断。

再往前追溯，文和二年（1353）四月，小早川贞平对安艺国沼田的市集〔市庭〕颁布了如下禁令：

禁令

　　条条　　　（花押）

一、家臣官员之人等，于沼田市庭，或属所缘，或构宿所居住之事，自故殿御时，严有御戒也。故守先制之旨，令停止之事。

一、同住人之女，嫁作家臣之子为妻妾事，同禁止也。

但先相互为缘者，今始不及改定，此日限以后，若有违令者，两方共有罪科事。

一、同所检断并杂务以下裁断，至向后者，应于御前裁断事。

文和二年四月廿五日

（《小早川家文书之一》小早川家证文第25号）

此处的第一条——禁止小早川家的家臣在沼田市集结下某种缘分或建造住所而居住，与前述博多、松坂等自治城市或无缘所、公界所的规定完全相同。其第二条规定，同样是小早川家的家臣，在此禁令之前的除外，在此之后则严禁与市集民众中的女性缔结婚姻关系。这也可以说是以市集为"无缘"之地的规定。

第一条中说"故殿御时"严格规诫此事，是指十几年前的历应三年（1340）卯月二十六日小早川圆照（宣平）下达的留存文书〔置文〕。[2] 在这份留存文书中，圆照认为以获赐住宅或与之有缘等理由，离开主君之馆附近而居住在市场，既无道理，也是"不祥"之事，万一有急事时也帮不上忙，因此之后与居住在市场的人"不可有合颜"（断绝主从之缘）。贞平的禁令显然继承了这一主旨。迄今为止的研究结合宣平的留存文书，与贞平禁令第三条中规定发生于市集的刑事案件、动产相关诉讼由小早川家的法庭处理这一点，将之理解为小早川氏在此一方面将家臣团与市集也即货币经济分割，命其集中居住于自己的宅邸周边，另一方面将市集置于其直辖管理之下。

确实，如果站在小早川氏，即领主的立场来看问题，这个解释并不算错。甚至也可以说，它很好地把握了领主的意志。

然而，如果我们进一步探究，追问为什么小早川氏甚至认为家臣居住在市集是"不祥"之事而要回避，为什么他们如此厌恶与住在市集中的人结缘，则这一解释完全没有回答此疑问。

我们扭转视角，将这一禁令、留存文书与前述涉及无缘、公界、乐之地的诸禁令比较，并从市集本身的角度来思考，则这个疑问就很容易解开了。小早川氏恐惧的是沼田市集中潜在的"无缘"原理。它不由分说地对小早川氏的私人主从关系产生的干扰，正是小早川氏所回避之事。

小早川氏在此一方面将"无缘"之地与和自己"有缘"的家臣团分开，另一方面，又要将"无缘"之地置于直辖之下。战国大名及信长、秀吉承认这些区域为"无缘"之地，但同时想将之纳入自己的直辖统治之下。可以说，与之完全相同的意志在此已经出现。从这个意义上说，所谓"国人领主"小早川氏的这一政策，已是战国大名及信长、秀吉之政策的源头。

不过与战国时期相比，市集在此作为"无缘"之地的特质自然还是潜在的，没有那么鲜明。或者应该说，其特质是通过小早川氏的这些措施才开始逐渐明确的，且它与战国时期的区别就在于此。最关键的是，这个时期的市集虽然已经出现了居民，但仍是许多人在定期集市日子才聚集过来的场所，尚未完全成为永续的聚居地——市镇。在小早川氏的留存文书、禁令中隐约可见的一种被动姿态的"无缘"原理，一方面比战国时期发挥更广泛、更强大的作用，给"有缘"世界以压力；另一方面，它与神佛相关联的咒术色彩很浓，还没有达到作为自觉的原理而为人主张的程度。上章所说的"山林"也是同样的道理。因此在中世前期，以地点来说，"无缘"原理表现为神佛统治之地、"圣"地、"无主"之地。

市集亦立于"无主"之地。越中国石黑庄的天满市、高宫市设在"无主荒野"，山城国的淀鱼市最开始也是在河滩招揽"在家人"，并设立市集。各种意义上的"边境"之地，也多是设立这种市集的场所。

同样值得注意的，还有市场设于寺庙门前的事实。若狭国的远敷市场虽被认为具有地方官衙之市的功能，但还是应该理解为若狭一、二宫，即彦、姬神社门前的市场。在备前国西大寺的门前，元亨二年（1322）已经有酿酒商人、鱼贩、饼商人、席匠、铸工等人的家宅、房屋、商铺，并设立有由官衙和地头共同管理的市场。在此案例中，拥有家宅、房屋的酿酒商、饼商在一定程度上可以视作是定居于此市场之人，但席匠、铸工、鱼贩等应视作是在开市日巡回之人。在市日，这些在各地巡回的工商民，以及"艺能"民汇聚，集市热闹异常。一般认为在南北朝末到室町初期成书的《庭训往来》中四月章，述及"市镇演出"时应招之辈，不仅列举了铁匠、木匠等工商民众，还举出舞狮人、游女、医师、阴阳师等各种"职人"。这绝不是单纯的"职人大全"，而是事实的反映。

实际上，在信浓国诹访大社的祭礼上，在南北朝时期，据说以"道道之辈"为首的"白拍子、御子、田乐、咒师、散乐、乞食、非人、盲聋病疴之类""稻麻竹苇"一般聚集。而在镰仓末期，播磨国蓑衣寺据说是由"九品念佛、管弦连歌、田乐、散乐、咒师、曲舞、乞食、非人"从近邻诸国聚集而来，很快就建造好了的大寺。

寺社门前区域的特质，在这些事例中淋漓尽致地展现出来。它毕竟不是像战国时期那样由法典加以明确的地方，但却是神佛统治的"无主"之地，是潜藏"无缘"原理的空间。因此，这里设立了集市，聚集了往来各地、游历各地的"无缘"之辈。

不仅是市场，游历的"艺能"民也拥有经营这种"艺能"的独自场地。属于祇园社的狮子舞者不仅在祇园社，在其他神社也以其"艺能"侍奉，在以远江国为首的各地拥有"舞场"[3]。此外，以"清秽"为职业的"乞食"非人 *，也在以和泉、伊贺为首的诸国拥有受公认的"乞庭"。这种"场""庭"与市场拥有同一特质吧。

若如此，则我们认为非人的"宿"与驿舍〔宿驲〕的"宿"是同样场所也不算错误吧。这两者虽不一定能同一视之，但它们同为"宿"又极其相似却是事实。

镰仓时代，就畿内及其周边来说，非人的宿所以奈良坂、清水坂等为本宿，末宿广泛分布在畿内诸国、纪伊、伊贺、丹

---

* 日本过去对贱民的称谓。

波、近江等各地。嘉元二年（1304）后深草上皇的葬礼上，朝廷向京都内外的非人施舍，根据当时的记录，给予莲台野 170 人、东悲田院 150 人、狱舍 71 人、清水坂 1000 人、大笼 142 人、散在 376 人、散所 118 人计 2027 人每人十文钱币。[4] 而在此稍稍早的时候，据说以山城国为中心的宿所非人达 9177 人，可知当时有相当数量的非人存在。不仅在畿内，镰仓也有"疥癣宿"。

这些宿所的非人各自分作老众、若众，拥有一腊、二腊这样以加入年限确立秩序的类似行会的组织，由长吏统辖，在兴福寺、清水寺等地以"清秽"——打扫、送葬等职责服务。同时他们以宿所为据点，在各地"乞庭"广泛乞讨，在大型葬礼、法会时接受施舍，并亲自送葬——这是非人的"艺能"之一吧——维持生活。从"无缘非人"这个当时经常使用的词语可以清楚看出，非人自然就是"无缘"之辈。不过若是根据江户时代以后的常识来套这些人的实际状况，恐怕会犯很大的错误。[5]

13 世纪上半叶，清水坂的非人与奈良坂的非人之间持续激烈争斗，当时非人武装起来，构筑城郭，频发暴力冲突。在与之相关的诉状中，奈良坂非人称自己是"本寺（兴福寺）重役清目之非人"，激烈批评清水坂非人的行动"虽为非人之身，然好恶喜猛，意图谋反"，是作为"有情之人类"所绝不应有的忘恩行为。[6] 这里并没有江户时代贱民身上的那种暗影。虽然这时自然也有"有缘"世界的"歧视"，但包括这些非人在内的"无缘"之人的独自世界，在中世前期仍与"有缘"的世界分庭抗礼，有时甚至具有压倒性的广泛、有力的力量。

渡边广氏注意到这些非人聚居的"宿"多位于交通要冲之地，推测那里可能是由武装起来的非人担任警卫[7]，竹内理三氏也认可这一点，同时将目光转向非人的"宿"与驿舍的"宿"的关联。[8]确实，驿舍的"宿"也是游历各地的"艺能"民、"无缘"民的聚居之地。[9]

"宿"和游女之间存在难以割裂的关系已是众所周知之事。[10]美浓国青墓的宿所存在一个由长者"大炊"统辖的游女集团，信浓国的保科宿也有游女的长者[11]，由此类事例可知，游女也由长者统领。

此外，一般认为与游女有重合的傀儡师，也在"宿"聚居。《明月记》记载，建历二年（1212），近江国吉富宿的傀儡师与藤原忠弘的下人"争吵打斗"；建长元年（1249），骏河国宇都谷乡今宿的傀儡师，向幕府控诉久远寿院的征税庄官。傀儡师主张征税官员向其课征以旅客杂费为首，包括驿站徭役、兵役等役赋，并征收屋舍税等的非法行为，获得胜诉。被视作此傀儡师集团长者的荣耀尼，代代以宇都谷乡的赴任管理者为女婿，拥有很强实力；名为"阿曾尼"的一位女性也承包过百姓的田地。

由此可知，对于这样在"宿"拥有房舍的游女、傀儡师，从近世的情况回溯而类推明显是错误的。饲养鱼鹰者集团的女性，以及镰仓时代的桂女同样具有游女性质，她们大举拥至院内参观，在退朝的摄政背后大声叫嚣。与之同样，傀儡师有时内部之间争吵打斗，有时也以源赖朝的持佛堂（久远寿院）的征税官员为对手，在幕府的法庭上堂堂正正地争辩，真是野性又顽强的女性。在此，前往地方的赴任管理者成为傀儡师的女婿并不稀奇。点检《尊卑分脉》，平安末至镰仓时期以游女、傀儡师、白拍子为母亲的贵族、武将不胜枚举。

不过，镰仓幕府担心御家人的领地落入这些女性手中，并予以禁止。文永四年（1267）十二月，幕府禁止嫁与御家人的非御家人所生女子、傀儡师、白拍子、凡卑女性诱骗丈夫的领地，并实际掌控。[12] 这与同年颁发的德政令主旨相同，目的是防止御家人的领地分散，而我们在此很难不注意到其中特意提到了傀儡师、白拍子。在这里读出幕府对这些女性作为"无缘"之辈的特性表现出警戒心，绝不算考虑太多吧。

"宿"之长者在南北朝时期到室町时期也有出现，但已经不是女性了。建武四年（1337）骏河国高部的神领 * 内的兴津宿长者，是这处领地的公文官员。[13] 不久，"商人宿"等词语出现，针对"宿房舍"征收地租这一城市税目的事实也为人所见，则"宿"逐渐增强了宿所市镇的性质。

从这方方面面来看，不管是将"宿"看作非人的宿所，还是看作驿舍，都可以认为其是"无缘"场所。我尚未发现能够直接显示其功能的中世前期史料。然而如阿部谨也氏所述，在中世纪后期的德国，相当于日本驿舍的"酒馆"，与"公共浴场"一样同属"和平领域"，"那里是禁止任何暴力行为，也不得在

---

* 天皇或者寺院、神社的领地。

其中抓捕犯罪者的（自由）场所"[14]，那么断定"宿"也是"无缘"场所绝不算没有道理。将此观点置于脑中，回看前文后深草上皇葬礼之时，朝廷不仅施舍非人，同时在莲台野、安居院悲田院、东悲田院、狱舍、清水坂等地开设"温室"之事，定然是值得关注的事实。作为净化"污秽"之场所的温室、温屋，不仅于此类施舍时设立，在镰仓末期、南北朝时期以后还发展成"收费澡堂"——公共浴场。从《东寺百合文书》（ヨ函1—12）可知，正和三年（1314）盐小路西洞院有澡堂，有在外保管进入澡堂之人衣服的少年；《祇园执行日记》中记载，元亨年间，云居寺的庄园里有澡堂，正平七年（1352）岩爱（或为"爱宕"）建有公共浴池等。实际情形虽不太清楚，但从祇园社发放"咒愿牌"这一点，可以推测那里是有某种禁忌的地方，或许"澡堂"也是与德国"公共浴室"同一特质的地方。[补注17]

如上所述，如果说市集等的"庭"及"宿"是"无缘"场所，即庇护所，那么就像本书开篇所述，"捉鬼游戏"时的"阵"被孩子称作"场"或"宿"，就是一个具有深刻意义的事实。极其古老的历史习俗的记忆，在年幼孩子中间一直保存到最近，甚至名字都未变。

第十四章

墓地与禅律僧、时众

　　非人从事送葬一事已如前述，而其宿所不仅位于交通要道，也有很多位于墓地近旁。竹内理三氏注意到，奈良坂非人与清水坂非人争斗时，起诉后者烧毁"寺家麓东西南北于圣堂舍塔庙等"，认为"以清水寺为北限至六波罗蜜寺之间，是古代的鸟边野，此地是乞食僧人聚集的地方，建有很多僧俗墓堂的堂舍"，被烧毁是"因为它是清水坂非人的据点"，"我想清水坂非人也是僧人〔聖法師〕"。[1]

　　此外必须注意到，前述后深草上皇葬礼时，接受施舍的非人中有莲台野170人。"莲台野"一词本身的意思是墓地、火葬场，此处无疑是指京都船冈山西麓、上品莲台寺以及拥有后冷泉、近卫天皇等火葬场所的区域。再结合宿所多位于寺院近旁这一观点[2]，则非人与墓地的深刻关联明显可见。

　　由鸟边山、莲台野等地也可知，自古代以来，墓地一般设在山中或山麓。对于这种墓山的圣地性，户田芳实氏引用"诸氏家墓一由旧堺，不受斫损"[3]，或"葛井、船、津三氏墓地在河内国多比郡野中寺以南，名曰寺山。子孙相守，累世不侵"[4]等史料并予以论述[5]。进入中世以后，这种墓地的特质多少有些变形，但实质仍完全一样。

这与山林本身的圣地性也有深刻关联，并与之重叠。前文已经提到，山林、荒野作为"无缘之净域""非人之住所"的特质，随着该地设立"无缘之道场"，产生"无缘之众徒"的修行场所而更加鲜明。同样，随着许多也被视作"墓地"的堂庙建立，山林作为"无缘"之地的性质更加明显。正因为如此，只有"无缘"的非人、僧人才能住在那里。

河滩也是同样的场所。就像人们常说的"宿河原"一样，"宿"经常位于河滩附近。这与交通不无关系，如前文提及的淀城河滩所示，也存在于河滩设立市场的情况。但更关键的是，河滩是尸体、骸骨的聚集地、埋葬地。

大山乔平氏指出京都的死者送葬场地是鸭川、桂川的河滩，并注意到承和九年（842）十月十四日的敕旨中赐予左、右京职及东、西悲田物资，令其烧殓"岛田及鸭河原等"的骸骨5500余具的事实[6]，认为这些河滩归京职及悲田院管辖。[7]在此意义上，本书屡屡引用的嘉元年间后深草上皇送葬之时施舍非人一事中所举东悲田院150人[8]就值得注意了。可以说，它表明了作为送葬之地的河滩，与非人之间有着不可分割的关系。

河滩也正是冥河河滩，作为"墓地"、送葬之地，是与无缘非人不可分割的"无缘"之地。因此,这里在古代是滥僧、屠夫,进入中世后是处理死牛的"河原人"[9]"饵取""秽多童子"[10]乃至"褴褛"[11]等"无缘"之人的活动舞台。

战国时期寺内拥有"冥河河滩"的无缘所禅昌寺、京都的阿弥陀寺,其源头自然就在此处,但与之相比,中世前期的"无缘"之地更加粗粝而广阔。而且如大山氏所强调,中世前期的"墓地"、送葬之地,多少还与咒术性的"秽"这一问题纠缠在一起。

笠松宏至氏在《"墓所"的法理》〔「〈墓所〉の法理」〕这篇深有趣味的笔记中提到,镰仓末期至南北朝时期,隶属于势力强大的寺院神社的神人、山僧、山野僧等被杀害时,存在"包括犯罪现场在内"的六百米左右见方、四百米左右见方等一定区域"作为'墓所'而必须给予被害者所属集团的法理主张",并举出该主张取得实际效果的事例。[12]他推测"污秽、被襖"这类"宗教性、民俗性法律习俗"或许在其后支撑这一主张,结束了这篇笔记。我认为这是触及本质的敏锐洞察。如果在此结合上述"墓所"的面貌来思考,则因为被害者也即死者之"秽",犯罪现场变成了"无缘"场所,也即"墓所",所以那里必须归神佛所有。在刚才所说的"法理"背后发挥作用的,正是这一主张吧。

总之,"秽"与"无缘"之地或"无缘"之人存在某种关系是个事实,在当时社会的上层阶层中,自觉地将二者联系在一起的观念强大也是无可非议的事实。不过,这种接触污秽的观念在中世前期绝非统治整个社会。相反,积极地肯定这种"无缘"

世界，并从中寻找生存之道的人辈出，在朝廷、幕府上层也存在认可这种人的氛围。

众所周知，在镰仓中期，西大寺的律僧叡尊、忍性在畿内和镰仓热心供养、施舍作为"肉身文殊"的非人，并在非人组织中工作，而律僧与葬礼、"墓所"也有难以割裂的关系，非人与律僧的结合就以此为媒介。林干弥氏在前述论文《律僧、禅僧、三昧僧与太子》中以丰富的事实证明了律僧与葬礼、"墓所"之间密不可分的关系。这些事例包括作为忍性创立的西大寺派律宗在京都的重要据点，并为邦良亲王、花园法皇等举行葬礼的东山太子堂；位于醍醐寺内而承接葬礼的律宗菩提寺；作为西大寺流律宗墓地的奈良柳生的白毫寺；由皈依叡尊的叶室定嗣所建，并成为东寺学头、学众葬礼场所的净住寺光明院等。与西大寺相对，被称作"北京律"的泉涌寺也可以加入事例之中。

自从四条天皇的墓地置于泉涌寺，此寺势力就不断增强，后来成为朝廷的菩提所，其长老兼任悲田院的住持。前述后深草上皇葬礼时，直接管理施舍非人一事的也是泉涌寺当时的长老觉一上人觉阿。律僧与非人以葬礼、"墓所"为媒介的联系，由此显而易见。林氏又进一步关注禅僧与葬礼的关系。

上述论文举出明惠上人高辩曾葬于高山寺禅院，崇光、光明两上皇及梶井宫以禅僧的姿态为光严法皇举行葬礼等事实。以前述禅昌寺为代表，战国时期众多禅宗寺院成为"无缘所"当然也与此有密切的关系。镰仓末期以后，禅僧和律僧常常合称"禅律僧"的原因之一，正是在这一点上具有共同的特质。

　　此外，奉周游、遍历的上人一遍为祖师的时宗之徒，也即时众，同样从事送葬工作。镰仓末期至南北朝时期，他们尚未固定于"墓所"、寺院，而是跟随军队游历，给即将死去的战士"十念"，供养战死者。正庆二年（1333），幕府军进攻楠木正成婴城固守的千早城时，就有两百多名时众跟随[13]，将战死的新田义贞放在轿中抬出的也是"时众八人"。[14]

　　战国时代，既是市场又是墓地的京都"无缘所"阿弥陀寺是时宗的寺院，三昧圣"不及敌我之裁判"，则镰仓、南北朝时期的时众、禅律僧也都是具有"无缘"原理之人。常常穿行于战斗的军队之间进行送葬的上述时众，也即送葬僧〔阵僧〕的身姿清晰展现出这一点。时众和禅律僧不参与战争也能以使者的身份自由往反。北畠亲房据守常陆国的关城，为高师冬的军队包围时，能够作为使者进出城的是"道显书记""惠纪上人"等禅僧及时众[15]；向高师直"暗透"这位师冬在甲斐国自杀一事的，也是时众。虽然没有战国时代那么鲜明，但他们这时已经具备了作为"和平"使者的特质。

　　这些遍历、周游的时众将"宿""市"等"无缘"之地作为传教活动的舞台。这一点在其祖师一遍上人的行动上清晰可见：他由乞丐、非人陪伴，游历备前国的福冈市、信浓国佐久的伴野市、尾张国的萱津宿以及寺社的门前区域。与此相反，禅院也成为往返之人的"宿坊"。大中臣亲范之女莲仁所建的伊势国法常住院，由光明寺长老惠观上人改作禅院，从此成为"十方往来参宫僧众寄宿寺"[16]。这正是因为禅院本身是"无缘"之场。

镰仓末期至南北朝时期，社会上一部分人激烈批评这种"无缘"的禅律僧、时众，给予了可说是"歧视"的待遇。这的确是事实。《天狗草纸》痛骂一向众（时众）"念佛时摇头晃肩，跳动如野马，吵闹似山猿，不掩男女根，徒手抓吃食"，批评游历的禅僧"号为放下禅师，蓄发佩戴乌帽子，忘记坐禅之床，唱于南北之巷，逃出工夫之窗，狂言于东西之路"；《野守镜》谩骂一遍之徒"谎言多端，裸露身体，不掩羞愧之处，只如狂人一般，遇苦难之人，肆意信口开河"；比叡山政所集会谴责专为"散乱放肆之行"、发出"跳跃叫唤之声"的一向专修群党是"一朝之国贼，八宗之蠹害"；《尘袋》也称僧人形象的"乞食"也即"滥僧"为"非人、凡卑、秽多〔エタ〕这类不可接触之人"，并将"エタ"写作汉字"秽多"。此类都是同一立场上的评价。

对于禅律僧，还有以禅宗僧侣"直参之讼者，当时殊为公家武家之严制"[17]为由，阻止禅律僧出席法庭的行为；在《二条河原匿名讽刺文书》〔『二条河原落書』〕中有"追从、谗人、禅宗律僧"的说法，《建武式目》也在第八条中规定"禁止权贵、女性及禅律僧干涉事"，则禅律僧正被作为"僧侣中坏人的代表"[18]对待。时众也是如此。播磨国矢野庄在室町时期的应永十八年（1411）强调"当庄者，自往古被置大法，僧、比丘尼、时众等不可购买土地之旨"[19]。

但是，这绝不是所有社会阶层的看法。律僧叡尊还得到以龟山天皇为首的部分贵族的深厚尊崇，且与忍性一起受到镰仓的得宗政权优厚保护，其传教途径延伸至全国[20]。禅宗亦是如此。

花园天皇虽遭"世间嘲弄"般的"谤难"，但他亲近叡尊的弟子如圆，尊崇继承安居院澄宪之流的说教高手、净土宗的正道上人，并与妙晓上人即月林道皎法谈，赞叹"佛法之高妙，心境之极理，只在禅门一宗"。与花园天皇同时代的后醍醐天皇也积极关注这些人，想要组织这种力量，其最信任的僧人文观就是西大寺流派的律僧。在《建武式目》中露出警惕神色的室町幕府，设立禅律方对禅宗加以控制，但它最终保护禅院，重用禅僧仍是众所周知的事实。[补注 18]

正因为是"无缘"之人，禅律僧才得以出入宫廷、幕府深处，插手政治。不过，事情还远不止此。14 世纪初，在论敌致以"乞食非人""道路乞者""放栏"等言辞的激烈抨击下，山野僧严增数次就任东寺执行之位；虽被痛骂为"佛法之怨敌""邪见放逸不当之法师"，禅僧惠观仍以伊势国光明寺为中心，拥有巨大的势力。镰仓末期至南北朝时期，禅律僧、时众等"无缘"上人、圣的社会性活动，在后文将述的劝进、金融以及承包庄园公领*方面极为广泛而活跃。

这个也包含"乞食非人"的世界，虽然一部分被逐渐纳入权力的毛细血管中，但从整体上看，它仍然在社会各处发挥着充满野性的强大生命力，并没有被想要将其封在"歧视"之中的行动压倒。我们必须要明确承认这一点。

---

*　"庄园"为隶属中央皇族、贵族的私有土地，"公领"是与之相对的归属于京都朝廷的土地。

第十五章

关渡津泊、桥与劝进上人

如前所述，战国时代京都的"无缘所"阿弥陀寺是市场兼墓地，其管理者清玉上人是劝进圣。在后深草上皇葬礼中负责施舍非人的泉涌寺长老觉一上人觉阿，也是东寺的大劝进。自从愿行上人宪静在弘安年间修造堂塔，一直到南北朝时期，泉涌寺的长老代代都是东寺的大劝进。

西大寺一派的律僧、禅僧也是如此。良观上人忍性成为劝进上人而修造鱼住埠，久米田寺的律僧行圆上人修造福埠，而前文中的禅僧惠观通过劝进在光明寺内建造禅院。如此所示，劝进是禅律僧重要的社会性活动。

此事不限于禅律僧。他们虽都被称作"上人"，但实际上身份范围更广泛，是上人或圣这二者才能劝进。如"明智御堂之修理事，因其不召，劝无缘之圣，制奉纳之帐，以国之守护之馆为先，劝进国中大名贵人"[1]等所言，这是"无缘"的圣才能做的事情。想要从因各种缘分而或对立或合作的有缘人那里得到舍付，就必须具备不因此产生缘分的"无缘"原理。禅律僧、时众等人之所以积极劝进，正是因为他们是"无缘"的圣。

因此，劝进的历史与圣的历史一样古老，可以追溯到奈良、平安时代。"掘开难波之江，建造津渡，说法化人"[2]的行基；以架桥、铺路、打井等社会活动为首，且建立西光寺（六波罗蜜寺）、宣扬念佛的"市圣"空也；在京都建造行愿寺（革堂）的皮圣行圆。这些人自然都是"无缘"的圣。中之堂一信氏的论文《中世式"劝进"的形成过程》〔「中世的〈勧進〉の形成過程」〕[3]，对于从这些"无缘僧""行人"的劝进活动，到以劝进本身为业的"劝进圣"出现的过程进行了详细论述，其中也指出"劝进圣大部分是过着游历漂泊生活的僧徒"，是遍历各地的圣。

康平五年（1062），修造赞岐国曼荼罗寺的劝进僧善芳，据说是在"佛法修行往反之次，逗留当寺伽蓝之间"，看到寺院荒废而劝进重建。[4]降至镰仓时代初期，承担重建遭平氏烧毁的东大寺及其大佛的任务，并被任命为东大寺大劝进的重源，也如众人所知，在治承五年（1181）获得准许其在七道诸国劝进的圣旨，靠着"六架独轮车"开始劝进。平安末期以后，各地金石文中广泛出现的劝进僧，恐怕大部分都是这种往返、周游诸国的圣。

通过这些活动，圣、上人建立寺院，修造佛像和经筒，铸造梵钟。但是特别值得注意的是，自行基、空也以来，他们架桥、铺路、修船埠、造港口的事实。

自古以来，架桥修桥一事几乎是一定要通过圣的劝进来完成得。例如，保延五年（1139）京都的清水桥竣工，据说是"洛中贵贱知识造之"，即它是通过劝进而成的架桥；祇园四条桥据说也是永治二年（1142），"为劝进圣修之"。[5]另外，前述的思圆上人叡尊奉官方命令，修造宇治桥，并于弘安九年（1286）举行落成供养。

修筑船埠的例子也有很多。前文提到，在筑前国钟崎筑岛建埠的往阿弥陀佛这位人士，便是在贞永元年（1232）于镰仓和贺江筑岛建港的劝进上人。忍性继承这一事业，继续修造这个岛，并如前所述修筑了鱼住埠。在加古川河口修筑福埠的劝进上人行圆，前面也已提及。

这可能与上人、圣本身就是通过这些地方周游诸国有关，也可以说这些行动中带有通过给平民带去福利的社会活动而传教的意图，但更重要的是，我们必须要注意到桥、津、渡、路等是"无缘"场所这一点。对于桥梁的边界性、作为"无缘"之地的性质，岩崎武夫氏在《讲经"山椒大夫"与边界性》[6]〔「说经〈さんせう太夫〉と境界性」〕这篇深有趣味的论稿中，针对架设在穿过直江津中心的荒川之上的"应化之桥"做了详细叙述。如柳田国男氏在《桥姬》[7]中所言，桥是由诸种传说渲染的神圣场所。渡口也是同一道理，而从船埠、码头有时靠"无缘"的漂来物修筑（前文已述），以及它们后来成为"公界"城市来看，船埠、港口显然是"无缘"之地。"公界之大道"——道路也同样如此。〔补注19〕

正安元年（1299）八月，尾张国大乡的百姓因附近发生的杀人事件而被荒尾乡村民起诉，辩解如下：

> 观音冠者被杀一事，大乡村人等必以不觉悟者也。其故者，如此斗争于市町、浦滨、野山、道路等当场争论之事。非当场之人，不被责咎。况隔数町之斗争，因何村人等可被责咎？《关东御法规》明白也。（《猿投神社文书》，《本朝文粹》卷二，纸背文书）

对于发生在市镇、浦滨、野山、道路上的争斗，如果不是在场之人就不会被追究责任。更何况他们是远隔数百米的大乡村民，对此又有什么责任呢？以上便是他们申辩的主旨。前文已经指出，"乐""公界"之地不适用连坐制，而此处的"法规"可以说是基于完全相同的原理吧。虽然现在在追加法条中很难找到这样的《关东御法规》，但道路、市镇、浦滨、野山——山野河海是贯穿"无缘"原理的场所这一点，由此可谓毋庸置疑。

"无缘"的劝进上人修造的建筑物，自然必须是"无缘"场所。那么，寺院、神社在本质上显然也是"无缘"的。这一点我们后文再述，此处要注意的是，进入镰仓后期，劝进上人的劝进方式出现了巨大变化。

在元朝来袭逐渐临近的时候，日莲批判的剑锋指向了前文提到的极乐寺良观上人忍性。忍性修路架桥，被称作"肉身如来"，但他"以借受利钱为业"，在全国设置关卡收钱，"乃至于饭岛津收取六浦关米"。这一行动受到日莲的激烈批评。以"借受利钱"为业这一点后文再述，当前，劝进的新方式在架设关卡收钱、收米上清楚地现身。在津港、渡、桥、路等"无缘"之地设立"关卡"，向往来的"有缘"人收取"关钱""关米"等，便是新的劝进方式。建长八年（1256），多门寺的住侣获得在明石埠劝进的许可。[8] 弘长元年（1261），前往京都的船只通过淀津，每艘交钱十文充作修造金刚山内外院的费用。[9] 相田二郎氏详细介绍了这些早期事例 [10]，并指出这种方式在镰仓后期以后被劝进上人广泛采用。弘安年间（1278—1288），修建东寺堂塔的愿行上人宪静在淀津收取关税；正应元年（1288），播磨国福埠的劝进上人行圆按每艘三百文，收取往来船只的关税；翌年的正应二年，为修筑鱼住埠，忍性获允在十年之内于室津、尼崎、渡部三地，对每块标准产量为一石稻米的土地征收一升稻米作为关税等。这样的例子可以说不胜枚举。

广泛遍历各国，站在家家户户的门口劝进，或者站在"无缘"之地的津埠与渡口、市街与道路向过往之人寻求施舍，当然是自市圣空也以来的劝进方式。但此时，上人将这些"无缘"之地变为由权力保证、认可的关卡，安排代理人员征收津费、关税，坐着不动地劝进。交通的显著发展、交通量的增加，无疑使这种方式成为可能。在此意义上，它可以说是劝进的发展形态。但从其本质也即"无缘"上人的本来状态来看，我们必须认为这是一种"堕落"，是劝进的体制化结果。

在另一种劝进的新方式——征收房屋税上，这一点更加露骨。目前所见，按建筑征税首次出现在上述愿行上人宪静修造东寺堂塔之时。弘安五年（1282），宪静获得太政官公文〔太政官符〕，获允向五畿七道诸国内的每栋建筑征收十文钱。尚不清楚当时实际征收多大范围，但可以确认的是，这份公文由幕府转给摄津国守护，再传给庄园公领的地头、庄官，并得到执行。其他诸国应该也是以相同的流程征收的。[11]

这可以说是逐一叩门的劝进的体制化。它不再需要走遍家家户户，而是全面利用国家机构，依靠它按房屋收钱以达成劝进目的。必须说，这是一种极其自私自利的方式。

嘉元三年（1305）左右，金泽贞显在六浦、下河边等领地内征收房屋税以修造濑户桥，可知当时也可如此向私人领地内的居民征收房屋税。但是延庆三年（1310），虽不清楚劝进上人是谁，但辩官局文书要求为修建粉河寺誓度院的劝进事业，向除大和以外的畿内，及播磨、纪伊共六国征收房屋税每栋十文钱；为了修造甲斐国的大善寺，幕府下发的命令文书〔关东下知状〕要求向信浓国征收房屋税每栋十文钱。以此为代表，在南北朝到室町时期，这种劝进方式大多以国为单位盛行起来。

截至目前的通说认为，房屋税与土地税一道被视作室町幕府的财政基础，而前者几乎无一例外地作为修造寺院、神社的费用，但这无疑是因为征收房屋税是劝进的一种方式。都城内外的城镇土地税也是同一性质。因此，不仅是寺院神社，上述濑户桥那样的桥，以及应安元年（1368）由"山城国以下房屋税"承担的"宋船营造"一事清楚展示出的船——这也是"无缘"

场所[12]——等物也是由房屋税建造的。

当然，镰仓后期以后并非没有立于市中，到处游历以进行劝进的圣人。而且室町幕府的机构解体后，即使它许可劝进上人征收房屋税，这些人也必须前往当地，拜会"有德"之人与寺院以完成征收。但难以否认的事实是，随着劝进如此体制化，出现了游历的劝进圣逐渐受到轻视、蔑视，最终自身也堕为乞讨者的趋势。

上人也并非专门设立关卡，收取津税、关税来中饱私囊。相田二郎氏详细阐明，正好是在借由关卡进行劝进的新方式出现的同一时间，禅僧、上人沿道路设立"接待所"，为往来僧尼、参拜者提供交通便利的行动映入我们的眼帘。相田氏介绍了全国范围的此类事例，诸如永仁四年（1296），远江国相良庄的平田院上人龙峰宏云在诏令的保证下，设立了菊河宿这一招待所；文保二年（1318）左右，纪伊国和佐庄的药德寺（欢喜寺）空观上人设立了招待所（布施屋）。[13]这些事例与伊势国法常住院成为参拜者的宿坊完全一样，也可以说是"无缘"之地、"无缘"上人对旅行者的捐赠。不过我们也必须承认，在这种事例中，设立接待所的寺院接受了维持接待所运作的田地，并从中获得了分成。

镰仓后期以后，"无缘"原理以其旺盛的生命力，广泛呈现于社会表面；"无缘"上人的活动则如后文所述，在各个领域相当活跃且积极不倦。而且如前所述，与强烈回避、压制它的行动相反，我们也必须注意到另一股强力的动作，即统治阶层中

的部分人员通过以"无缘"为盾牌接近权力中枢的禅律僧,尝试吸收、组织这种"无缘"的能量。[补注20]

在此意义上,需要关注的是中世劝进上人劝进的行为本身,以及征收关税、房屋税基本上由天皇以及分割、获委天皇统治权的幕府认可这一事实。就镰仓时代而言,劝进,也即设立关卡、征收房屋税,是由太政官公文、辩官局公文、诏令保证,至迟在承久年间〔1219—1222〕以后的东国则由幕府下发的命令文书保证。"过所",也即关卡通行许可证的发放也完全一样。

山野河海、关渡津泊、市镇、宿、桥等社会公认的"无缘"场所,在这一时期的日本,选择了置身于掌握统治权的天皇,或者实际运用统治权的幕府(室町时期则是守护)统治权之下。上文所述现象便深深植根于这一现实之中。[14]如后所述,游历的"职人"多成为供御人,与前述无缘所、公界寺内多有幕府或守护大名的祈愿所,"公界"性质的自治城市常常是皇室领地的事实,是同一根源自然形成的结果。

但是,即使将问题限定在镰仓后期到南北朝时期这一时段,"无缘"上人与天皇、幕府的结合,也极其具体地与政治史的动向相关。虽称幕府,但镰仓后期实际掌握权力的只是北条氏得宗,而西大寺的律僧便与其保持密切联系,在畿内、濑户内海到北九州、山阴、北陆的各地交通要道的结点处设立末寺,将其作为关东祈愿寺以扩展其传教途径。这可以说是众所周知的事实。从反面来看,它也可以看作是北条氏——背负着作为东国政权而发展起来的幕府的历史——不断掌控了这些律僧的动向，成功将自己的统治延伸到了西国。另外，前文提到西大寺派的律僧出入宫廷深处；后醍醐天皇通过组织、动员以文观为首的"无缘"人士，可以说铺平了夺取权力之路。

禅僧也是如此。在这种状况下，他们也具有宋元风格文化推手的意义。光明寺的惠观，或在《野守镜》中被激烈谩骂的那种禅僧，与北条氏、南朝、室町幕府的中枢保持联系，并活跃行动。对此采取肯定态度并加以保护的动向，与采取否定态度并加以抑制的动向相互对立，成为南北朝到室町时期的政治史中的一大轴心。

从这样的视角探讨中世政治史，是留待讨论的有趣课题，但本书现在对此无法涉及。比起这些，我想继续研究上人、圣的社会活动是如何开展，以及在送葬、劝进以外的领域是如何进行的。

第十六章

仓库、金融与圣

时代再往下，《结城氏新法度》第四十二条有如下条文：

一、忠信之迹不如意，吾人皆以公界之义，许藏方三
之一及子分。因其忠信，不为一向之事，过于无理也，宜
两方可入分别事。

对于此条，佐藤进一氏概括为"不能因为是忠义者的子孙，
就以贫穷为理由而不偿还仓库的借款。本、利都应该只豁免三
分之一的程度"，并在"吾人皆……"处加补注，解释说"借方、
贷方皆，即金钱借贷是公界（社会）的行为，所以不允许全额
不支付"。不过他又附上谨慎的意见："仅是从仓库借钱被定为
'公界之义'，还是这种想法适用于一般借贷关系则仍有疑问"，
"姑且应该限制性地采用前说吧"。[1]

按照佐藤氏的说法，如果采用前一解释，那么从仓库借出的借款就是从"公界之义"，也即"无缘"场所借出的钱款。与"忠信"这一主从关系关联的"缘"在借款时本应被切断，所以此条才将"忠信"的情况作为例外，规定了"豁免"的程度。如果这一想法正确，就可能进一步推导出"藏方"本身是"无缘"场所的事实。实际上，无缘所、公界寺等"无缘""公界"之地存在以出借祠堂钱为代表的繁盛金融活动，而且考虑到该借贷"免于德政"，则这种推定完全可能成立。

再考虑到前述"无缘"上人忍性被指责为以"借受利钱"为业，则我们甚至可以再踏出一步，认为佐藤氏所保留的后一种解释——一般金钱借贷关系是"公界之义"的解释也是成立的。此说暂且不论，认为仓库或者金融行为与"无缘"之地、"无缘"之人有密不可分的关系绝非错论。[补注21]

前文提到，泉涌寺的长老在镰仓中期以后成为东寺的大劝进。实际上在此之前，被称作三上人的圣就担任过东寺大劝进。自延应二年（1240）东寺首次设置常住供僧以来，三上人就隶属于供僧，是定员为一和尚至三和尚的三人组成的圣集团。其中初代的三和尚智舜上人既是大劝进，也是巷所管理人。以道路这一"无缘"之地作为耕地的巷所，自此之后长久处于三上人的控制之下。

三上人作为"无缘"之人的特质由此清楚可见，而值得注意的是，后白河天皇的皇后宣阳门院捐赠给东寺西院的本尊、佛具、捐赠状等宝物都寄存在这群人——圣的手中。特别是文书的保管及其出纳、仓库的开闭，一直到室町时期都由三上人负责。那么是不是可以说，贵重的宝物、文书等的保管只有"无缘"上人才能完成呢？能够管理收藏这些物品之仓库的人，是否也可以说是圣呢？

永村真氏阐明了东大寺大劝进职及油仓的实态[2]，我们的推测也据此得到可靠支持。根据永村氏的研究，在重源上人以后，劝进所被确定为东大寺内的一个机构，隶属该机构的劝进圣，依据活动对象不同而分作灯油圣、石圣、瓦圣等。其中，灯油圣行动活跃，13 世纪前半期，因为西迎上人的捐赠，他们开始作为灯油管理者管理油库。这个油库不仅获取、储藏灯油，还负责管理保存文书的印藏，并且成为进行活跃金融活动的寺内财政机构。

这无疑是汇集了东寺的三上人（圣）并扩大其规模的组织，"无缘"的圣除了管理仓库、保管文书之外，明显还与贸易、金融有关。

五来重氏在其著作《高野圣》中，已经对这种上人、圣从产生到"堕落"的过程做了多方面论述，作为其中心主题的"高野圣"，自然也是与东寺的三上人、东大寺劝进所的圣本质完全相同之人。他们在中世前期的活动很难说已清楚明确，但从"商圣"在中世后期的活动情况来看，高野山的圣恐怕在寺内也发挥着与东寺、东大寺的圣大致相同的作用。

如此思考，则前方出现了一条探讨中世最广为人知的金融业者及金融机构——借上、土仓[*]，与"无缘"之人关系的道路。事实上，镰仓末期，在若狭国太良庄进行"借上"的小滨人石见房觉秀，是熊野的山野僧，其使用"熊野上分物""熊野御初穗物"积极进行金融活动；以前文中的惠观为开山祖师的禅院光明寺，也通过被称作"信贵赖"的标会活动，集聚质押土地。进入室町时期以后，广泛可见的禅宗寺院放贷祠堂钱之事，也可以说是同样的事例。

必须要说，对于被描述为"近来行者，借山门之威，责切物寄物，入出举借上，德附公名，以外成过分"³的延历寺堂众，以及运用"日吉上分物"的山僧借上、土仓，在此方向探索的空间仍然很大。行者与山野僧关系密切，且据五来氏所说，高野圣也是从行者中分化出来的。

综上所述，虽然还有不少需要探讨的地方，但可以说，"无缘"的上人、圣乃至广泛的"无缘"之辈，与"仓库""金融"难以割裂地联系在一起已是毋庸置疑的事情。

事实上，仓库一定是"无缘"之地。正因为"无缘"，它才是"和平"的场所，贵重物品保管在这里才能获得真正的安全。正因如此，人们才在战乱中把珍贵的传世文书等寄存在寺院之中。"无缘"的上人、圣，自然是最适合管理这些场所之人。

那么管理这种"仓库"的人动用保管物进行金融活动，也

_* "借上"指放贷米、钱的行为，进而指代其人；"土仓"本指高利贷商人的仓库，进而指代高利贷者及高利贷行业。

是自然而然的事情。特别是在人手中流转的钱币，本身就可以说具备"无缘"特质，因此很适合上人、圣等人使用。

"无缘"之人就这样掌握了以动产为主的资产，逐渐被称作"有德"。镰仓末期至南北朝时期以后，承包各地庄园、公领的代理管理者中出现了很多山野僧、禅僧，或者被称作"公人"的人。例如，截至室町时期，若狭国太良庄的代理管理者在前文的觉秀之后，教觉（禅朝）、朝禅（朝贤）、荣贤等皆为山野僧[4]；备中国新见庄在应永八年（1401）也由山野僧岩奈须宣深担任代理管理者；众所周知，像太良庄代理管理者、相国寺副寺都闻乾嘉那样，被称作"庄主"的禅僧广泛作为地方代理管理者，展现有能力的实干家风范；南北朝时期至室町时期，东寺所属庄园的代理管理者中，可以看到很多东寺内部中纲等下级僧侣、被称作"公人"的人。这些人都是"无缘"之人。

承包庄园、公领需要相当多的财富。苦于财政拮据的庄园管理者想以尽可能多的租税将土地转包出去，而为了防止守护及其手下官员介入，庄园代理管理者也必须要有很多花销。能够成为这样的代理管理者，表明这一时期"无缘"之人的"有德"。

不过，他们成为代理管理者并不仅仅因为是"有德"。承包土地的代理管理者中，自然有很多地方土豪〔国人〕或有实力的武士。但在这种情况下，我们经常可以看到以"××丸"等作为小名的男孩站上台前的例子。不仅如此，与守护等人有"缘"的人担任代理管理者时，特意避开"成人名"，而常常用自己的小名书写承诺文书。[5]我认为成人礼之前的孩子具有"无缘"的特质。[6]若如此，我们首先可以推测出，在镰仓末年以后的动乱中，为了尽可能维持庄园、公领的"和平"，统治者中存在一种意志，即尽可能地由"无缘"之人担任承包庄园、公领的代理管理者。不"及敌我双方裁断"且"有德"之人，正是最合适的代理管理者。

在"无缘"的上人中间，有不少人抓住这种机会而变得更加富有吧。不仅在政治领域，在经济领域上，这些人在镰仓末期到室町时期的时代里也发挥了巨大的作用。

"无缘"特质开辟了与政界中枢联系的道路。与之同样，它在这里主要保证了对动产的私人所有，使其积累变得容易。"无缘"原理就这样成了致富的杠杆。当然，这正是"无缘"原理衰弱、"无缘"之人"堕落"的一个过程。话虽如此，"无缘"原理在其中也没有停止作用，而像是完成了某种复仇。金融业者，也即高利贷商人即使积累了巨额财富，也会受到某种歧视、蔑称。这是不仅在日本人之中，在包括犹太人在内的世界各民族中都能发现的事实，其直接原因自然是对那种贪得无厌地追逐利润的厌恶与反对，但恐怕和"无缘"与金融业密不可分的联系也不无关系。

归根结底，问题在于这种逻辑矛盾本身——"有主"、私人所有的世界依靠"无缘""无主"原理才得以成立，并以后者为媒介发展。当然，对于那些认为只有在私人所有发展、"有主"世界扩大之中才有人类"进步"的历史，"落后的"无主、无缘原理会随前者的发展而被轻易克服的人来说，把这种反论、矛盾带到阶级社会中，无疑是其不愿考虑的问题。但是，事实终究是事实。一旦回避事实，这种看法必然会跌落到与科学，也即学问完全无关的世界。已经知道"无缘"原理惊人坚韧之生命力的我们，必须毫不犹豫地斩断与这种看法的关系，深入到这种反论、矛盾的根源。

第十七章

游历的"职人"

前面说过，想要生活在公界之地就必须要掌握"艺能"，战国时期的"艺能民"中也有很多像卜算者、桂女那样过着游历生活的人。而居住在"乐""公界""无缘"之地的人们，也享有往返分国的自由，在某一范围内游历是"公界者""公界往来人"的特质。

随着时代回溯，这种特质更加鲜明，游历的范围也非常广阔。中世前期，从多少带有蔑视的视角来看，他们被称作"无缘之辈"、"游手浮食"之徒，但从其实际情况来看，他们大多是以各自的"艺能"为天皇、神佛服务之人，是拥有各自独特之"道"的"道道之辈"。

众所周知，以《东北院赛歌》〔『東北院歌合』〕为代表的"职人画大全"中呈现的"道道"之人极其多姿多彩。再与《普通唱导集》《庭训往来》等中所见的同样的"艺能民"一起看，则"道道之人"大体上可以分成海人、山人等海民、山民，铁匠、木匠、铸工等诸手工业者，从乐人、舞者到狮子舞者、散乐、游女、白拍子的狭义艺人，阴阳师、医师、歌人、写手、算术人等知识人，武士、随从等武人，博戏者、围棋师等胜负师，巫女、劝进圣、唱经师等宗教人士。

将这些非农业民统一称作"职人"，恐怕有人不认可吧。镰仓至室町时期，"职人"的用例繁多，既多指下司、公文、田所、总追捕使等庄官、名主[1]，也常指代禅院等寺院内的事务僧人。但到了南北朝时期，此词就用来指代铜工艺品制作者、铅白制作者、染匠等手工业者了。[2] 平安末期以后，史料中可见将"艺能"几乎用作"所职""职"之义的例子，隶属于神社的狮子舞者、巫女、田乐、舞者、陪从乐人等也被称作"职掌人"，所以将前文多种"道道"之辈总称为"职人"，从当时的用例来看，应无多大差池。（下文中的"职人"就指此意）

如本章开篇所述，平安末期至镰仓、南北朝时期，"职人"的特征之一就是在广域范围内游历。当时农业与非农业已经显著分化，但非农业性生产、手工业、狭义的艺能、商业等之间尚未完全分化，游历、行商是"职人"谋生的必要条件。对于他们来说，保障自由通行于关渡津泊、山野河海、市集、宿所是生计本身的必然要求。

如前所述，在平安、镰仓时期，对这些"无缘"之地的统治权在形式上掌握于天皇手中。诸多"职人"成为供御人的原因便在于此。

通过藏人所公文，源于律令制中杂供户的摄津国江人成为津江神领供御人，河内国江人成为大江神领供御人，和泉国的拖网捕鱼人成为拖网神领供御人，山城的饲养鱼鹰者集团成为桂供御人。他们分别作为卖鱼、卖鲇鱼的商人，获允免于"五畿七道诸国"的"市津关渡浦泊之烦"而从事交易。这种也被称作"所牒"的公文，是以天皇名义下发的"过所"（关卡通行许可证）。其中，津江神领供御人也被称作"今宫供御人"，祇园神社的大宫轿夫也兼在京都卖鱼，拖网神领供御人后世被称作"佐野渔民"，后来甚至发展到对马岛、五岛，而桂供御人就变成了前文中的桂女。

此外，同样在律令制度之下由诸国向朝廷进献贡品的贡人，在平安末期也以供御人的身份出现。以琵琶湖南部、势多川河口为根据地的粟津桥本供御人，琵琶湖北面竹生岛对岸的菅浦供御人，皆属于御膳所（后称"内藏寮"）。特别是粟津桥本供御人，获允在京都的六角町拥有四间买卖铺（店棚），由藏人所公文保证不受"诸方并市津、关渡、路次、甲乙人狼藉"而买卖生鱼。这就是前面提到的战国时期粟津行会的前身，而那时的他们自称"自古为六十六国之……致奉""京中有立足之地，于关渡免税""于东西南北限马足立可致商贸事"等，展现自己的特权。

在伊势国、志摩国的海边，镰仓至室町时期也有由勾当内侍管辖的藏人所供御人。这些散布在从桑名、细汲（后来的松坂）、岛贯、宇治到矶部等海港之上的供御人，或许与前述供御人享有同样的特权，在捕鱼的同时承担广阔的海上交通业务。镰仓时代中期，桑名的供御人向天皇进贡牡蛎，而这无疑就是战国时期向朝廷进贡牡蛎的天皇领地桑名的源头（见前文）。如此说来，这些供御人正是后来伊势海周边的桑名、松坂、宇治、矶部等"自由城市"的"老若""会合众"的前身。

供御人中不仅只有这样的海民。前文提到的近江供御人中，也有售卖野鸡等鸟类的供御人。除前文列举之外，御膳所之下还有素食御园供御人（山城）、魔芋供御人（大和）、面筋供御人、莲藕供御人、黄瓜御园供御人（大和）等买卖素食的群体，此外我们也可以看到点心供御人（山城）、藏人所甘栗供御人（丹波、山城）的活动。另外，主殿寮所管的小野山供御人（山城）烧炭，携带薪炭、松明木等出京出售，扫部寮的大庭御野供御人（河内）则与大和、摄津的席匠一样从事席子交易。

现在也能看到的、在各地广泛游历的药商身姿，恐怕也有遥远的源流。典药寮的领地有地黄御园（和泉、摄津），在那里有根据地的地黄商人也是供御人。另外，大炊寮在山城、摄津、河内等地都保有稻田，而这些稻田供御人就成为卖米人。

矿山的情况也是如此。隶属内藏寮、以伊势国丹生山为根据地的水银供御人，自古以来就以水银商人闻名，后来则作为铅粉商人四处活动。摄津国能势郡的采铜所被认为是"后朱雀上皇御宇长历元年，依备进三种土贡所建"的供御所，隶属此所的人也是经营铜、绀青、铜绿的商人。[3] 后来被毛利氏置于统治之下的石见银山原本是天皇领地，也并非偶然。

　　而且，以河内、和泉为首的诸国的铸工成为左方、右方的灯炉供御人，隶属藏人所。众所周知，他们与重源上人时成立的东大寺铸工一起，持有藏人所公文、将军家政所公文等"过所"，借由近岸商船等在全国范围内广泛游历。桧木匠人也是如此。依靠藏人所公文，以河内、摄津等地为根据地，并向藏人所贡纳书柜的桧木匠人，获享"停止国司、领家及地头、神人等滥妨，并路次往反之烦"，在这两个分国内的市、岛、滨、津等地买卖，以遂其"艺"。前文提到的辘轳师——因近代以后也一直过着移动生活而知名的旋木匠，或许也能回溯到这个时候，其特权也得到保证。

　　另外，作为室町幕府财政收入重要来源的酒商，前身也是隶属造酒司的酒曲买卖供御人。能追溯到平安末期至镰仓时期的手工业供御人，还有和泉国的陶器寄人、山城国深草及大和国的火盆匠人、小南供御人等。稍有特殊的是隶属于主水司、以丹波等地的冰室为根据地的冰室供御人吧。我们必须认为那时已经买卖冰块了。

　　隶属于大歌所，被称作"十生今良"或"十生供御人"的乐人也以和泉为据点，携带着琴等物品，由藏人所公文保证其免缴课役的特权。

　　就像铸工、水银供御人成为摄关家*的工匠，桧木匠人成为

＊　担任摄政、关白的家族，早期为藤原氏北家，后来分作近卫家、一条家、九条家等五个家族。

上皇的工匠一样，上述供御人常常兼属于上皇、摄关家。承久之乱以后，不少人成为镰仓幕府也即将军家的工匠。但更多的人像前述东大寺铸工一样，兼作各大神社、寺院的神人、寄人。成为神人的供御人仗着神社的威望，渐渐懈怠于服务政府的公役。日吉、春日、伊势、贺茂、鸭、八幡、熊野等神社的神人尤为严重。造酒司与诸神社就售卖酒曲争执、御膳所与日吉社就鱼鸟供御人冲突，此类纷争在平安末期至南北朝时期上演了无数次。

实际上，较之供御人，隶属谷仓院的卖油人的更著名身份，是石清水八幡宫的大山崎神人；隶属修理司、木工寮的木匠，在镰仓后期也归属于以贺茂社、鸭社、法成寺、建仁寺、圆满院、梶井宫、摄关家、北野社、上皇、东寺、仁和寺为首的实力贵族、僧侣神官，不再完成公役[4]。

这种趋势随着时代的变迁而愈加明显，上述各社的神人基本都获得了与供御人相同的特权。建久七年（1196），大神宫神官长下发文书，告知港口管理者，以安浓津御厨的刀祢中臣国行为首的神人要往返各国港湾，成"交易之计"，完成供祭的工作。很明显，这与保障供御人的往返自由一模一样，安浓津、大凑、国崎等城市恐怕就继承了这些神人的精神。

贺茂社、鸭社的供祭人也同样获得诸如"橹棹杵通路滨，可为当社供祭所""……近国并西国浦浦关关，停止武士滥妨，可全□□［供祭］"等自由通行、渔捞的权力，特别是以濑户内海为中心积极行动。琵琶湖周边的贺茂社安昙川供祭人、鸭社坚田供祭人也享有很大特权，安昙川供祭人在鱼梁捕鱼方面的特权一直保留到近世，而坚田供御人拥有强大的湖上通行权，即使到了近代也享有在琵琶湖内自由捕鱼的权利。

这种事例不胜枚举。只是不可忽视的是，不仅是上文提到的畿内及其周边地区，诸国的官衙、神社也为众多"职人"提供了各种特权保障。在伊予国，由官府保障免税田地的有经师、织手、纸工、辘轳师、铜工匠、蓝染工、白革工、木工、工艺品匠人、漆工、鞍匠、斗笠匠、陶器工以及傀儡；在若狭，铁匠、大木工、桧木器工、陶器工等也被授予免租田。在这种情况下，官府保障往返自由的权利只限于一国之内，但从前面提到的情况来看，我们不能断定这种"职人"的活动局限于一国。

诸国的一、二宫级别的神社，如丰前的宇佐八幡宫、安艺的严岛神社、越前的气比神社等都拥有神人，自然也有隶属官府的"职人"身兼神人吧。长门的"串崎舟十二艘之船头"据说被源义经授予"于日本国中津泊无公役"的特权；[5] 若狭国多乌浦的船只"德胜"，从得宗那里获得写有"国国津泊关关不可有其烦"的旗帜。从此类事实来看，这些诸国"职人"的特权也绝非微不足道。前面提到的霞浦四十八津的人们将霞浦作为入会之海，也可以看作是继承了中世时期作为鹿岛、香取两神宫神人的海夫的权利。

本来艺人也是四处游历的。伊势国桑名的大夫村民众即使是现在，一年中也会游历以近江为首的中国、畿内一带，表演神乐。而南北朝时期，就像祇园社的狮子舞者前往近江的舞场一样，隶属各社的艺人恐怕都在一定范围内周游。"步田乐"、走巫女、走白拍子等的存在，清晰说明了这一点。

　　与自由游历并列，"职人"的另一个重要特征是获免课役，并保证享受免年贡、杂税的免税田地、建造用地及园地。此处不对此讨论 [6]，但从这些事情来看，"职人"也是"无缘"之人。比如在近江的坚田、安昙川入海口的船木以及堺市、大庭这些供御人、供祭人的根据地——免税建造用地乃至免税田地的集中地——设立关卡的事实，正明确表明那里就是"无缘"之地。而且，以前文提及的伊势海边的各城市为代表，各地的"无缘""公界""乐"之城镇都源于供御人的根据地。这也是证明此点的事实。

　　我们也必须要注意到"职人"的组织是"行会"，也就是具有所谓的"行会式结构"的组织。如同主供御人、副住，主神人、副神人等一样，它在公共性、制度性上是主、副形式，并采取了由"总官""兄部""沙汰者"或"长者"这类管理者统辖的形式。但众所周知，"行会"实际上是由年次确立序列的老众、老名，与若众、若者组成的。或许从供御人、神人集团的内部来看，长者、长吏是最合适的管理者的称谓。毋庸多言，"公界""乐"之地，以及自治城市的"老若"直接渊源于此。

　　不仅是供御人、神人如此。嘉禄元年（1225）六月十四日，一群被称作"向飞砾之凶徒"的人出现在京都街头，其中老众聚集在六角堂，若众聚集在京极寺，眼看就要与对手发生冲突。老众不喜闹事，因此若众仅以身穿盔甲、腰系腰带、头系白布、背系"菖蒲席"的装扮示威,避免冲突。[7]由此可知,被称作"印地"的"结党恶徒"的组织也是"老若"的年龄阶梯式、行会式结构。此外,镰仓前期反复兵戎相见的奈良坂、清水坂的非人中,也有被称作"长吏之下座""二腊""若小法师原"等的人,则他们无疑是分作"老若"的行会式结构的集团。

如前所述,认为这些"向飞砾"的"凶徒""恶徒"及非人集团立刻就被歧视的观点绝非正确。从组织形态、活动实貌来看,非人也是由检非违使厅[*]统辖,同时与清水寺、兴福寺、东寺等寺院神社联系在一起,以"清秽"、送葬等为"职掌"和"艺能"的"职人"。我认为"向飞砾"之党或许也是与祇园社有关的神人。包括这些人在内,中世前期的"职人"到处游历、漂泊,获免课役,但由此认为他们是整体上受到蔑视的卑下阶层,则是近代以后的"常识"中孕育出的独断与偏见,是企图切割历史整体而产生的错误。

我在别处已详细论述,这里就不再重复了。此时代的"职人",包括散乐、非人在内,几乎都有武装,至于"总官""兄部""沙汰者"则是具有官位的武士。公文、总追捕使等庄官是武士,自然没有人怀疑。但是他们也获免赋役,而且就像镰仓初期越前国牛原南庄的庄官太郎别当重圆法师那样,有些人原本是"浪人"但在公文手下处理"文书",不仅因熟识掌故而被赴任管理者任命为庄官,还成了地头的代理人。[8]

---

[*]　检非违使也即巡检官的官署。最初负责京都治安,后来职能逐渐扩大。

镰仓后期至南北朝时期，遭幕府镇压的"恶党""海盗"中有很多这种"职人"似的武士团。被认为与金刚砂御园供御人有关的楠木正成，海民出身并以伯耆的皇室领地为根据地的名和长年，摄津国长洲神领的鸭社供祭人统辖者赤松圆心等，在这个时代的政治史上都起到了巨大作用。

这些带有深厚"无缘"原理的"职人""艺能民"——非农业民，在数量上与农民相比无疑是少数。但这些人对日本的社会、经济、政治、文化产生的巨大影响，以及他们丰富多彩之活动的实貌，现在几乎全未被阐明。[补注 22]

实际上，对于这些非农业民之中数量最多，在日本历史上无疑发挥了足以比肩农民之作用的海民（渔民、盐民、水上运输商人等），现在有多少狭义的历史学家在专门研究呢？我觉得一只手就数得过来。但是研究农民的历史学家的数量，和这一数量之间的差距，在现实的农民和海民之间果真存在吗？毫无疑问，谁都不觉得如此。但这就是现实。有主、有缘的世界与无主、无缘的世界，也是完全相同的局面。

我坚信批判这一现实，毫不留情地攻击容忍它的恬然姿态，才是真正的科学也即学问的态度。不过此点暂时搁置，现在我想稍微探讨一下"无缘"原理的种种作用。

第十八章

女性的无缘性

在无缘集团，或者说无缘之地，我们常常可以发现女性的身影，且数量众多。

首先，"职人"中女性非常多。众所周知，大原女早在平安后期就作为卖炭的女商人出现。[1]如前所述，桂女是饲养鱼鹰者集团中的女性，是卖鲶鱼的商人。试从"职人赛歌"这类绘卷来看，《东北院赛歌》中有巫女（流传本中还增加了桂女、大原女），《鹤冈放生会赛歌》中有游女、白拍子，《三十二番赛歌》中有桂女、假发匠人，《七十一番赛歌》中出现了蓝染工、织女、酿酒工、卖饼人、小原女、卖扇人、卖和服腰带人、卖铅粉人、卖鱼人、卖木碗木盘人、女盲人、娼妇、街女、卖红粉人、卖米人、卖豆人、卖豆腐人、卖挂面人、牙婆、白拍子、缝制师、做纽扣人、刷版师、卖叠纸人、卖白布人、卖棉花人、卖熏香人、巫女、卖凉粉人等女性。

这绝非赛歌世界独有的"虚构"。上文提到的粟津桥本供御人，在京都六角町有四间买卖铺，销售生鱼。这四间买卖铺的供御人，在嘉元四年（1306）年据说"皆女商人也"。事实上，元亨三年（1323），因涉及斗殴杀人而被叫到检非违使厅的六角町供御人，就是大藏尼的女儿福万、孙女势得女这对母女。而且，面筋供御人在镰仓前期被称作"闭女"（刀自女），统辖山城国素食御园供御人的总官是内侍所的女性。

处于勾当内侍管理的伊势国、志摩国藏人所供御人中，在南北朝时期，也可见叫作"幸女"的女性。此外，隶属主殿寮的小野山供御人是卖炭商人，但在南北朝后期，围绕这座山的田地、炭窑的纠纷中也出现了河合阿久里女、白屋阿古女、泽田千松女等许多有名字的女性。与大原女一样，这些女性也可被视作卖炭女吧。

此外，康永二年（1343），在隶属祇园神社的棉布行会神人（下居御供神人）与棉布新行会神人（三月三日御供神人）纠纷时登场的后者，也以女性居多，如柿宫女、安久利女、鹤松女等。同样隶属祇园神社的窄袖便服行会神人（安居神人）之中，由《祇园执行日记》可知也有桧物师国安的妻女。特别是此事例中，丈夫是"职人"，而妻女是从事不同"艺能"的"职人"，可以说颇有意味。

根据以上诸例，"职人赛歌"无疑描述了事实。不过虽说是女商人，若以近世以后柔美的大原女形象套用在这个时代的人们身上，则会犯很大错误，前文就提到桂女对摄政高声辱骂的事情。桂供御人的管理者（沙汰者，与"总官"同为管理者）之妻，勾结被称作"恶远江守"的佐原盛连，赶回了前来抓捕犯人的检非违使厅下级官员。实际上，也有女性成为前述武士级总官的例子。从不惜争吵斗殴而被逮捕的六角町供御人、与桧物师丈夫居于同等地位的卖窄袖便服的女神人等事例来看，截至南北朝时期左右，这些女性明显都坚强而自立。

这不仅是"职人"独有的事情。上章涉及"无缘"之圣时提到的借上、土仓等金融业中，也可见不少女性的身影。

回溯到古代，我们首先可以举出《日本灵异记》中出现的田中真人广虫女。赞岐国美贵郡郡长小屋县主宫手的妻子广虫女，将酒兑水出售，借米时使用16两的小斤而收米时用48两的大斤，以贪图高利。

进入中世后，这样的事例越来越多。《病草纸》中描绘了"居于七条边，家富食丰"的超肥女高利贷商人难以行走的样子，可以说象征性地表现了事实。再比如，围绕尼姑妙圆的遗产，其女儿胜智与儿子了圆的妻子加古女从正和年间〔1312—1317〕到元亨年间〔1321—1324〕持续争执，抢夺的对象是绫小路高仓的宅地、土仓，以及绫小路街的染坊用地。尚不确定正平七年（1352）出现在《祇园执行日记》中的"宫笼加古女"是否就是这位加古女，但无论如何，此处的妙圆、胜智、加古女等无疑都与土仓、染坊等有关。同一日记"康永二年（1343）七月二十五日"条中可见四条坊门富小路的高利贷人"妙阿并姊女"，而日记作者显诠从女性"清水禅尼"那里借钱。

而且，德治三年（1308）使用日吉上分用途的六十贯钱，取得山城国上桂庄传承文书作为质押物的平氏女、元亨元年（1321）用熊野"御初穗物"获得若狭国太良庄助国的一半土地的"滨之妻"等人，也都是高利贷商人。

前文提到，土仓的管理与经营是"无缘"之人才能完成之事，游历的"职人"也具有"无缘"特质，而如此来看，女性本身就具有无缘特质。[补注 23]若如此，则无缘场所中女性众多就自然可预见了。延庆三年（1310）志摩国泊浦江向的房屋统计报告书很好地印证了这一预想。²

江向此时已是繁荣的港口城镇。元亨二年（1322）借钱足有百贯之多的麻生浦人就住在这里，而且债主——让弟弟住在骏河国江尻（现在的清水）以与东国交易的大沿岸商船经营者、海上武士、阿久志岛住人沙弥道妙，也在此买了房子。因此，这份报告书对这些人的房屋采用了丈量其内外间数的都市型测量方式。我们由此得知，嘉元四年（1366）此地共 107 栋房屋，到了四年后的延庆三年翻了一倍，达到 242 栋。按平方间〔约 3.3 平方米〕的详细数字见下表，特别可见 1~4 平方间大小的住宅显著增加。虽然我们无法判断这种人口急剧增长是否如实地反映了事实，但伊势海边缘地区无疑出现了惊人的城市发展。

而且值得注意的是，房屋的持有者、房主之中，除了裂裟尼、金王尼、因幡尼等尼姑，扫部后家、入道后家等寡妇，以及答志女、浦女等女性之外，还出现了许多叫"幸一子""犬子""满子"等名字的人。我们虽然不能直接断定这些叫"××子"的人就是女性，但考虑到伊势、志摩地区女性名字加"子"是常见事例，如度会氏子、度会德寿子、鹤宫子、闭子等[3]，则将其视作女性应该无误。如此，则嘉元四年 41 栋（38%）、延庆三年 103 栋（42%）的房屋属于女性，除此此外的 26 处无房土地中也有 5 处的地主为女性。

［表］

平方间	嘉元四年（1306）				延庆三年（1310）				合计			
	家数	%	其中		家数	%	其中		家数	%	其中	
			男	女			男	女			男	女
1—4	17	15.9	9	8	77	57	38	39	94	38.9	47	47
6—10	36	33.6	25	11	42	31.1	24	18	78	32.2	49	29
12—20	46	43.0	27	19	16	11.9	11	5	62	25.6	38	24
24—30	6	5.6	4	2	0	0	0	0	6	2.5	4	2
25	2	1.9	1	1	0	0	0	0	2	0.8	1	1
合计	107	100	66	41	135	100	73	62	242	100	139	103

注 1：本表据《醍醐寺文书之八》（大日本古文书）1939 号志摩国泊浦房屋统计报告书做成。第四大列的"合计"是延庆三年的合计值。

注 2：嘉元四年，除此之外还有八户"空房"〔本在家跡〕，合起来共 115 栋。八户之中有一户是女性。而延庆三年，没有住房的土地共 26 处，其中"无百姓"四处，女性五户。正文依此表数值叙述。

注 3："×子""×女""×后家"皆为女性，"须留贺御子"这种被视作"御子"的人，以及"摩摩"这样具有女性姓名的人都算作女性。

注 4："摩摩"有五家，"御子虎"有四家，"乙子"有三家。如此所示，有些人也被算入好几家之中，因此男女的实际数量应该减掉一些，但此处为避繁琐而省略。

考虑到这一时期的庄园、公领的土地测量账本、记名土地测量本上，除寡妇之外，原则上登记男性作为承包者，则此处女性房主的数量可以说高得惊人。在"无缘"之地、中世的自治城市中，女性的社会性比重明显高于一般庄园、公领是明显的事实了。而且可以说，这与"职人"及高利贷行业、当铺中女性众多是本质完全相同的现象。

与此同时，必须注意的一点是，江向是个海村。在海村，像海女那样直接从事生产的情况自不用说，普通女性也免不了多少承担贸易的责任，因此一般情况下，这里的女性地位比农村的相对要高。例如在江户时代，女性成为村长是极其罕见的例子，但在以海村而闻名的备中国真锅岛，宽永十五年（1638）至十七年就有一位叫作"阿千"的女性担任正式村长。[4] 毋庸多言，泊浦（现在的鸟羽）也是海女活动的海域，江向地区出现这么高比例的女性房主也须考虑到这一背景。

另一个值得注意的问题是，这是涉及房屋、房屋用地的现象。平安后期至镰仓时期的田地、屋地的买契中，女性出现的比率普遍较高已是众所周知的事实。据福尾猛市郎氏的估算，整个镰仓时代，男性占 70% 而女性达到了 30%。[5]

如果限定于房屋用地、城市之"地"，则女性的比例会更高一些。对于这一事实可能有多种解释。它可以被看作是镰仓时期以前，女性的财产权仍与男性一样受到认可；前文提及庄园、公领的代理管理者多由无缘之人担任，则与之相同，此事并非不可解释为，因为女性具有"无缘"性，所以人们在土地买卖中将其置于台前以保土地安全；我们也可以认为，女性在房屋用地上的权利特别强；也有人将此与当时的婚姻形态，即男性居住在妻子一方住处联系在一起。

　　我认为这些解释都可以成立，不过如后文所述，考虑到"家"、家宅被认为具有"无缘"特质的事实，以及中世时正妻常常被称作"家女"[6]、现在很多地方仍称主妇为"イヘトジ"（家刀自）及"エヌシ"（家主）等[7]，则可以说这一方面也展现出了女性的"无缘性"。

　　实际上如第一章所述，近世的断缘寺就是尼寺。作为镰仓时代的庇护所，京都西八条著名的大通寺也是由将军源实朝的遗孀八条尼宣布为庇护所的。中世的尼寺是否特别具有这样的功能仍待今后研究，但在我看来，女性的"无缘"特质与此有关。此外，前文提及禅律僧、时众或童名之人作为将军、大名的亲信而参与政治、诉讼，但如前述《建武式目》第八条"禁止权贵及女性、禅律僧干涉事"所示，女性也同样位列其中。如此来看，女性与禅律僧等人一样，自然也可视为"无缘"之人。[8]

　　或许这是由女性的"性"本身的特质决定的。神职人员多是女性，市、桥等的祭神是市姬、桥姬等女性神，自室町时期至近代出现的"幽灵"中女性特别多，自近世后期至明治时期陆续诞生的民间新兴宗教的教主多数仍是女性，诸如此类的事情都可能通过考虑女性"性别"本身的"无缘性"特质、"圣"性特质得出某种解答。

　　我认为，女性史最重要的课题之一就是揭示这一点。上述女性的特质与"无缘"的原理一样，随着时代的发展而衰弱。这正是"女性的具有世界历史意义的失败"过程中的一环。

然而，这场失败中蕴藏着女性性别本身的非权力特质，及其与"自由"与"和平"的深度联结。对这一失败过程的彻底认识，才是通向解放的坚定而不可动摇的立足点。而为了达成这种认识，我们必须仔细追溯各民族中产生的极其多样的上述特质的衰弱过程。植根于各民族传统的妇女解放之路，只有在完成这个课题的时候才会变得清晰起来吧。

第十九章

寺社与"不入"

　　战国时期的无缘、公界、乐之地的特质之一，是该处是"不入"之地。如"理不尽之使不可入"一样，它可以拒绝大名、领主的下属进入。

　　如前所述，我们首先可以举出寺社的门前区域及其周边领域作为具备这种属性的场所。与至今提到的其他各种属性一样，我们可以推测出这种"不入"习惯，或者说"不入"之"特权"的渊源当然也能追溯到久远时代。

　　镰仓后期以后，寺社方面开始强烈主张"施入佛陀之地，不可悔返"或者"神明物，不可悔返"的法理、"大法"。这些事例可以作为支持这种推测的事实。关注该法理的笠松宏至氏阐明，随着时代发展，各种各样的理由导致寺社领地，也即寺院对捐赠地的领有变得不安定，于是这一法理应运而生；之后他提出"将'佛物''神物'从'人物'中分离出来，使之成

为特殊、绝对的事物，并使一般社会，特别是俗权力容忍许可
的力量来自何处？"的问题，并将其留待今后解决。[1]

当然，我没有能力回答笠松氏提出的神社领地不适用诉讼
时效的根据，以及"佛陀法"得以成立的特殊、具体的契机是
什么等问题。但是，如果把这一法理看作是在寺社领地中私人
领地增长、家长权或主人权扩大导致"给予他人物不可悔改"
这一法律本身动摇，即有主、有缘逻辑进一步渗透时"无主""无
缘"原理自觉、有意识的主张，则大致能给其评价吧。可以说，
令世俗权力容忍此种寺院神社主张的力量，正是至今所详述的、
对当时"一般社会"仍有强力作用的"无缘"原理。

如笠松氏所言，这一法理主要是由寺院神社一方主张，不
过稍微上溯，我们就可以看到捐赠者一方也主动、积极地表达
同样的观点。肥前国一宫河上神社所在的山林，是"无领主"
的"空闲荒野地"，宽治三年（1089）圆寻圣人在此建造了一
间草堂，宽治五年获得"古老在地并宫众""山众"的确认文书，
此后这里被称作"河上别所"。这可以说是由上人也即圣设立
无缘"别所"之一例。

此后圆寻的弟子将这座山的文契给予俗世之人，因此进入
镰仓时代之后，"私领主"的力量进入山中。一山众僧日夜为
此事态——"有缘"之渗透——叹息，祈求将此山变成"历来
之佛地"。回应众僧这一渴望的，是被称作"当山大施主"的
沙弥西仁。西仁一方面将此别所作为"镰仓殿之御祈祷所"，
另一方面从"私领主"处购买"有缘之券契"，并买下"山内"，

此后"放弃地主之领掌",将此山捐赠给"无缘所"即河上别所作为"无缘之佛地","永止有缘之干涉"。西仁本人志向未成就离开了人世,天福二年(1234)其遗孀比丘尼清净成为大施主,得到儿子源政尚以下五位族人,以及"捐赠大劝进河上宫定直讲众"庆明等九人的联署,捐赠了"无缘地",实现了西仁的遗愿。[2]

这正是"佛地"不得"悔改"这一捐赠者意志的积极表达。而支撑它的,明显就是"无缘"原理。

捐赠者的这种意志,有时也表现为捐赠之时亲手烧毁文契。延应二年(1240)三月,女性清原姊子捐赠大和国添上郡的一亩半左右田地,作为东大寺大佛殿的灯油田。这是纳入前述油仓管理之下的土地,在捐赠之时,姊子在佛前"烧失"了"本证文"。买卖或捐赠田地等时,一般会将传承文书交给买者或受捐人,而姊子在此特意将其烧毁,反而明确了这片田地是与世俗完全断绝关系的"无缘"之地。[3]此例生动说明了将"佛物"从"人物"中分离出来,成为"特殊、绝对"之物的力量就是"无缘"原理吧。[补注24]

中世前期,像河上别所这样积极自称"无缘所"的寺院例子未必很多,但仁平二年(1152),近江国葛川常住僧称"当山者,有验之灵窟,无缘之净域也";[4]建久九年(198),仁和寺守觉法亲王所下公文引河内国金刚寺所司提交的奏请文说"当寺者,无缘之道场,有验之伽蓝也";[5]承久元年(1219),丹后国西愿寺被称作"无缘灵所";[6]建长四年(1252),能登国若山庄内的法住寺被称作"无缘所";[7]正应五年（1292），远江国滨名神户北原御园内的大福寺被称作"无缘之地"。[8]此类例子在平安末期到镰仓时期的史料中随处可见。此外，我们也可以看到由"无缘"的僧人、上人所建的寺院，比如保延二年（1136），金刚峰寺的奏折中有"无缘雅真法师励微力构大殿，贫道祈亲圣人忘身命行此峰";[9]建仁元年（1201），"无缘沙门实贤"于筑后国水马庄西牟田村建观音堂一栋;[10]建历三年（1213），肥后国玉名郡的"荒野之地，非人住所"出现"无缘僧"，建造了一座观音堂。[11]

只是这个时期的"无缘"一词，较之前述河上别所事例中明确与"有缘"对立的用法，更多是与"贫道"联系在一起，作为寻求某种经济基础，以及要求排除对其侵害的根据而被强调。前面提到的金刚寺、桂林寺、西愿寺、大福寺的事例，也都是出于这种意思而强调"无缘"。仁安三年（1168），备前国金山寺的住僧也强调自己"贫道无缘无极"的立场，并请求当地官府制止官员伐木。[12]

这些寺院以"贫道""无缘"为由成为"权门"的祈祷所、祈愿所，确保自身经济基础，也是一个值得关注的事实。前文中肥前国的"无缘所"河上别所变成"镰仓殿之御祈祷所"，金刚寺成为"八条院御祈祷所"，能登的法住寺成为"领家（日野家）御祈祷所"，丹后的西愿寺成为"圣朝将军家公私总愿之祈祷所"，而远江的大福寺也成为"本家御祈祷所"，其免税田地、佛圣灯油田等得到保障。

在这一点上,也许有人注意到"权门"保护"无缘所"的事实,并否定这些寺院的"无缘"性本身。但如前所述,战国时期的"无缘所"也多是大名的祈愿所。虽是祈愿所,它与大名及其家臣的氏寺,也即私所的性质仍明显不同。

镰仓时代也是如此。作为伊势神宫外宫的神官、中级神职的度会氏(世木氏)一族氏寺而创建的光明寺,在元应二年(1320)由禅僧惠观定为禅寺以后,逐渐显露出与氏寺不同的"无缘"之寺的特质。祈愿所、祈祷所在此意义上与氏寺性质相异。其中需要关注的一点是,"无缘"之寺的"保护"主体是"镰仓殿"、女院、本家的事实。我认为这与前文所说的"无缘"之地被置于天皇、将军等统治权性统治权之下是完全相同之事,因此上述事实正证明了这些寺院的"无缘"性,而不是否定它的根据。

事实上,就算在中世前期,"无缘"原理也绝不仅仅用在寻求"保护"的消极意义上。它成为禁止追捕使进入寺域或者神域——承认寺社内部的警察权,保证禁止杀生、禁止伐木等要求,主张此地为"不入"之地的根据,哪怕是潜在性根据。就上述诸事例而言,河内国金刚寺在建久二年(1119)由后白河院厅所出公文,免除了四至内田地山野等的田租及临时杂税,并得到了禁止杀生的保证;能登的法住寺也在建久八年(1119),根据庄园领主日野资实的公文,获允停止四至内的"杀生并伐树木",并在建长四年(1252)获免约一公顷的不入免税田的年贡。

前述仁平二年(1152)葛川常住僧的奏请文中,请求禁止"十方杣人"闯入四至内砍伐木材;仁安三年(1168)备前国金山寺住僧的奏请中，也要求地方官府停止在四至内砍伐树木。此外文治三年（187），因幡国新兴寺僧人称本寺作为"该国最初之寺""奉为圣朝国吏，致御祈祷之精诚"，强调自己是"无缘之众徒"，请求停止追捕使进入，并得到了地方官府的认可；[13]前面提到的远江大福寺也在弘安四年（1281），由滨名神户管理者保证寺内自行裁决及禁止杀生。

小山靖宪氏以松尾社所管丹波国天田川流域内的禁止杀生等为例，指出院政时期很多寺社提出"禁止杀生""禁止伐木"等诉求，且这种要求成为领域性统治的杠杆。[14]我认为支撑这种主张的，正是在当时一般社会中展现深厚生命力的"无缘"原理。这一主张得以实现时，包括广阔的山野河流等在内的寺院、神社四至之内，就被确立为一处"圣域"。与前文讨论"山林"时所说的一样，我们必须认为它是以山林自身的圣地性、山野河海的无缘性为背景。

如禁止捕头进入寺院领地所明确显示的那样，这正是寺域、神域乃至寺社所领庄园"不入"之权的确立。毋庸多言，早有学者就石清水八幡宫所辖庄园的不入性、同宫别宫的正殿周围由寺内裁决、高野山膝下庄园的"不入"等事情探讨此点。众所周知，在庄园公领制形成过程中，确保这种不入权对庄园统治者来说是个紧要课题。如赤松俊秀氏所论，大寺社为主张寺域、神域的"圣地性"，从11世纪初开始构建与太子、大师等相关联的由来传说，如《四天王寺御手印缘起》《高野山御手印缘起》等书，以证明其不入权。[15]对于这种由来传说如何吸收"民间信仰圈"——恐怕与迄今所说的"无缘"原理关系密切——中出现的诸神并使故事成立的问题,樱井好朗氏已经做了细致入微的探究[16],在此无须我再赘述。

至此,我们追溯战国时期无缘之地"不入"属性的源流,抵达了平安中期。这可以说是与迄今为止的通说完全相反的思考方式吧。

例如,在战后基准性著作《日本庄园史概说》中,安田元久氏认为,获得不输不入特权的庄园领主"在此完全脱离了国家的统治,(确立了)私人的、一元排他性"的土地统治。这种将庄园看作大土地私有,将不输不入特权看作支撑这种私人大土地所有之物的看法,至今基本还未失去"标准观点"的地位。

基于这一立场,则寺社的门前、境内区域就是它的"建筑用地",是寺社的土地私有权贯彻最为彻底的地方——用最近经常使用的词语来说,是"家"统治最彻底的地区。庄园应该在此观点的延伸上看待,因此战国时期庄园消失后,门前区域也仍留在寺社控制之下。这一看法还进一步延伸到自治城市上。所谓"自由城市'堺市'"之类的,不过是幻想而已。包括堺市在内的自治城市,本身是处于富裕商人兼强大的封建土地所有者的统治——处于其"家"统治之下的封建城市。所以,自治城市与大名的对立、堺市与织田信长的对立,甚至一向一揆与大名的对立,也不过是封建统治者之间的对立而已。其中最多只有与大封建领主即"国王"相连的城市富商,或者运用佛陀之"幻想"——"意识形态操作"——的宗教性封建领主与个体性封建领主之间的矛盾。市镇也好，山野河海也好，都是同样的道理，它们只不过是处于大封建领主，也即国王的"家"统治之下的地区。因此，真正的对立存在于包括国王、宗教性领主、个别领主、商人性领主在内的所有封建领主，与农奴、下层市民之间，其他诸种对立都只不过是次要的、从属性的矛盾。这就是从前述看法推导出的自然而然的结论。

这一立场发现了特别是在近代以前被称作"公"的概念，或者与之相对的"自由"背后存在的私人所有阴影，全力揭露出所谓"公"、"自由"只是幻象，是统治者为了贯彻统治的欺骗说法。仅就阶级社会而言，这一观点无疑精确地冲击了真理的一面。贯彻这一思考方向，则战前要求"克己奉公"的皇国史观等"公"的虚伪性就显露无遗。对羽仁五郎氏那样以观念性的、理想化的"西欧自由"来把握城市之"自由"的尝试——在战前，这是人们的心灵支柱——也无疑构成了有效批判。对于当前流行的欺骗性的"公"，实际上我们也必须要以更严厉的态度对待。而在学术上，探明大名与富商的个体性从属关系、城市下层市民的实际情况、宗教性领主身上也贯穿着的主从制性关系等问题，无疑也是重要的研究任务。[17]

但事实上，历史上的"公"决不能被全部视作"幻想"、视作"欺骗"。即使它因统治者的奸诈狡猾——"意识形态操作"——而作茧自缚，但迫使统治者无论如何都要采取"公"这一形式的力量，依然存在于社会深处、人民生活本身之中，并从中涌现出来。我认为它深深植根于原始、太古人民的本源性"自由"之中。不仅如此，同样是"公"，我们必须也要意识到"公界"绝未成为"公权力"。前文提到"无缘""公界""乐"是民众对这一"自由"的自觉、有意识的表达，就出于这一意义，那里面没有天皇的影子。[补注25]

那么，如果刚才的视角过于拘泥于"公"的欺骗性，甚至连这一事实都予以否认，结果就只剩下对人民的绝望，或者对俗不可耐的人民的轻侮，以及津田左右吉氏用一生持续批判的那种未植根于人民生活之中的"知识分子"特有的傲慢了。我认为这本来就是与学问也即科学相去甚远的姿态，若是某天人们认为持有这种姿态才是"科学的"，那我只能对这种傲慢的"科学的历史学"抱以决定性的不信任。因为这一姿态从一开始就关闭了津田氏那种真正克服天皇观的道路。

事实上，如果仅将寺社领地中的"不入"问题视作保证排他性、一元性的大土地私有的特权，就完全失去了阐明前述"佛陀法"那种法理的视点。不，仅从这一观点来看，恐怕都不会发现这种法理的存在。此外，古代、中世的土地私有为何必须采用巫术性、宗教性的形式？中世为什么被称作宗教时代？近代以前人民的叛乱为什么表现为以回归"原始"为目标的宗教性叛乱？对于上述视角来说，此类中世固有的根本问题也只会被当作已给定的前提，即人民的蒙昧和幻想等，本身不可能被视作问题吧。

思考寺社领地"不入"背后存在的"无缘"原理，正是为了抓住逼近这些问题的线索，不过，我们在此也遇到在前述仓库、金融和动产私有方面时涉及的同一问题。有主、有缘与无主、无缘，在"不入"这一点上也背靠背出现。我认为，有主、有缘即私人所有，是以无主、无缘的原理即无人所有为支撑，并以后者为媒介才成为可能的事实，向我们提示出极其本质性问题。这种"矛盾"最本源的形式，就展现在前文提到的"家"、房屋、家宅方面吧。

作为主要针对中世前期所提出的一系列问题的最后一个，下一节我想思考一下关于家的问题。

第二十章

作为"庇护所"的家

中世社会中，家宅或宅地具有庇护所特质一事，已经引起胜俣镇夫氏的注意。在《中世武家通奸法的发展》[1]〔「中世武家密怀法の展開」〕这篇甚有趣味的论稿中，胜俣氏阐明丈夫在通奸现场杀害奸夫的行为，作为一种"带有足以使被害者一方放弃复仇、抑制其诉讼的强大力量的习俗"而得到社会支持，推测这种习惯固定下来的根据是"主人在自己家里的裁断权"。之后他援引户田芳实氏的推测[2]，即"宅地支配与人格支配具有密切关系，基于这一点，领主的宅地带有一种治外法权式的不可入侵性"，并为证明家也即宅地"具有刑事法律上的一种庇护所式特征"列举了诸种事例。

其中之一是《尘芥集》第十九条。

一、科人为逃命，跑入人之在所，此在所之主应速

逐出。若不及逐出，可使搜索在所之中也。如跑入寺庙，
不得援护。

此条文中，"跑入寺庙……"自然是指犯人跑入寺院。伊达
氏一般不认可寺社对跑入其中之人的保护。这一点在其他很多
战国大名那里也是一样的，《相良氏法度》中就有值得注意的
规定，即跑入之人为"法体"——大概是"无缘"之人的意思——
并应将之逐出。[3]

不用说，大名之所以必须推行这种规定，正是因为社会上
广泛存在将寺院、神社视作"无缘"之地——具有庇护功能之
地的习惯。那么上述条文中，与"寺庙"一样而禁止犯人跑入
的"在所"也是具有相同特质、功能的场所。"在所"这个词在《尘
芥集》中经常出现，胜俣氏由这些用法分析，认为"在所"不
是指"地头领主"的"领"那类区域。相反，它有时"用作与
家宅同一意义"，应是"有门，由篱笆环绕，四壁由木、竹包围"
的"家宅、宅地（包括田地）"[4]。我认为这一解释完全正确，"家
宅、宅地"明显具有"庇护所式功能"。

如果再加上一两个事例，虽说是江户时代的例子，但如前
所述，居住在武藏国八王子、护卫甲州口的八王子千人组（同心）
队长千人头（各领差役一百人，定员十人）的家是"断缘跑入"
之地，也是展现"家"具有庇护所功能的一个例子吧。[5]前文也
提到石井良助氏的观点，即在上野国前桥藩，"藩士"的房子
也具有同样功能。石井氏认为，这一功能源于"藩士之家是老

百姓之力所不能及的地方"。我们当然也要考虑到这一点——它是某个特定的当权人士的家宅，但如果以上述"在所"的事例为背景，则此事也可以作为显示家宅具有庇护所功能的事例。

再往前追溯，我们在镰仓时代中期也可以看到下述事实：住在近江国八木乡的僧人信西，从父亲利宏那里得到名为"次郎"的男子，作为世代的侍从。这位次郎的父亲泰荣，是利弘的养父利真的世代侍从，利真将泰荣的四子逐一分给了包括利弘在内的儿子，而信西又从利弘那里继承。然而次郎不认为自己是世代侍从，而是"出举"——作为借出的财产而成为下人，频频企图逃跑，最终"逃入郡守护代西行房御宿所"。于是信西讲述传续的来龙去脉，以"虽有上下差别，被□〔召〕仕侍从之事一也。如此种种虚言，重□〔重〕谋计无御惩罚者，向后下腊之□〔狼〕藉，不可断绝"，得到"在地"二十九人的证明后提出上诉。[6]

这一事例展现了似乎组建成为父子"家庭"的下人被一个个转让的事实，也讲述了作为借出财产的下人与"世代"下人之间的不同，后一点很有趣。不过最重要的是，我们必须要注意次郎这位下人跑入代理守护的住处。这无疑是下人、仆从跑入"宿所"——宅地的事例。当然，这个事例也和之前八王子千人头的情况一样，不能忽视那里是代理守护这位居于公共立场之人的"住处"。

作为显示这一时期家宅庇护所式功能的例证，胜俣氏进一步举出了保元元年（1156）大乘院三个庄〔三箇荘〕的下司源秀主张朝廷的地方官员"追捕入住宅"之罪的事实,指出这与"被视作中国家宅内刑罚权存在例证之一的汉律简牍中'打伤为逮捕犯人而随意进入家中的捕吏不构成罪责'的主张"具有相似性。[7]

重点研究 10、11 世纪左右问题的户田芳实氏,也强调了这种家宅—宅地的"圣域"性。户田氏指出,由可称作"圣"花的所谓"卯花墙"分隔成的"农民宅地、园、墙内"具有"作为一种圣域的不可侵犯性",称"10 世纪时,即便是国司向地方派遣征收调绢的使者,也有使者抵达'民烟'(百姓的住处)后就下马着座的礼节。即便是公务,突然闯入别人家中进行征收之类的行为也不被允许"。他还引用宫本常一氏的观点,即《一遍圣绘》中所见镰仓时代的农家"多立门木(门柱),门木上拴上注连绳",主张"院内是氏神守护的圣域"。[8]

如上述内容皆得认可,也即家宅是承认科人、下人跑入之地,也是可以排除权力介入的"不入"之地,那自然就必须承认家宅是"无缘"场所吧。前文提到了中国的事例,而日耳曼—西欧的中世纪时期,家宅也被广泛承认为"和平领域",即庇护所,那里被视作是灶神统治的地方。[9]那么,家宅作为"无缘"之地的特质,也可能是世界诸多民族共通的、人类历史的特质。

如果说中世百姓的家宅强烈具备这样的特质,我们当然可以预料到它会成为抵抗领主的私有隶属化的源泉。大山乔平氏基于百姓的"家"在中世社会成立时期成立这一设想,在百姓的"家"这一点上寻求中世社会成立期农民抵抗"以领主的'家'

为基点的领主统治"的反抗逻辑源泉。[10]若该设想得到证实，则我们必须认为这是一个非常恰当的着眼点。不过同样是"家"，为什么领主的"家"会成为领主性、私人性统治的根据，而百姓的"家"成为反抗这种统治的据点呢？大山氏的上述主张在没有回答这个最根本问题的情况下展开，因此不可避免地模糊起来。他似乎对百姓的"家"是"私人所有之原点"这个片面正确性的通说没有任何疑问。那么无论怎么高声强调"农民的抵抗"，归根结底都只能落入这样的评价：那不过是立场不同的私人所有者之间的争斗，是瓜分集体利益的狮虎相争而已。

但如上所述，如果以家宅具有"无缘"本质，潜藏着甚至能远溯至原始社会的本源"无缘"性为前提，则大山氏逻辑的阴云就会消散，理解以"人民生活"及其"自由"为根底的农民抵抗之本质的道路就出现在我们眼前。

不过，剩下的一个问题是，日本中世成立时期百姓的家宅、宅地究竟有没有像日耳曼民族的家宅那样，确立为在社会、法律上广受认可的"无缘"之地？前述的千人头、代理守护自不必说，《尘芥集》的"在所"从实际情况来看，更应该看作是名主级别以上的权势者的宅邸，而非普通农民的家。没有今后的研究，我们很难对这一点得出结论，但即便认为日本百姓也即普通平民之家宅已经与日耳曼民族的一样，稳固确立了作为灶神支配之地的"无缘"性[11]，其庇护性至少在中世前期仍不够鲜明。更细致地阐明这种差异，可以打开一条重新探索包括家宅本身存在方式在内的、日本共同体与日耳曼共同体之间差异的道路。当前，我想在这一点上保留断定态度。

作为与上述百姓的"家"相对应的领主统治的逻辑，大山氏还提倡早已由佐藤进一氏确立的、与主从制性统治异质的统治权性统治*的逻辑。这也是正确的观点，但由于前述的不彻底性，对于这种对应的意义，大山氏这里也只能理解为领主统治的两种逻辑，即应由领主一元化统治的逻辑。

但是，在那篇根据足利尊氏、足利直义权限差异而阐明这种二元统治权的划时代论文《室町幕府开创期的官制体系》[12]〔「室町幕府開創期の官制体系」〕中，佐藤氏已经说明了"安堵"对应的是统治权性统治权。一般认为"堵"是篱笆之义，本身指宅地、家宅。但不论其语义为何，若认为家宅是"无缘"之地，则必须要由统治权者来保障本宅、本领安稳的事实，就完全印证了前述对"无缘"之地的统治权性统治。而对于大山氏所述的领主统治两种逻辑之一的"建构性统治"，我觉得沿着佐藤氏的论点并如此思考，就可能更加动态、透彻地理解在充盈着"无缘"原理的民众生活的力量下，无可奈何地必须采取应对措施的统治者的状态，只要他们还想成为统治者，那就是民众塞入统治者之中的"永远"难解的矛盾。

前章已经提及这一矛盾，上文也因关系到大山氏观点而再度提及。如其所示，就家宅本身来看，这一矛盾可以说就根植

---

* 佐藤进一在论述室町幕府创立期体制所使用的概念，将统治分为"主从制性统治"及"统治权性统治"，即对人的统治与对地的统治。大山乔平继而提出了"建构性统治"的概念，类似于"统治权性统治"，但吸收了建构主义的观点。

于无缘、无主原理与有缘、有主原理在此以最紧密姿态相向出现的事实之中。

关于房子的庇护所式功能，一般认为它主要来源于家长权、主人权。另外，房宅、宅地是"私人所有之原点"，是最早且最强力地贯彻私人所有原理的地方。在前述论稿中，胜俣氏也将其与"主人在自己家中的裁断权""主人在家所处的宅地内的家刑罚权"连在一起理解。而众所周知，户田氏将封建领主的土地所有视作对房屋、宅地的坚定私有的延伸，在其中发现了领主制的基本结构。[13] 石井进氏也在"作为扎根土地的地方统治者的家统治〔イエ支配〕"这一点上寻找中世武士团的基础特质，强调"家统治的独立、不可侵犯性"，并注意到根植于此的"中世社会的分权性、多元性侧面"。[14] 从大的意义上说，这种看法与胜俣、户田两氏也处于同一方向上吧。

这样的视角，自然准确抓住了家宅的本质。实际上，不仅仅是土地私有，家宅也是使寄居于此的人必然成为主人之下人、仆从的地方。田沼睦氏阐明，刘易斯·弗洛伊斯关注的"在日本，任何人都可以在自己家里杀人""在某处殿内寄身的女性会失去自由，成为俘虏[15]"这些战国时期习惯，通过《不问自语》〔『とはずがたり』〕的记述也可以在镰仓时期得到确认。[16] 毫无疑问，无论是对土地还是对人，"私人所有之原点"恰恰就是家宅。

但难以否认的真实是，这一事实本身由"无缘""无主"这种完全相反的原理支撑而成。不仅如此，我们必须看到，这一原理尽管有强弱程度之分，但在整个家宅的历史中，不管是统治者的宅邸还是被统治者的家屋，它都一贯地发挥作用。因此，家宅的主人，也即家长本身，也应该被看作是持续体现这种矛盾之人。一提到家长就只想到父权式统治者的面容，不能不说是片面的看法吧。如前所述，我们必须回忆起那些因为性别而具有"无缘"特质的女性被描述为"家女""家主""家长"的事实。家长不只作为私人所有者而追求私人欲望，也很有可能不可避免地主张"无缘"原理而被推上前台。反过来，一提到人身归属于主人的下人、仆从就立刻想起古典时代之奴隶的想法，也源于从一开始就忽视持续对家宅产生作用的"无缘"原理的视角。我们可以推测，与日本的情况等相比，希腊、罗马家宅中"无缘"原理的作用方式可能有很大不同，而在这种区异处横亘着的就是古典时代共同体与日本共同体之间的差异吧。即使我们必须正视人身为私人所有这一无可争辩的事实，但如果懈于周密地探究其差异，只满足于奴隶或农奴的范畴，则难免会得到怠慢之批评。

当然，与前述"无缘"原理所艰难走过的历史一样，在家宅这里，其功能随时代的发展而衰弱也是事实。但这一原理会被提升为一种自觉的思想，与人类的历史共存吧。从这个意义上说，只要统治者试图成为统治者就"永远"难以解决的上述两个逻辑的矛盾，在这里——在人民生活之中就完全可以解决。可以说，家的源点，也即私人所有在无所有原理的支持下才得以成立这一事实本身，明示人类能够完成这个课题。［补注26］

第二十一章

"自由"之平民

　　日本中世成立时期，家宅是否具备社会、法律上承认的"无缘"性、庇护性功能，足以成为农民抵抗的有力根据地，仍是今后需要研究的问题。但毫无疑问的事实是，成立期自不用说，在整个中世，抵抗领主完成私有统治，拒绝成为其私人所有之下人、仆从的力量，在百姓——更恰当的表达是在"平民百姓"的生活之中一直存在。承久之乱后，若狭国太良庄百姓劝心等人的举动就是最好的例证。他们对抗在得胜后意气昂扬的地头的强力私有统治，团结"一心"，坚持其立场。[1]

　　我曾试论在这些百姓的抵抗之中，可以看到具有坚韧生命力的"原始自由"的残存，以及作为继承"原始氏族共同体"血脉的"自由民"的特质。[2] 现在我想在此重复论证，再次主张同样的观点。这些平民百姓的行动之中，正连绵不绝地流淌着"无缘"的志向，以对抗地头、领家带来的私有隶属，因此我现在仍然觉得那是继承原始、未开化时代之"自由"的人们不可避免的行动。

从这个意义上讲，"无缘"原理对中世平民百姓及其共同体也起到了强大作用。不用说，前述"总"的行动多少也显示出一种自觉化的姿态。

我在这里回避了通常在这种情况下使用的"百姓"一词，而特意改作"平民百姓"或者"平民"，因为我觉得这个词更能表现"自由民"的特质。

史料中散见的"平民"一词，与包括具有免赋役特权的神人等在内的"职人"有别，另一方面，它也用来区分自身与没有承担赋役资格的下人、仆从。也就是说，平民百姓的身份性特质存在于对所承包的水田旱地等负有缴纳年贡、杂税义务这一点上。众所周知，只要不懈怠此义务，他们便是"去留"亦即移动自由得到社会、法律保证的"自由"身份。

对于这种平民逃亡后的地区，一般庄园原则上由地头与赴任管理者协商之后，召入浪人——也是一种平民——耕种，而严格禁止将土地分给地头或赴任管理者的下人、仆从。如同平民有时也被称作"公人"一样，此类事例清楚说明他们是远离私有隶属的"无缘"、公共的身份。平民自然也有武装的自由，不过他们被动员参加战斗时，虽自己负担武器，但粮食—兵粮方面多少必须依赖他者，所以在这一点上，他们已经与古代的"公民士兵"明显不同。包括这一点在内，平民为拒绝领主的私有隶属，难免要主动依赖其他有权势的统治者。这不是以领主与其私有隶属民之间关系为基础的"家族型"的主从关系，而是可以选择主人、更换主人的"自由"的"家礼型"主从关系[3]，只是私有隶属——有主、有缘的影子仍清楚地延伸过来。

在镰仓时期之前，平民百姓的共同体之中也仍有浓厚的血缘原理，依其内部秩序，可以认为这些共同体是由老众、长老与若众、若者——老若的秩序构成。不过在制度上，本百姓、名主与协百姓、小百姓的区别已确立，官方确定的田地宅地之地租、杂税负担者，与从官方角度来看只是临时承包者之间存在明确差别。毋庸多言，他们所负担的地租、杂税等义务的本质尚不能说真正研究清楚，但就算其中用于公共用途的部分占了相当大分量，那也无疑是统治者私人经济的基础。在这个意义上，平民作为"自由民"的特质隐藏于作为地租、杂税负担者的属性之下，潜藏于日常生活之中，而这一点也显示出了"无缘"原理衰弱的征兆。

不过，如果进一步回溯到中世成立时期，平民的"自由"就迸发出了更鲜活的生命力。户田芳实氏在《关于平民百姓的地位》[4]〔「平民百姓の地位について」〕这一论稿中称，10世纪以后，可以将"王朝国家统治之下的一般性农民称作平民百姓"，并关注那些自律令国家的"户籍"中解放出来、保持人身自由、在地方政务方面行使前往中央直诉之权利的平民百姓的行动。中世的平民自然也可以看作是其继承者。户田氏认为这种平民权利源于他们将曾经是桎梏的"公民"地位反手夺来作为武器，但关于这种"自由"，他认为是"与班田农民不同"之物，同时主张中世社会的平民丧失了这种"自由",成为领主私有统治下的隶属农民。对这一点多少持批判态度,且强调中世社会的农民—百姓之"自由"的大山乔平氏[5],也没想讨论这种"自由"的来源。

这可能是因为他们以通说见解,即律令制下的"公民"——班田农民被规定为"普遍奴隶制""桎梏"之下的隶属民为前提,但如果10世纪的平民百姓能够通过反过来利用"公民"地位来主张其"自由",那就必须认为"公民"本身就具有可被逆用的"自由"的一面。实际上,在承认上述"桎梏"及隶属属性为事实的基础之上,我认为律令制下的"公民"仍可被视作"自由民"。

战后最早(1948)提倡这一观点的是川崎庸之氏。受到石母田正《中世世界的形成》、藤间生大《日本古代国家》两书的启发,川崎氏在应津田左右吉、川上多助两氏所编著作之邀而撰写的论文《日本古代史的问题》〔「日本古代史の問題」〕中,提及"部民=公民",认为这些人虽"经常被纳入奴隶化方向",但既不是"完全的奴隶",也不是"农奴","无论他们呈现出怎样的悲惨面貌,实际上仍然保有与往昔自由民之传统息息相关的精神"。[6]他强调"部族之间的这种自由民传统,仍然在他们现实中所融入的村落、家庭等共同体的生活规范之下不绝地流淌,展现出以各个族长的权势也难以奈何的坚韧。他们不顾族长等带来的强行奴隶化的吸引,在大化改新时期仍积极将自己与'贱民'区别开来的原因就在于此"。川崎氏提出,彰显"公民"身为"自由民"的主要根据之一，在于他们是"武器粮食自备"的"自由士兵"。

川崎氏丰富的古代政治史、思想史成果，是以"自由民"的分解过程——正因为"自由"而必须负担的重压与"桎梏"，导致"公民"无可避免地分裂为"富豪之辈"与"贫穷之辈"的过程——为轴心构想的。以我外行的理解，在他从行基述及最澄、空海，再经空也、源信、法然至亲鸾、道元、明惠等镰仓佛教祖师的精密佛教史中，毫不动摇地贯穿着的就是在这种矛盾的发展过程中，处于屈从、压迫之下的人们对回归"原始自由"的希求，以及呼应此想法而更改佛教本来之精神的思想家的身姿。就这种"理解"来说，我完全赞同川崎先生的见解。

平民的"自由"，以及在其中作用的"无缘"原理，就这样跨越古代，上溯到了未开化、原始的社会。

当然，就像之前私有与无所有经常紧密结合在一起一样，此处隶属与自由也相和而生。过去的历史学家大多只关注隶属方面，将古代的公民规定为奴隶或者农奴，对中世的平民百姓也给出了农奴、隶农、封建性隶属农民等各种各样的定义，并围绕这些定性展开热烈讨论。在这些讨论中，平民与下人、仆从的区别逐渐得到广泛认同，但是在将平民定为"自由民"方面，学者似乎仍多少有些犹豫。或许是担心前述的隶属性会因为这一定性而变得模糊不清吧，但因为担心这一点而忽视平民"自由"的一面也是违背事实的。同时承认这完全矛盾的两个方面是最自然的做法，这绝不是什么"二元论"。[补注 27]

前文屡屡提及"无缘"之地、"无缘"之人被置于统治权性统治之下，而平民的"自由"也是如此。古代的"公民"自不必说，中世的平民百姓形式上虽属于寺院、神社、本家，但最终也可以说是处于统治权性统治之下。

但是，在私有隶属民、私有土地等方面，根据作用于其中的"无缘"原理的强弱及其方式，它可以有各种各样的形式。平民——"自由民"的情况也是如此，它们自然也会根据具体表现"自由""无缘"一面的共同体，与展现隶属一面的对人、土地、生产资料等的私人所有这两者本身及相互的矛盾状态而采取极其多样的存在形式。根据不同时代、地区、"民族"来研究这一点是个有着无限趣味的课题，就日本中世来说，我想在某天能全面考虑这个问题。[补注28] 不过现在并不是进入这种讨论的时候，所以最后我想提及一些包括未开化社会问题在内的残留课题。

第二十二章

未开化社会的庇护所

现在的问题已经远超我自身浅薄的学识，但行文已经至此，还是要大致从古代眺望至未开化社会。不过，关于"无缘"自不必说，关于庇护所的研究，不管是在历史学、民俗学上，还是在宗教学等学问上，管见所及都十分少。日本的研究中，涉及这一时期的大概只有开篇提到的平泉澄氏《中世神社、寺院与社会的关系》。

然而，平泉氏在关于日本的研究上，将庇护法的前提置于复仇等私力救济、私刑的盛行之上，立足于国家权力确立后"在一切犯罪都由国家正当审判的地方，庇护所"就不应该出现的视角——正如石井进氏所说，这是一时发现问题之所在[1]，但完全延续至该氏后来的国家至上主义的偏颇视角[2]——将此问题仅限定在作为罪犯、下人跑入场所的庇护所（避难所）。

那么，平泉氏得出的结论，即"在我国，草昧荒茫的太古暂且不论，进入历史时代之后，神话之中已经没有庇护所的痕迹，跑入古代神社、寺庙以求安身的事例极其匮乏，反而频频见其反证。一针见血地说，古代的神社、寺庙不被承认有庇护之权"[3]，也完全可以赞同。我想，这个结论的背后或许横亘着将律令国家视作确立的统一国家权力的观点。

但是如果不局限于庇护所，而是将视野扩大到支撑它的"无缘""公界""乐"的原理，那么如前文所详述，我们在中世发现了远超平泉氏在该书中所举的诸多事实。如此，我们就不能轻易地依照平泉氏的结论了事了。

正如前章所言，如果可以确认公民本身作为"自由民"的特质，那么认为在律令制下，"无缘"之地广泛存在就是自然而然的事情。关于这一点，虽然我现在完全没有发言的能力，但不用说被视作"公私共利"的山野河海，就连迄今私有权贯彻得最为彻底的宅地、墓地或者神田、寺田等地，在将所谓更原始的"原始无缘""原始自由"系统化作"公""国家"的律令制之下，反而可能被视作具有对"原始无缘"反论特质的"无缘"场所。

对于这些点，目前我力不从心，只好都搁置在此。但平泉氏介绍的世界各民族古代、未开化社会的庇护所事例充分说明，在日本的原始社会、古代社会探究"无缘"问题的尝试绝非毫无意义。实际上讽刺的是，平泉氏著作中至今仍享有充分生命力的，正是介绍这种西欧对各民族庇护所的研究。当然，其中只列举到20世纪初的研究。其后至现在的几十年中，研究自然取得了进展。蒙北村忠夫氏赐教，奥尔托文·亨斯勒的《庇护权的形式及其在日耳曼民族中的分布》〔Ortwin Henssler, *Formen des Asylrechts und ihre Verbreitung bei den Germanen*,1954〕就是其中之一，但此书尚未在日本翻译和介绍。不过，对西欧庇护所的研究，包括对这些最新成果的正确介绍，将会很快由阿部谨也氏发表。在此我想首先依照平泉氏的介绍来思考。

现存最不开化的民族桑人、科伊科伊人等的社会中没有庇护所。庇护所是在族长、咒术师（魔法师、神官）等拥有相当强大功能的阶段才逐步确立的。平泉氏总结了关于非洲各民族事例的研究，列举了以下八种庇护所：（1）特定的人。触碰过国王或者族长身体的罪人不得被抓捕；（2）家宅。有时只有族长或国王一族的家宅才是庇护所，有时一般民众的房屋也具有这种功能；（3）宅地。族长、贵族等宅邸周边某一长度（例如标枪到达的范围）的半径之内；（4）墓地。国王、族长的坟墓及其守墓人也具有同样的功能；（5）特定的神圣村落或者城市；（6）寺院、神殿；（7）神圣的树木；（8）森林。

虽多少有些差异，但以上总结的未开化民族的庇护所，与在日本中世发现的"无缘""公界""乐"之地或者群体，几乎可以说完全重合。关于（1）还无法明确确认，（2）（3）的家宅、宅地，虽方式不同，但在前文中已确认。（4）也让人想起墓地和圣、非人，（5）相当于公界性质的城市，（6）可以与以无缘所、公界寺为代表的获得不入特权的寺社比较。（8）就日本而言，也可以认为相当于山林。

其中我们只对（7）没有涉及，不过在我国也完全可以找到实例。早在战前，中村吉治氏就注意到，在扣押未交租税的农民的田地时，立在田地上的标牌是神木。[4] 它可以说是表明该田地为"无主""无缘"之地的物品。另外，神人、僧徒强诉时抬出神木，也是众所周知的事情。即便他们是事件的罪魁祸首，此时也无法逮捕。笠松宏至氏指出，强诉本身"由超越日常事理的特权保护"，镰仓时期已形成"纷争发生后，对于在整个强诉期间他们（僧徒——笔者注）与其敌人及'官兵'之间发生的乱斗等，在强诉平息之前不追究一切刑事责任的特权性习俗"。[5] 与前述的"寄裁断"一样，笠松氏认为这种"强诉"之类的事情盛行，正是镰仓后期的"德政"试图克服的事态。这一问题有必要从更广阔的视野来考虑，当前只指出"强诉"本身带有的庇护性与"神木"（或者"神轿"）的存在密切相关。如果考虑到这种"神木"的功能，以及至今仍能在各地发现的"圣木""神木"的存在，那么日本也明显存在某种树木体现"无缘"原理的事例。

平泉氏继未开化民族之后，又介绍了犹太、希腊、罗马的古代庇护所，以及中世纪日耳曼的庇护所事例。在古代犹太地区，他举出了祭坛、约旦河岸三个城镇的事例，在希腊、罗马，他举出的也仍然是祭坛、拥有圣火的各家各户的祭坛（灶）以及城镇本身等。而关于日耳曼的庇护所，加上前述亨斯勒的著作，我们可以列举出祭坛、举行审判集会等事的广场、灶神统治的住所、祖先的墓地等。

　　综上所述，西欧诸民族在未开化时代、古代的庇护所已无须一一赘述，可以说是与日本中世的"无缘"之地完全相通。

　　当然不仅是西欧。平泉氏认为在古代朝鲜，立着高木的神宫的神圣领域内——"苏涂"是庇护所，而前文提及的对马的"天道地"则是其影响之物。[6] 但这并不是什么影响吧。当地人说，在对马的志多留（上县镇），周围由干栏式仓库和住宅包围、具有不得建房禁忌的广场也被称作"天道地"。这在古代不也是庇护所吗？另外，平泉氏述及与豆酘镇有关的"繁道""茂道"，据永留久惠氏说，也是"拥有森林、禁忌强"的地方。它没有一定的类型，广泛分布于对马岛。[7]

　　如果这样考虑，则无论如何也不能像平泉氏那样，只认为日本古代、原始社会没有庇护所之类就结束思考了。如前所述，在仍旧可谓"原始无缘"的状态被极其精密、完备的外来律令广泛组织起来的古代日本，明确"无缘"之地的存在方式并不是一件容易的事情[8]，但若认为进入中世以后如此广泛且强大的"无缘"原理，在古代乃至原始社会中没有任何起源则完全是不自然的。从上述世界各民族的事例、中世的状况、现在的民俗等思考，特别是圣地、坟地、广场、家宅、仓库等场所，以及族长、祭司等人，自古以来就确定与"无缘"原理联系在一起。不过要弄清其实际情况，还要依靠今后古代史、民俗学、考古学等方面的研究进展。

第二十三章

人类与"无缘"原理

我从"Engacho"这个儿童游戏开始追寻"无缘"原理的源泉，抵达未开化社会的暗地，耗尽了全力，这场旅程至此也暂时结束了。我感觉自己说了一些幼稚到可怕的事情，但摊开来的"包袱"总得扎起来整理一下形状才行。我做好了一提起这个包袱东西就散落一地的心理准备，在此回顾一下至今走过的道路，为本书做一个总结。

我认为，从种种迹象来看，不管是在未开化世界还是在文明世界的各民族中，"无缘"原理都存在且持续发挥作用。[1]在此意义上，它与人类的本质深刻相连。通过追寻这一原理本身的现象形态、作用方式的变迁，可能从不同于迄今所说的"世界史的基本规律"之维度，把握人类史、世界史的基本规律。

对于庇护所，西方学者认为大致有三个阶段，即圣与巫术的阶段、现实利益的阶段、从退化到末日的阶段。若将问题限定在庇护所，则如前文提及的平泉氏所言，它出现在国家尚不发达的人类史的某个时期，随着国家权力对人民生活的渗透而消失不见。

但是，庇护所（避难所）只是"无缘"原理的一种展现。如我们迄今所见，这一"原理"有极其多样的形态，细致入微地渗进民众生活的各个领域。从儿童时代的游戏，到去世时被葬入墓地，可以说人的一生都伴随着这一原理。我认为从这里可以掌握人类史的规律，原因就在此。

"无缘"原理在人类史上的作用，大体以下述阶段和面貌显露身影。

首先，在最不开化的民族中很难发现庇护所，但在人类最原始的阶段，在野蛮的时代，"无缘"原理仍然潜藏，只是不显于表面。在完全被自然压倒的人类社会中，"无缘""无主"与"有缘""有主"都未分化。这种状况只能说是"原始无缘"吧。

作为自觉化的过程，"无缘"原理通过从其中区分自身的形式出现。那自然是以"无缘"的对立物"有缘""有主"为一端而出现的。那是人类定居和迁徙变得清晰，族长的权力和原始性奴隶—罪人出现的未开化阶段以后的事情。

西方的研究一般将庇护分为罪人的庇护、外国人的庇护与奴隶的庇护。在日本，外国人—异邦人被认为是旅行之人，这些罪人、外邦人、奴隶本身就是"无缘"之人。国王、族长或者祭司被认为是接受这些人的庇护所，也正是因为他们自身体现的"无缘"原理。死者也是"无缘"的，墓地也因此就成为

"无缘"之地。另外，经常被视作墓地的广场、灶神支配的家宅、共同体的仓库，也同样成为从"原始无缘"中区分出自身的"无缘"场所。

按照前文的庇护所阶段，这就是第一阶段，相当于圣、咒术性的庇护所。"无缘"原理在此作为一种咒术性的，以及与各种神祇联系在一起的神圣性原理显露出来。因此，与"无缘"对立，但同时又将其作为自身支撑而成立的"有主""有缘"原理，在此自然也采取了同样的形式。

但是，随着人类将自然融入自身之中而变得更加强大，"有主""有缘"原理对"无主""无缘"原理的吸收也就更加活跃。在逐渐增强的"有主""有缘"原理的主导下，"无缘"被组织起来，这时国家就显露面容了。

"原始无缘"的衰弱过程，至此才真正开始，但与此同时，"无缘"原理的自觉化过程也在进展。第二阶段的庇护所即现实利益的庇护所出现，与庇护所的第一阶段，即"原始无缘"色彩依旧浓厚的圣、咒术性庇护所广泛重合，而与之同时，自觉化的"无缘"原理作为各种各样的宗教，开始了迈向形成体系化思想的步伐。在日本，这个时期大致相当于古代到中世前期。"无缘"原理被理解为佛陀的教义，出现在从天台宗、真言宗到镰仓佛教的佛教思想深化过程之中，但这时的社会还杂陈着未开化色彩依旧浓厚的、各种各样的"无缘"世界。

与此相对，在西欧，"无缘"原理通过基督教及其教会而得以组织化。与日本佛教各派的教团组织相比，这远为彻底。在其背后，或许有很多实际上广泛存在的第一阶段的"无缘"场所，以及带有未开化特质的现象。但另一方面，"无缘"原理似乎由犹太人、吉普赛人这样的"异族"集团展现出来，而没有像日本那样采取多样、错杂的形式。[2]

但是如前所述，日本自镰仓后期开始，社会上广泛出现了可谓现实利益庇护所现象，到了室町、战国时期基本显示出完成之态。"无缘"原理至此仍带有宗教性色彩，但已成为"无缘""公界""乐"这样被明确意识到的自觉原理。西欧社会中自由、和平、平等思想的形成，也可以说与此完全相同吧。

尽管如此，这一时期也已经是庇护所的第三阶段，即其衰退、"终末"阶段开始的时候了。巩固"有主""有缘"世界的大名对"无缘"原理的吸收进一步深入，国家权力对人民生活的渗透也越来越深入根底。中世后期到近世，正好相当于这一时期。

在西欧，经过这一时期后，"无缘"原理通过宗教改革、公民革命等与王权本身的激烈斗争，孕育出了自由、和平、平等的思想。然而在日本，进入近世社会后，"无缘"原理的自觉化似乎放慢了步伐。与之相反，"无缘"世界虽然也处于一种抑郁状态，但仍相当广阔，似乎保持了它的生命。庇护所本身可以说处于濒临消失的状况，但"无缘"原理及其基底的世界绝不会灭亡。

幕末、明治的转换期，可以说是在西欧的自由、平等思想流入，与伴随着日本"无缘"世界爆发的"无缘"原理新自觉化的交错中度过的。详细探究名古屋事件实貌的名著，长谷川升氏的《赌徒与自由民权》〔『博徒と自由民権』〕，就完美地阐明了这一情况。而且它明晰地讲述出，日本最终成为西欧自由的主导之地，而"无缘"原理的日本式自觉化终究未能结出果实。要完成这一过程，必须经历与王权—天皇之间的激烈对决。这种王权首先由"有主"世界组织起了"原始无缘"，在此后一直体现"无缘"世界之期待。但日本的"近代"在几乎没有触及这一课题的情况下就开始了。在这种发展的过程中，知识分子——了解前者世界的人，与平民——置身后者世界的人之间几乎难以弥合的裂痕仍在加深。

这种状况目前仍在知识分子进一步优势的状态下延续。那么，为了用完全自觉的"无缘"思想克服、吸收"有主""有缘"原理，置于我们面前的课题就是复杂难解的。那绝不等同于在西方发展成熟的近代社会。

在此我们当然不可能进入这样的问题，但上文所述的从"原始无缘"到"无缘"原理的自觉化的途径，不仅是日本和西欧的，也是人类历史的基本途径之一吧。这一"规律"与迄今被视作"世界史的基本规律"的奴隶制—农奴制—资本制的发展阶段绝不是矛盾的。我认为，这一定是当前从逻辑上追溯私人所有的深化、发展并进行彻底思考的最好定式。

但是，依照"无缘"原理，现在我们所说的可以说是涉及"无所有"的深化、发展的"规律"吧。［补注29］将其与迄今为止的讨论联系起来看，则也可以说是与"共同体"的历史相关的"规律"。众所周知，这些共同体有亚洲式、古典时代式、日耳曼式三种形态。后两者暂且不论，我们对于前者——作为亚洲式而总括起来的共同体，还只是"粗劣的素描"，"各种原始共同社会的衰退史尚待研究"。

本来，原始、未开化的共同体是经营狩猎、捕捞、畜牧、农耕等各种各样生计的人类各集团、种族在定居、迁徙与相互斗争中形成的，因为面对的环绕自己的自然与其他种族、民族等原因，其特质很难消除抹去而是不断加深。从某种意义上说，这种共同体可以表现出无限多样的状态。如果一个种族能够幸运地活到文明阶段，这些因素就决定了它的个性与特质。因此，民族的生命及个性堪称久远丰富的日本式、朝鲜式、中国式等共同体的状态，在日本共同体中的渔捞民、狩猎民、农耕民或者西国、东国等共同体的状态，都需要细致研究。我们本来已经取得了民俗学、民族学、文化人类学等方面的丰富成果，如果历史学家无视这些成果，只想用一句"亚洲式"就搞定一切，那么这种懒惰就该遭到谴责。

而且，在考虑多样的各民族共同体的形态以及民族特质的基础之上，探究上述"无缘"原理的各种现象形态也并非毫无意义。例如，通过比较家宅、广场、墓地、圣所的状态，就可能在一定程度上捕捉到共同体的特质。

另外前文已述，"无缘""公界""乐"之地既是从日本人民生活之中创造出来的现实存在的场所，也体现了他们对"理想乡"的向往。这正相当于西欧的自由、和平之地，也相当于中国的"桃花源"，而思考这种对"理想乡"的向往在各个民族中以怎样的形式表现出来、如何具体地固定下来，也是深有趣味的课题吧。

各民族中的农民叛乱、一揆等人民叛乱，无一例外地以各种形式的对“原始”的复归为原动力，并披着“宗教性”外衣。若考虑到潜藏的“无缘”能量的爆发，以及与之相对应的以多种形式自觉的“无缘”原理的指导，则这一点也自然得以理解。各民族各个时期的“无缘”世界、“无缘”原理与这些问题相适应的样貌，虽说已经得到反复研究，但仍有必要细探。前面提到的长谷川升氏的著作，阐明了自由民权反抗运动中也有教派神道的影响。从这个角度看待江户时代的“改革世道”〔世直し〕、百姓起义〔百姓一揆〕，以及再往前追溯的德政一揆等，也会打开新的研究视野。

前文曾简单提及江户时代，但实际上，文学、演艺、美术、宗教等震撼人灵魂的文化，可以说全都是在“无缘”之地产生，由“无缘”之人担负。跨越一千年，不对，跨越几千年的漫长岁月，古代的美术、文学等至今仍能强烈地打动我们的心灵，而神话、民间故事、民谣等则被认为是一个民族文化生命力的源泉。如果把“无缘”的问题作为基础来思考，就算是外行也会明白其中的原因与意义。

然而，这似乎只是不言自明的事情。“包袱”摊开到如此地步，只能停止了。〔补注30〕

从原始那里生生不息的“无缘”原理，以及“无缘”世界的生命力，恰恰就如“野草”一样坚韧，又像“幼儿的秉性”

一样永恒不变。它们被"有主"的汹涌巨浪冲刷，仿佛陷入了濒死的状态，但仍会长出青翠的嫩芽。真正扎根于日本人民生活之中的"无缘"思想，以及永不停止地克服、吸收"有主"世界的"无所有"思想，必将由那些身上只剩"有主"铁链的现代"无缘"之人创造出来吧。

后 记

思考这个题目的最初契机，是二十五年前接触到本书（第二十一章）提到的川崎庸之氏的论稿，之后我搜罗并阅读了他的各种论文，感铭不已。川崎氏关于日本古代的"公民"与原始氏族共同体以来的自由民传统息息相关的坚定发言，以及我当时熟读的马克思《给维拉·查苏利奇的信》一文中所强调的"原始共同社会"令人惊叹的漫长生命的观点，在此之后一起萦绕在我的脑海中。

不过，发觉在当时勉强阅读下去的霞浦渔村史料中所见的"霞浦四十八津"这一组织，以及通过东寺文书了解到的若狭国太良庄百姓的行动中都有"原始的自由"发挥作用，并将这些许的"偶然想法"变成文字，是七八年之后的事情了。

我从 1967 年开始在现在的岗位上工作，有机会阅读《真继文书》并了解到铸工的真实状态，那些"偶然想法"由此在很大程度上逐渐变成了"确信"。我想如果游历的、"自由"的非农业民在中世广泛活动是一个事实，那么日本中世的"自由"就真的可以作为问题来讨论了。

与笠松宏至氏围绕这些问题交谈，正是在这个时候。那时笠松氏已经发表了本书中提到的数篇个性鲜明的小论文。"较之有主，以无主世界为主轴思考，远能更好地理解中世吧。"听了笠松氏那时的意见，意气相投的我可谓勇气百倍，越发振作起来。

后来，刚好在策划《岩波讲座 日本历史》时，我被迫处理完全陌生的都市论，不得不搜索战国时期的史料。那时我突然想到过去，已经担任教授的佐藤进一氏对学生加藤友子（现姓"杉山"）以大凑为主题的毕业论文中出现的"公界"，指出"这不就是一种自治体吗"。我觉得自己总算把握住了方向，接下来则又有幸向胜俣镇夫氏讨教。

胜俣氏是那篇提及"庇护所""公界"的独特论文的知名作者，给我指点了很多相关史料。此后我们思考断缘、"无缘"原理，在数次讨论中垂听该氏对自身关心的美浓国圆德寺自由市场禁令第一条的新解释（断缘语句），以及对一揆的见解。把它与游历的"职人"结合起来是我擅自扩大，不过我能总结出哪怕还不完整的都市论，完全是依靠与胜俣氏的讨论。

在同一期间，每当我想到什么，就立刻请教身边的佐藤氏，听取他的意见以确认是否恰当；每次我去东京，也会请笠松氏来，得到了很多启示。

　　我也很幸运地从杰出而著名的德国中世史学家北村忠夫氏那里得到亲切、持久的指导。当我提出"公界"问题时，北村立即告知"frei""Friede"，并借给我亨斯勒的著作。由于语言能力不足及懈怠，我未能在本书中充分运用这些著作，对此深表歉意。不过，当我谈到一揆的时候，北村氏拍着手说"这是神的和平！"的回答，是我难忘的回忆。

　　另外，在名古屋每月召开的"中世史研究会"上做报告，以及在职场的日常生活中，我得到了以三鬼清一郎氏为首的学友诸兄毫无顾忌的批评与建议。在我的一生之中，这几年如此幸福的环境此前未有，此后恐怕也不可能再有了。

　　去年3月，我也有幸获得机会与阿部谨也氏对谈，得到了关于西欧庇护所的指点，受益匪浅。以平凡社的小林祥一郎氏为代表，西森卓、竹下文雄、龙泽武、山本幸司、加藤升诸氏不仅安排了这样的场所，给予我难得的认识学友的机会，也一直不惜致以细微的关怀与温暖的鼓励。原本将此书列为"平凡社选书"之一，是龙泽氏光临并强烈推荐之果，不过通过这份工作，能与平凡社的诸位编辑成为知己是我的幸运。

　　从去年4月开始，我有机会作为外聘讲师，在爱知大学文学系史学专业授课一年，而这本书几乎是由当时授课的草稿整理而成。热心地听着无聊的故事，告知我"游戏"等知识的十来位同学，对我来说也是莫大的鼓励。

　　在这种意义上，本书绝非以我一人之力就能完成。当然，在诸氏指教的基础上，于书中随意妄言、做出扩大解释是我自己的责任，恐怕就是我自己做的这部分是空洞的议论。这种地方必须得到大方的严厉批评并重新思考，不过，尽管非常粗糙，但总算将二十五年来一直思考的主题结成这样一本书，心里是喜悦，以及对受惠学恩的诸位的由衷感激。

为避免烦琐，书中罗列参考文献时省略了出版社及出版年份。最后，在图片方面，我得到了高木侃氏与成文堂编辑部及小滨市史编纂室的帮助，在此诚表谢意。（"平凡社图书馆"版省略图片）。

1978 年 1 月 26 日

网野善彦

补 注

（1）无缘所的性质——以正昭院为中心（第 20 页）

诸氏对这一点提出批评，如松井辉昭氏《关于战国时代的无缘所》（「戦国時代の無縁所について」，『広島県史研究』第 6 号）、安良城盛昭氏《关于网野善彦氏近著的批判性探讨》（「網野善彦氏の近業についての批判的検討」，『歴史学研究』第 538 号）、林文理氏《战国时期若狭武田氏与寺社——特别以显密寺社为中心》（「戦国期若狭武田氏と寺社——とくに顕密寺社を中心に」，有光友学氏编『戦国期権力と地域社会』，吉川弘文館，1986）等。

三氏的批评涉及讨论无缘所或无缘的拙论整体，仅就此处的正昭院而言，则松井氏认为武田氏承认正昭院的"跑人"特权，并不是基于其是无缘所，而是因为该寺是若狭国真言宗的本寺，以及武田信丰将其定为祈愿所。与松井氏一样，林氏在全面研究若狭国的寺院神社与武田氏的关系后，认为"跑入"的规定并非渊源于其是无缘所，反而是在正昭院不再为无缘所，而是成为守护个人的祈愿所、特定的私人寺院时才产生。另外，松井、林二氏均强调享禄五年（1532）三月廿一日武田元光署名的九条正昭院法令中没有"跑入"一词。同时，此寺法是战国大名、守护武田元光制定的，松井氏认为其中只有一条认可了延续下来的特权，安良城氏也表示"可视作容忍此时点以前之特权的规定只有两条"，其余都是战国大名新赋予的特权。

诚如林氏所言，在强调正昭院是"当国真言根本之寺"、"真言众"之"本寺"，并制定"寺法"这一点上，我们无疑可以看到武田氏构建领地内部寺社秩序的意图。从某种程度上说，寺法第一条至第四条（禁止正昭院派系的净土真宗寺院放弃宗派、保证正昭院对属寺的管理权、住持可驱逐有"违背之仪"的寺僧、禁止寺僧和客僧移居其他寺院）也显示出这一意图。但毋庸多言的是，大永四年（1524）武田元光"听凭先例"给予正昭院的签押文书中，第五条对其"寄宿房税段钱"等临时课役的免除，第六条对其获赠的田地山林竹木等的承认，就正如松井氏（仅认可第五条）、安良城氏也认可的那样，是承认其"往古"以来的权利。而造营标会金免于德政（第七条）、禁止积攒的标会金用作私人目的（第八条）、"以志施入米钱"——利用获施的米、钱放贷免于德政（第九条）等条款，也是将这些钱财作为"佛物"而予以保障的规定，我们认为这些是认可、保障历来支撑正昭院存续的金融活动等的条款，也绝非没有道理吧。

特别是从第五条中"自往古免除云云"这一句来看，明显正昭院当时请求获得书面文件来免除课役；第一条至第四条中对属寺的管理以及该流派诸寺的控制，本来就是保障正昭院已持的权利，驱逐寺僧及禁止移居也可以看作是认可寺院内部的法规。从原本就具有自治性质的寺院法的特征来看，我们反而很难将它们看成是作为战国大名来说也绝非强大的武田氏的全新规定吧。

当然，在规定驱逐寺僧的第三条中有"无论住持是年轻人还是其他分国之人"，以及"即使权门势家寺社予以许可"的语句，第五条有"奉行人征收临时课役"的语句。这类内容明显说明寺院内部的管理因内外因素陷入混乱，其特权持续受到侵害。保障"跑入"的武田信丰书信（本书第17—18页）实际上也被认为是针对寺院方面抗议侵犯圣地之人而给予的凭据。可以说，这些内容本身就在说明正昭院的圣地性已经动摇。

因此，正昭院成了守护个人的"专心祈念国家"之祈愿所，被给予了以武田氏之名、采用固定形式的寺法，且必须通过这样的文书获得对"跑入"特权的保障。这其中确实有武田氏的寺社政策介入的空间。

然而，对于继承溯至镰仓时期以前之极乐寺的可谓"古所"的圣地正昭院，武田元光无论是在寺法本身中，还是在附上的书信中（本书第19页）都加了"思案之旨"这样的语句，态度相当慎重。不仅如此，如法令第五条"寄宿房税段钱要钱等，其外临时课役，自往古免除云云。然近年因有御判，临于时，奉行之人有相混总寺社次之事。自今以后，不可以此旨申诉指控（下略）"所示，元光注意到因为近年（大永四年）自己给予了签押文书，官员以"总寺社次"对待正昭院，向其征收临时赋税之事，并以不允许此种行为的虔诚姿态保证了正昭院的特权。

如前所述，第五条明确说明在武田氏给予签押文书之前，正昭院作为圣地—无缘所而长期拥有免缴课役的特权。特别值得注意的是，元光在此处强调绝不能将正昭院作为"总寺社次"对待。很明显，这个"总寺社"与松井氏关注的永禄元年（1588）十二月日织田信长禁令（本书第28页）所见的"总寺庵"意思完全相同。那么，这位战国大名武田氏在以自己名义确定的寺法中，明确承认且确定了即使自己给予了签押文书，也不能像对待其他寺社也即"总寺社"那样对待正昭院。这正是因为正昭院是无缘所，就像松井氏准确指出尾张国云兴寺是不同于"总寺庵"的无缘所一样。

安良城氏指出"目前留下来的无缘所史料无一例外都是战国大名的钤印文书（这并非事实——笔者注），从这种史料残存状况来看，'依靠与战国大名之缘支撑的'无缘所的实像浮现出来"，并批判拙论是一个"假象"。但只基于这样的观点，战国大名自己明确区分的"无缘所"与"总寺庵""总寺社"的区别难免就变得无法理解了吧。我认为这是一种牵连到过高评价战国大名的权力，乃至一般权力的观点。

不过，对于无缘所区别于其他寺社的根据，以及其被授予诸如免交诸税之特权的理由，松井氏与安良城氏一样，依据《日葡辞书》中"既没有领地，也没有施主的孤立无援的寺院，或礼拜所"之解释，以及今川氏签押文书中出现的"以怜悯"的语句，认为无缘所"主要靠劝进及金融活动而非领地获得收入"，经济基础"薄弱"，故无法"承受战国大名厉行的过重赋役"，所以大名"有必要顾虑寺家的延续不受影响"。

但正昭院是"真言根本之寺"，内部有宝聚院等僧房，且拥有众多属寺，《日葡辞书》中的解释显然无法直接适用于此。而且，考虑到镰仓后期以后，大寺社依靠劝进成立，高利贷业繁荣昌盛，则"劝进及金融活动"明显不能被视作"薄弱"的经济基础。这反而是顺应时代潮流的强有力的经营方针。

那么，无缘所区别于其他"总寺社"的理由该从哪里寻求才好呢？我现在依然认为，这种区别只是因为正昭院是与佛陀直接相关的圣地，是一处切断世俗之缘的"无缘之地"。包括寺院内部及获捐土地在内的正昭院是一处"佛地"，因此如前文的寺法所示，它获免课役，不管领主更替等世俗权利变动地享受保障；标会金及"以志施入"的米钱是"佛物"，所以免于德政，也被禁止用于私人目的。那么，将权力认可"跑入"一事，理解作世俗的主次等缘不涉及圣地正昭院也没有什么不自然的。

胜俣镇夫氏在《自由市场与废止行会令》(「楽市場と楽市令」『戦国法成立史論』，东京大学出版会，1979，第3章）中，提出无缘所"在旧佛教系统的寺院中比较少，在新佛教系统的

寺院中比较多"这一重要见解。如川崎庸之氏一直强调的那样
(『日本仏教の展開』川崎庸之歴史著作選集第2卷，东京大学
出版会，1982)，在镰仓时代，不仅是所谓的新佛教，包括被
称作旧佛教的一方，都有一种恢复佛陀精神的宗教性昂扬状态，
而这与无缘绝非没有关系吧。

胜俣氏还指出无缘所"多是不依赖获赠之土地等维持的寺
院，而是靠劝进、祠堂钱等自力经营"。这一点本书（第十五、
十六章）也略有提及。在周刊朝日百科日本的历史28号《自
由市场与奔入寺——庇护所的内与外》(『楽市と駈込寺——ア
ジールの内と外』，朝日新闻社，1986)中，他也论及使用祠
堂钱放贷与中世前期使用上分物、初穗物这些神物放贷本质
上相同，而如我在其他地方（本书补论《初穗、出举、关税》)
所论，直属佛陀的劝进上人所做的劝进也同样如此。它们都
是关系到无缘所本质的活动。

松井氏对胜俣氏上述两个观点给予了积极肯定，但对胜俣
氏赋予的第三个特征，即无缘所"具有强烈的庇护所式特质"
予以否定。若如此考虑，只能说那不合逻辑。松井氏在那篇精
心的劳作中所阐明的事实，即无缘所门前免交赋税的土地上可
见蓝染工及"诸职人"，也如胜俣氏在《自由市场与奔入寺》
中所述，可以在无缘所的延伸上理解，视作是门前市镇的萌芽
吧（参照本书补论《城市成立之地》)。

另外，松井氏提到石见国极乐寺、西福寺以"无缘之事，
自古不为"为由，拒绝了毛利氏要求其僧众随军的命令。这与

后述公界寺一样，也是表明无缘所属于和平领域的好例子。此时的西念寺虽为"无缘之地"，但也不得不回应毛利氏的命令。这一事实表明，战国大名强烈希望将这种圣域置于自己的权力支配之下。但在若狭国的武田氏那里，诸寺院与京都关系密切，武田氏作为战国大名来说也是弱者，因此才对正昭院采取了上述那样的慎重态度，留下了清楚表明无缘所作为奔入寺之性质的签押文书、信件。

综上，虽论点涉及多个方面，但我从三氏的批评中学习了诸多新知识，对此深表谢意。不过对于正昭院，我仍想保持此前的拙论。

（2）无缘所与结缘——阿弥陀寺的性质（第34页）

关于这份文书中立墓、土葬檀那之辈是"为结缘令执行"这一点，石井进氏在《中世的风景》下（『中世の風景』下，中公新书，1981）第九章"自由"的讨论过程中向我提问，在《通向"新历史学"的摸索》（「「新しい歴史学」への模索」『歴史と社会』第2号，リブロポート，1983）中也将该点视为一个问题。"结缘"本是与佛陀所结之缘，可以说这份文书充分体现了阿弥陀寺作为无缘所的特质，但石井氏更进一步，寻求揭示这种与佛陀直接相连的人与人之间产生的新"缘分"的特质。关于这一点，本书各处都有提及，胜俣氏在前揭《自由市场与奔入寺》中针对自由市场也指出，至少在理念上、原理上，他们在这种场所追求佛祖面前的自由、和平、平等关系。当然，现实中这种寺院的内部状况自然不会轻易与此一致，但从原理上，与神佛直接相连的人群间的关系，必然与世俗的"缘分"性质相异。笠松宏至氏在《佛物、僧物、人物》《僧人的忠节》「仏物・僧物・人物」「僧の忠節」，『法と言葉の中世史』，平凡社，1984；"平凡社图书馆"系列，1993）中，通过"物"的相互关系、"物"的移动探讨了这种"佛陀"世界与世俗世界的关联方式。我想也依据这些研究，今后进一步思考这一问题。

　　另外，正文中称清玉可能是时宗的僧人，但现在的阿弥陀寺是净土宗镇西流派寺院，是知恩院的属寺，很难断定其属于时宗。据《京都府寺志稿》〔「京都府寺誌稿」〕记载，清玉是死于路边之女子所生，后进入建仁寺为僧，但这也只是一个传说而已。不过阿弥陀寺靠近广为人知的、自古以来的京都墓地莲台野，山号为"莲台山"，被认为是一开始就建在墓地上的寺院。另外，据横井清氏指点得知的《信长公阿弥陀寺由来之记录》（「信长公阿弥陀寺由绪之记録」『改定史籍集覧』第二十五册），是享保十六年（1731）该寺第二十世常誉说音的记录，其中讲述本能寺之变后，清玉取走了以织田信长、织田信忠为首，包括战死的森兰丸等织田家臣的尸骸并火化埋葬，但由于坚决拒绝了丰臣秀吉要求修行法事、捐赠标准产量三百石的朱印认可土地而惹怒秀吉。尽管阿弥陀寺是信长等人的真正墓地，但还是被秀吉确立为信长墓地的大德寺总见院夺去了繁荣，成了"无缘寺"。这是江户时代之人的看法，不过我们通过清玉最终仍拒绝"天下人"秀吉之命的姿态，能够清楚看到千利休身上也体现出来的战国末期送葬僧（三昧圣），以及"无缘所"的样貌。

（3）无缘所与借贷关系（第39页）

对于此处提及的天文十五年（1546）真继久直与纪富弘之间的诉讼文书（名古屋大学文学部国史研究室编『中世鋳物師史料』，法政大学出版局，1982，「真継文書」1—57、58号，「参考资料」第36、37、38号）的解释，松井氏前揭论稿、峰岸纯夫氏《寄网野善彦〈无缘·公界·乐〉》（「網野善彦『無縁·公界·楽』によせて」（一）『人民の歴史学』第60号）提出批评。在富弘的第二问状（1—57）中，与富弘的伯父弥三郎忠弘签订"父子之契约"的松木新九郎（久直的父亲），"于伯父弥三郎染病，及困窘之时，容许其于松木，然旧借以下相存，为逃其烦，既舍置于下京无缘所"。两氏都认为这一行为是为了断绝父子关系、废除父子契约，不能将此条作为史料证明进入无缘所世俗借贷关系就会终止。松井氏举出了《房显备忘录》（「房顕覚書」『広島県史』古代中世资料编Ⅲ）中的记载支持其观点，即棚守房显偿还了在"无缘"之地建寺的慈光院僧人快雅的百贯文借款，并提供少许领地以维持"无缘所"。而峰岸氏认为周防禅昌寺的相关文书（本书第26页）中所见的禁止借钱、借米行为，或许是禁止"周边的地方领主为筹措军费等，以借用名义进行的征发行为"，基于这一点思考债务关系失效是"扩大解释"。

在这些论点中，首先关于"下京无缘所"，真继久直的第三份问状（「参考资料」第38号）中有"忠弘就借物令难义之间""隐身居住下京边"的记载，在其第一份答状（「参考资料」第36号）中有"久申宿于近所，虽加扶持，至病重之时，任彼之望，知下京有乞食僧，故凭彼僧，立草庵，申付堪忍事等毕"的记载。峰岸氏也认为，将此与前述富弘的第二份问状合起来看，则"草庵"当为"无缘所"。若认可这一推定，则我现在仍然认为，此事可看作是忠弘为了逃避"借物"之"难义"而进入"无缘所"藏身。不过这是一份诉讼文书，两者的主张相左，因此上述观点定然只是推定。从这些文书中出现忠弘的"染病""乞食""饿死"等词语来看，这座"下京无缘所"很可能如拙稿《关于古代、中世的悲田院》（「古代·中世の悲田院をめぐって」『中世社会と一向一揆』，吉川弘文馆，1958）中所提到的那样，是五条的悲田院，即"ひんでん寺"（悲田寺）。

《日葡辞书》中关于"无缘所"的解释，大概是从这种寺院的实际情况中推导出的，松井氏所举《房显备忘录》中的"无缘所"也是如此，但正如前文所述，这种解释只能说是指出了其中一个方面。实际上，正如胜俣氏在前述《自由市场与废止行会令》中详述，往来与"无缘所"特质相通的自由市场之人，被免除借钱、借米，且禁止债主催款。就禅昌寺的事例来看，我们无须刻意设想地方领主征收军费，而应坦率地认为这也是无缘所的属性。

（4）作为古所的无缘所（第42页）

也有很多未被称作"古所""古迹"，但起源可以追溯至无缘所的寺院。前文提到的若狭国正昭院就是一例，此处举出的骏河国日莲宗寺院本门寺，也源于大寺院实相寺，而大石寺也是日莲弟子开创的寺院。再寻例子，则土佐国室户崎的金刚定寺是溯至空海的悠久寺院，据《大师御行状集记》（「大师御行状集记」『续群书类従』第八辑下），此寺也是无缘所。如《金刚定寺御乞食条第十七》中"金刚定寺，是于（原文如此）无缘所，不被支配供僧供料，请官裁。准敕，从当国邻国往反船，皆乞粮料施与成恒例"所示，金刚定寺众僧靠"乞食"度日。这实际上与本书（第十五章）所述的劝进上人收取关税意思相同，是向来往室户崎的船只收取"乞食"，可以说是直接显示无缘所特质的事例（此例蒙广末保氏指点）。被称作"上分"等的关税，作为献给神佛的初穗之物，也是神物、佛物，只用于神佛本身或者与之直接相关的人——无缘的僧众（本书补论《初穗、出举、关税》）。

这种作为"古所"，即古来之圣地的无缘所的形态，也可以看作是与"当山者，有验之灵窟，无缘之净域也"（「明王院文书」仁平二年正月廿二日，近江国葛川常住僧解）、"无缘灵所"（「桂林寺文书」承久元年九月廿三日，凡海是包等连署寄进田畠状案）、"当寺者，无缘之道场，有验之伽蓝也"（「金刚寺文书」嘉禄三年七月日，金刚寺住僧等解案）等"无缘"例子有关的事情吧（本书第153页）。

（5）战国大名与无缘所（第43页）

安良城氏在前揭论稿中引用拙文此处，并举出《北山本门寺文书》永禄三年（1560）十一月十六日今川氏真签押文书（『静冈县史料』第2辑，第417页）中有"任世代数通判形之旨，领掌永不可有相违"的事实，认为从拙文的论点来看，这一事实本身证明了此处的"无缘所"本门寺"依靠与今川氏之缘支撑"。今川氏领地内的无缘所的特权，是战国时期今川氏新承认的，由此可断定它正是今川氏之"缘"所生之物。松井氏也一样，以《满愿寺文书》天文廿年（1551）正月廿九日今川义元签押文书（同上，第4辑，第268—269页）、《久远寺文书》永禄三年九月十五日今川氏真签押文书（同上，第2辑，第120—121页）中"以怜悯"免去诸役，以及前述《日葡辞书》的解释为依据，批评拙稿"自以为是""失控狂奔"，认为无缘所只"因是没有强大施舍者的'孤立无缘之寺'，故战国大名'以怜悯'，新赐予了'停止诸役'特权"而已。

的确，不仅仅是本门寺，安良城氏引用的《满胜寺文书》今川义元签押文书中有"增善寺殿停止诸役"，《本兴寺文书》永禄六年五月廿八日今川氏真签押文书（同上，第5辑，第511—512页）中也有"任先判形旨"。无缘所的事例中可见不少继承前代签押文书的情况，因此正如安良城氏所批评，拙文此处的表述是不正确的。

但安良城氏所引《北山本门寺文书》中的今川氏真签押文书，有"纵使总国不入之地，四分一等，虽申付当座一返之雇，彼寺之事者为无缘所，故不可依准其他之寺也”，这一点恰恰值得注意；《久远寺文书》弘治二年（1556）六月六日今川义元免除诸税的签押文书（同上，第2辑，第119页）也有大致相同的语句，并在其后写了“加怜悯了”；《大石寺文书》永禄三年八月十七日今川氏真签押文书（同上，第497—498页），也以同样语句免除诸税。特别值得注意的是，《大通院文书》永禄十年二月廿九日今川氏真签押文书（同上，第5辑，第428—429页），在大致相同的语句后写道：“纵虽依失念申付印判，以此判形可申断。”

　　松井氏已经注意到这一点，以及永禄七年十月织田信长颁给尾张国定光寺的禁令（奥野高广著『織田信長文書の研究』下卷，吉川弘文馆，1970，第838—839页）中“纵前后制札虽为弃破之，不混余寺，不可有相违者也”。正如补注1中所言，此“总国不入之地”明显与信长禁令中的“总寺庵”、武田元光所定寺法中的“总寺社”意义大致相同。的确，与前述武田元光的事例一样，在今川氏这里，也是从确立了战国大名式领国统治的今川氏亲时代开始，为了将无缘所纳入统治之下而给予了签押文书。这是一个事实。但是，即使同样使用签押文书这一形式，战国大名自己也意识到，颁给无缘所的签押文书、禁令与颁给其他氏寺等寺院的相比，具有异质的沉重含义。这一点不仅出现在武田氏这里，在今川氏、织田氏身上也是相同的。正如松井氏所言，战国时代广泛存在“因其是无缘所而免除诸税”的惯例。如果以颁发签押文书为根据，认为“总寺社”

与"无缘所"是由战国大名同等地新赋予特权，那么历史的丰富性就被完全抹杀了吧。

实际上，远江国滨名郡的本兴寺是留有后深草天皇书信等文书的"古所"，早在永正三年（1506）就由濑名一秀颁给"本寺之事，为无缘所，故代官并家风等，总之不可有烦"的签押文书（『静冈县史料』第五辑，第505页），永禄六年（1563）今川氏真也颁给了"鹈殿休庵为施主细言上之间"，"如前前诸役永免除之"的签押文书（同上，第511—512页）。与正昭院的情况一样，这里也是因为站在寺院一方的"施主"申诉，大名才颁发了认可从前特权的签押文书，则我们无论如何也不能将此特权视作战国大名新给予之物。

而且本兴寺被用敬语称作"御无缘所"（永正十四年二月十六日中山生心签押文书，『静冈县史料』第五辑，第506页）。这并不是特例。本书（第四章）提到的天正二年（1574年）五月十二日印成轩清鹤的书信（「防长寺社证文」），涉及周防国禅昌寺时称"彼寺家之仪为御无缘所之事"；胜俣氏在前揭《自由市场与奔人寺》中描述的"对于奔人并出家居住者，其主人不得干涉"的"断缘之地"近江国无缘所总持寺（「总持寺文书」永禄四年二月十四日，浅井贤政置目"一、虽为谁谁家来，遂出家至而居住者，不可有其烦事"，『近江東浅井郡志』），也被浅井亮政称作"御无缘所"。

武田氏对正昭院使用的"以思案之旨"的语句、"御无缘所"这一敬语、签押文书中涉及特殊处理的文辞，以及松井、安良城两氏强调的"以怜悯"或"加怜悯"的语句。综合这些事实后如何看待会有不同见解，但我认为，这鲜明地展现出战国大名对无缘所的某种无措，以及战国大名很难处理自古以来就与世俗之缘分割开的圣地无缘所的姿态。

制定者、颁布者将个人感情写入法令、签押文书中，绝非普通之事。在签押文书中甚至写上自己犯错时的情况，则是异例中的异例。镰仓时代前期，试图禁止飞石的北条泰时在法令中留下辩解似的发言，成为追加法条中几乎未曾有的异例，而这是因为他畏惧飞石这一习俗背后令人害怕的深厚渊源。与之相同，战国大名面对无缘所根底的某种自己的权力也很难轻易压制的力量，时而以深深的敬畏之心对待，时而又以盛气凌人施加怜悯般的态度处理。本书将这种力量称作"无缘原理"。对于战国大名来说，那是一种自己的力量也难以撼动的神佛之力吧。

不管怎么说，"怜悯"在任何情况下都不是强烈的情感。我们当然可以坦率地接受它，但必须要知道，越是意识到自己立场虚弱，就越想采取"怜悯"的态度。在这种情况下，我选择后一种看法：这恰恰是显示了战国大名的弱势，而绝不是无缘所的弱势、可怜。

事实上，以若狭国正昭院为代表，拥有广阔寺域的周防国禅昌寺，尾张国云兴寺、定光寺，日莲宗的核心寺院骏河国本门寺、大石寺，以及伊豆国修禅寺等战国时期被称作"无缘所"的寺院，反而多是各地历史悠久、规模庞大的寺院，而非安良城氏所谓"由于没有强大的世俗之缘而寻求俗缘之寺"、必须依靠战国大名的"怜悯"才得以成立的贫弱之寺。

西山克氏详细介绍的伊势国福龙寺（『三重県の地名』，平凡社，1983），是宽正六年（1465）由十七人结众维持的"庶民"之"氏寺"，由时宗僧人经营。后来寺院遭祝融之灾，弘治二年（1565）依靠僧人劝进重建伽蓝后，作为"无缘所"现身，寺内僧人获允自由劝进，无须向北畠氏申报。这座也被称作福眼寺、射和寺的寺庙，位于有射和白粉行会等活动的射和津——"射和村"。那里举行散乐演出等活动，艺人聚集，创立集市，街上可以看到笠屋等店铺。福龙寺就与这种都市性区域深有关系。正如西山所言，它确实是充分具备了"无缘所"特质的寺庙（「射和寺文書」，竹川钦也氏藏，东京大学史料编纂所架藏影印本名为"竹川信太郎氏所藏文書"）。

关于福龙寺，包括其与福眼寺、射和寺的关系等问题，仍有探究的余地，不过安良城氏以此作为依据，认为战国时期"庶民之氏寺"的"无缘所"是"近世'村寺'的源头"。该氏未详述这一观点，所以我在此不敢轻言，但是此福龙寺依靠在广阔区域内的劝进维持，而作为真言宗本寺的正昭院，以及在广阔地区劝进、至今仍有各地参拜者聚集的禅昌寺等在近世时期也拥有远超"村寺"的信仰圈，因此这一说法可能并不成立。等安良城氏详细论述后我再考虑此问题。

另外，安良城氏之说的根源是"无缘所"在战国时期登场，但如本书（第十九章）列举的诸多事例一样，"无缘所"早在镰仓时代就已显露身影，而且经胜俣氏指点才注意到的南北朝时期的无缘所、摄津国鸣尾的长芦寺，充分显示了与战国时期的无缘所一致的无缘所特质。应安六年（1373）二月日，长芦寺的目安（『大德寺文书之三』第 1353 号）面对受赠的小松庄约一公顷田地被要求"调查"时，主张此地为"施入佛陀之地"，该寺"殊为无缘所"，因此申诉暂不"改裁"。永德二年（1382）六月一日长芦寺宗算寄进遗迹状案（同上，第 1361 号）中可见本寺大德寺杂掌圆胜说，"于释门黑衣僧中等，弃俗缘亲昵之号，只施入佛陀之外，不亘余事者欤"。这句话直截了当地显示出这处无缘所长芦寺的本质。长芦寺作为与"俗缘"断绝关系的"佛陀"之地，正是一座无缘所。而且这座寺庙通过收取 2~6 把稻米的利率放贷 83 石多稻米维持经营，与战国时期的无缘所也合符般一致（同上，1358 号）。这自然也是佛物的出举。

如上所述，为了讨论无缘所，我们需要考虑在整个中世存在的无缘所的变化，整体上理解它变成与松井、林两氏所指出的《日葡辞书》解释基本一致的近世"无缘所"的过程。我认为像安良城氏那样主要以战国时期为焦点来立说，终究抓不住无缘所的本质。

但是在战国时期"无缘所"的样貌中，自然也可以看到展望近世社会的动向。东北地区也有免除诸税的无缘所，如《新编会津风土记》天文五年（1536）六月日由芦名盛舜免除诸税的法花堂实成寺、大永三年（1523）九月二日获得同一签押文书的观音寺等（胜俣氏赐教）。另外，虽是江户时代，但天明九年（1789）肥前国多久的《御家中寺社家由来书》〔「御家中寺社家由緒書」〕中可以看到作为"知识所无缘寺"的圆通寺、正善寺、大梅寺、正藏寺、地福寺，以及作为"平僧地无缘寺"的万福寺、宝林寺、福寿院等。"知识所"表明其通过劝进维持经营，因此这些禅宗寺院多少也保留了中世无缘所的面容（蒙秀村选三、永井彰子两氏赐示）。我们将这些放入已知事例中思考，可以认为几乎在全国范围内，战国大名都将前述这种寺院视为"无缘所"，并保证其特权吧。

这种寺院被统一对待的状况，从佛教方面来看，存在与佛陀直接连接的这些人与地域统合为一的潜在可能性，所以前文已述，一向宗、法华宗就志于这一方向。

但另一方面，这些无缘所因为前文讨论正昭院时已提及的那种内外因素，变成了由战国大名单独保障其特权的状态，则一向一揆、法华一揆的失败也已能预见。进入近代，随着权力对寺院的控制加强，事态自然是向着至少在表面上否定无缘所特权的方向发展。确如很多人所指出的那样，不仅是缘切寺，跑入寺院、僧人救济罪人等事作为远超本书提及事例的广泛且根深蒂固的习惯，在江户时代也持续存在，但它仍只是社会习俗，"无缘所"的语义本身也变成松井、安良城两氏所强调的那种意思。将走过如此历程的日本近世社会，与以西欧为首的世界各民族的社会比较并刻画其特质，是今后的课题。我认为这里面无疑存在与日本社会中所谓"宗教"的缺失，以及与此相反的天皇的存续相关的问题。关于近世寺院的状态，有竹田听洲氏《近世社会与佛教》（「近世社会と仏教」『岩波讲座日本历史』9，岩波书店，1975）等研究，我想参照这些成果，今后继续从这样的视点研究。

（6）无缘所与私所（第 43 页）

关于对《龙潭寺文书》永禄三年（1560）八月五日今川氏真签押文书（《静冈县史料》第 5 辑，第 934—936 页）的解释，峰岸、松井氏两人分别给予批评。峰岸氏将此视为无缘所本身是菩提所＝私所的事例，认为此处获得的各种特权不仅是无缘所的属性，也有源自其是菩提所的一面；就像京都的阿弥陀寺一样，它同样表明无缘所也有施主。松井氏则认为龙潭寺才是菩提所＝私所，大藤寺、报恩寺等末寺是无缘所，将此视作无缘所经济基础薄弱的例证。依据这种看法及阿弥陀寺的事例，乃至前文提及的本兴寺有鹈殿氏扶持等事例，松井氏指出无缘所并非与施主即外护者"无缘"，而是无缘所的施主"因信仰而与无缘连接，不能像对氏寺、菩提所那样行使管理权"，并以天文十一年（1542）今川义元颁给大石寺的法令中禁止"虽权门之官人，号檀那，干涉寺中善恶之事"作为后一观点的证据。

前文多少提到，我完全同意松井氏关于无缘所之施主的论断。我们从后来劝进区域被称作"檀那场"这件事也可知，施主的存在与前述无缘所的特质并不矛盾。松井氏也注意到，以不特定多数"檀那"为对象的劝进，本来就具有"公"的性质，从中可见"无缘所"与"公界所""公界寺"相通的特质。

另外，正文将龙潭寺视为无缘所是我的误解，如史料"彼寺为直盛菩提所，令于新地建立"所示，直盛是把新建的大日堂定为龙潭寺。如松井氏所言，如果将大日堂视作"私所"，则在此只能将"诸末寺"视作"无缘所"。不过我推测，直盛可能是在原本是"无缘所"的众多寺院所在山谷中新建"私所"，从而将这些寺院作为末寺。若如此，这就是一个显示"无缘所"被"私所"吸收之过程的有趣事例。现在我如此修正，期待进一步研究。

作为今川氏领地内的无缘所，此处补充远江国的妙庆寺（《静冈县史料》第2辑，第817页）。

（7）公界所江岛（第46页）

对于我引用这段史料时的不完备，以及由此引起的误解，安良城氏在前揭论稿及《对网野善彦氏近著的批判性探讨（再论）——反驳网野氏的反驳"（「網野善彦氏の近業についての批判的検討（再論）——網野氏の反論に反論する」『年報中世史研究』第11号）中，再三提出了严厉批评。特别是我将后述部分"中略"处理这一点，受到了安良城氏的集中批判，因此在此重新列示史料全文：

> 一、于江岛者，奉他人为主之事，令停止。号里被官者，当方御法度。江岛中之人，号他人为主之事，今停止。

有背此法令者，速可行惩罚事。

　　一、江岛之人移他所者，任御国法召返，从类皆行惩罚事。

　　我引用这份北条氏照法令五条中的第四条，将"号里被官仪者，当方御法度"省略，得出了正文中的解释，但正如安良城氏所批评，加入这句话后，此条的主旨明显是禁止"奉他人为主"。我不知这种事例有很多，所以如此省略。因此，根据这则史料就无法直接得出正文所述的"江岛之人不准有主人。反过来，这也就是说江岛中的人是主从关系断绝之人"（第83页第2行也是如此），故在此重新根据这一法令的各条阐述一下我现在的想法。

　　该法令在第一条中首先确定了江岛为不入之地，排除"权门郡代"的干涉，强调受"大途"的直辖管理，第二条中也命令只服从"大途"之命"走回"，排除了官员的介入。第三条将江岛定为"留浦"，严格禁止其他地区的猎人、百姓入内。第四条，后北条氏先是自己禁止下级武士〔里被官〕以其他人为主，之后禁止江岛中之人以其他人为主，第五条则禁止江岛之人移居别处。将这些结合起来看，可以说这一法令整体上是将江岛及"江岛中之人"一起与外界切断，置于"大途"的直辖之下，使其为"大途""走回"，也即祈愿。禁止"奉他人为主"、移居别处在此意图中也能得到充分理解。

　　如此，则这一法令虽然更加严厉、高压，但可以说与前述武田氏颁给若狭正昭院的寺法基本相同。与武田氏排除官人、代官等介入，将其作为自己的祈愿所一样，北条氏将供奉着大辩才天的江岛作为与俗界分离的圣地中的圣地，命令岩本和尚只为"大途"祈愿，并保障其特权。安良城氏认为这是在说明江岛人之主"仅为岩本和尚"。确如笠松宏至氏在《僧人的忠节》中所述，寺院内部的僧侣之间有主从关系，也无疑有僧侣离开寺院范围，对俗权力尽"忠节"之事，但此法令的接收者岩本和尚是代表圣地江岛的人物吧。因此仍如正文所述，江岛人明显切断了俗界之缘。

值得注意的是，武田氏要求正昭院"祈念国家"，而后北条氏严厉命令岩本和尚为"大途之御用""走回"。在这一点上，较之武田氏，作为俗权力的后北条氏的意图更加露骨地表现出来。关东的战国大名后北条氏、结城氏等领地内虽有"公界所""公界寺"，但目前除了伊豆地区以外尚未发现"无缘所"可能就与此有关。我们也许能从中看出此地区神佛的状况与其他地区的区别。不过，这只能作为今后的课题了。

另外，如此考虑的话，则江岛无疑是与其他地区的无缘所本质相同的圣地，它被称作"公界所"，且设有市集和关卡，也可以说是与这种属性密不可分。

综上，在承认正文错误的基础上，我仍然认为江岛作为自古以来的圣地，是与"无缘所"本质相同的"公界所"，也因此它才能够作为和平领域。

承安良城氏指点而得知的禁止百姓更换主人的禁令，如其所述，在东庆寺等广阔的寺院领地中都能看到。这一点本身就是一个值得关注的问题，在展望近世的基础上，此事也有进一步探究的余地。对于这一点，我也将在今后按自己的方式继续思考。

（8）关于含藏寺（第47页）

正文中对这座含藏寺的描述不准确。《荫凉轩日录》的记载是竺源知裔所说，从此《日录》的用例（如"延德三年正月廿四日"、同"二月廿四日"、同"四月十三日"条等）来看，"一乱以来"指的是应仁之乱，门徒寺是指仅由特定的禅宗门徒世代相承的寺院，也被称作"度第院"。（今枝爱真氏『中世禅宗史の研究』，东京大学出版会，1970）。正文将其误作与一向一揆有关联的门徒寺，但这则记载应该理解为应仁之乱后，面对依靠朝仓氏而保持无为的门徒寺，含藏寺强调自己是"公界所"。

（9）公界寺（第47页）

据峰岸氏前揭论稿，这座"不分敌我之公界寺"是武藏国金泽的称名寺。这座广为人知的律宗寺院是"公界寺"的事实，在思考"公界所"的意义上具有重要意义。

峰岸氏在该论稿中还提及上野国下室田的长年寺（本书第20页）在永正九年（1512）十月，获得长野宪业颁布的、以"于当寺，虽有重科，入御门之中者不可及裁断事"为首条的禁令公告牌，并详细叙述了永禄四年（1561）住持受莲从武田氏那里获得禁令公告的艰辛，强调正是请求颁布禁令公告的主体苦心经营，才使禁令公告中各条款有效。的确如此，如前文就正昭院所言，我们完全可以推测出，上述诸多因是无缘所而得以保证权利的寺院，绝不是待在寺中就得到了签押文书，而是与战国大名严肃交涉后才使其颁布。我们必须充分了解到，"以思案之旨""以怜悯"这种话就是这种交涉之后所写下的词句。

峰岸氏在该论稿中进一步指出，相比于有施主的无缘所，公界寺与氏寺、旦那寺完全不同，并强调"无缘"与"公界"的区别。但松井氏则如前所述，认可无缘所的施主由信仰联系在一起，以祈祷"国家"安全为任的无缘所具有很强的"公共"性质，同时着眼于两者的共通之处，指出公界寺也如《结城家新法度》第八十七条"人无信仰时，寺寺应废止"所言，是由民众信仰支撑的寺院。不过前文说过，松井氏认为无缘所的经营基础薄弱，在经济方面寻找其与公界寺的区别，得出"无缘所多被公界寺包含在内，虽说其是无缘所，也不能将这种特质扩大到整个公界寺"的结论。

松井氏对无缘所经济基础的理解未必符合事实，但不考虑这一方面，则可以说无缘所与公界所在松井氏的语境中几乎一致。现实中这些寺院的状态当然多种多样，获得的特权也不尽相同，但我认为两者是用不同的词语来表达相同本质的实体。我想关注上文提及的那种地域差异、对圣地的理解方法及表现方法的不同，今后进一步研究。

（10）公界众与无上（第52页）

关于此处所说的"没有相对于'公界众'的'上'"，以及我将其与第75页"无上"联系起来看待，安良城氏给予了批评（刊于『歴史学研究』的论文）："此处座席安排中上座空置，是因为毛利、小早川两家地位平等，任何一人坐在上座都不合适，所以才将其空着而已，它与'公界众'的'上'等毫无关系"，应该"全文删除"。将此座席安排与"无上"直接关联在一起仅是我的猜测，但我认为关于"上"的含义及"公界众"的定位仍有值得思考之处，所以恕不删除。

此处将"上"之座视作贵人之座，是因为我想到了柳田国男氏认为"壁龛"〔床の間〕是"神之床"（「先祖の話」『定本柳田国男集』第10卷），是在室町时代主人经常光顾家臣之家后形成的（「木綿以前の事」，同上第14卷）。本来指代天皇、将军等贵人的"上"这一词汇用于指代主人，或许就是室町时代以后的事情。我仍想以我的方式思考座次安排问题，也包括这种问题。安良城氏的批评对于这个场合虽有道理，但它能否涵盖"上"之座的一般状态仍有待探讨。

另外，"公界众"确实被安排在最末，但如正文所言，他们与明确上下关系并左右落座的大名、家臣区别开来，面对着"上"，且艺能之场未采取这样的座次安排。胜浦女、胜都勾当由于名称里带有"胜"字，在元就、隆元、隆景一旁的下一层侍立，但若站在安良城氏的观点，也即包括这些人在内的"公界众""扮演着谄媚、奉承大名及其家臣的艺人、帮闲之类的角色"，那么从能、连歌、蹴鞠再到卜算者的艺能民的世界就完全难以理解了。

这些艺能民到中世前期为止，都身处直属天皇、神佛的地位（正文第75页），对此我在别的地方也多少提及（拙著『異形の王権』，平凡社，1986。"平凡社图书馆"系列，1993）。将这些被"神圣"看待之人置于确实允许安良城氏那种评价出现的处境，以及他们在这种情况下打磨创作出来的优秀艺能、文化，正是我们有必要探究的事情。因此，我无法用大名那样的视线，将这些人称作"艺人、帮闲"。

如正文对狂言《居杭》中卜算者的描述，"公界者"是断绝主从关系之缘的人——艺能民，是拒绝被主从之缘干涉的人。即便"公界众"在这场宴会上是毛利氏、小早川氏诸人的"帮闲"，但他们当然也不是后者的随从，在其他大名的宴席上或者庶民的祭礼上，他们仍表演其艺能。从这个意义上说，"公界众"是一群没有"上"作为主人的人。

我们可以举出下述史实作为这种"公界者"的事例：《东寺百合文书》ち函《廿一口供僧方评定记录》〔二十一口方评定引付〕"宝德元年（1449）八月五日"条，关于西院的大日经等刻板，"为寺院刻印，公界经师刻印事，一向停止之"中的"公界"经师；《萩藩阀阅录》第四卷《寺社证文》"今伊势"项下，永正十七年（1520）建立神明社时工程管理者的要求中"雇召木匠众中公界人之事"的"公界"木匠（加藤益干氏惠示）等。

樱井英治氏在其极具趣味的论稿《中世职人的经营垄断及

其解体》(「中世職人の経営独占とその解体『史学雑誌』96—1)中，确认了寺院废止与自己结合、通过被召仕而垄断市场的木匠营业权并"依缘"雇佣职人的事实，并从中探究"废止行会令"的本质。"公界"的经师、木匠正可视作不与特定寺院、神社联系在一起，而是"依缘"雇用的工匠吧。

这些"公界者"的聚居地"十乐"之津桑名的人们"止上仪"（上儀を塞へ，さへ释作"塞へ"蒙佐藤进一氏指点），不承认上级，不正是"无上"的行动吗？在《居杭》中卜算者对店主的抗议中，我们至少也清晰地看到其片鳞。

另外值得注意的是，如前所述，渊源于过去神佛直属民的"公界众"的"公界"一词中，几乎看不到神佛的影子（拙稿「〈公界〉に生きる人々」，前述『楽市と駆込寺』）。其理由或许就是樱井氏所指出的，拥有管理木匠营业权力的寺社自身的世俗化。如《荫凉轩日录》"延德三年十一月十九日"条中"公界"与"门徒众"对立使用的例子所示，"公界"是与寺院内部形成的派别之缘相对立的"界"。对于这样的问题，今后我也会继续思考。

（11）公界与公权力（第59页）

对于此处正文及"'公界'绝未成为'公权力'"的论断，安良城氏引用宽永十九年（1642）十月四日《伊势国山田主从礼节定文》，批评"战国时期自治城市内部的阶层结构明显是由'主从礼节'以及'公界'这一公权力支撑的"。

当然，正文各处已提及在被称作"公界"的自治城市内部存在这样的阶层结构，则存在支撑它的主从关系也是理所当然的事情。不管是"无缘所"还是"公界所"，这一点都一致（第67页）。而且，既然这种支配关系现实存在，那么"老若"—"公界"，也就可以说是一个"权力"。同样的道理，对于总也适用。

但是我觉得，将自己称作"公界"的"权力"，与标榜为"公仪"*的权力，这二者中的"公"不能同一视之。如后所述，"公界"一词很早就被广泛使用，一直存在于庶民的世界直至很晚近的时代，并且其用例之中有用作"无缘"或"乐"同等的意思。这些事实都说明了"公界"的"公"是从日本社会中孕育出的人民性之"公"的萌芽。

这种"公"最终没有贯彻下去，而是被号称"公仪"的"公权力"吸收，正文中说的"公权力"当然是指后者（该处表述述不确切，在此补充）。我们有必要就自治城市这个"公界"的实际状况本身，进一步追究事态如此推移的理由。进一步具体揭示安良城氏指出的自治城市内部的种种矛盾，也是一个重要课题。另外，西山克氏在其新著《道者与庶民》（『道者と地下人』，吉川弘文馆，1987）中，将这一地区视作"中世末期的宗教城市"，揭示了大凑、宇治、山田、高向等"公界"的面貌，可以说是非常宝贵的成果。他在其中明确了"公界"是与一揆同质的、具有强烈内部意识的自治组织，也挖掘出它在

---

* 指朝廷、幕府。在江户时代，此词被广泛使用，等同于"江户幕府"。

战国末期、近世初期具有拒斥周游的阴阳师，通过"公界渠"分割"坟地、刑场、贱民聚落"的一面。西山氏用"圣地""虚伪的光彩"来描述这一情况。我将在这些成果的教诲下，继续试着思考这处与中世前期以前相比变动定然巨大的"圣地"的历史。

（12）一揆之场的状态（第67页）

此处对一揆契约的理解，也得到了安良城氏（『年报　中世史研究』论稿）的批评。其主旨是，此处被切断的是血缘，由此以地缘为基础的新的一揆式结合得以形成，因此"无缘"原理等完全不涉及此处。对于武士的结合从族缘式转为地缘式这一观点，我当然没有异议，但这里提出的问题是其转换过程中出现的"一揆"这一共同之场的存在方式，以及站在神佛、绝对者面前的人们之间的关系。胜俣氏在《一揆》，岩波书店，1982）中对此详细论述，因此这些问题都交由该作。不过正如胜俣氏在其中所言，这些地方领主的"一揆"这一"公界"的"公"，也和前文提到的自治城市这一"公界"的情况一样，被战国大名的"公仪"吸收，转变为"公权力"。胜俣氏认为其路径是"以地方领主的一揆之中所见的一种自我否定为媒介"展开的（同上，第80页）。前文两种"公"的关系在这里也有所体现，因此它或许与支撑"一揆"之场的神的权威凋零，以及没有出现代替它的强有力的宗教权威有很深关系。

（13）"乐"的词义（第 87 页）

如《神护寺文书》（元久二年）九月十九日，僧人成辨高辩书信中可见的"十乐之文"所示，"十乐"一词也用于日常性描述。到了战国末期，"乐杂谈""乐居"（《大善寺文书》）、由"落书"引申而来的"乐书"（《宝藏院文书》）等词逐渐得到广泛使用，到了近世以熟语的形式固定下来。与自由市场相关的有"乐买""乐卖"，普通市场变为自由市场时称作"乐之时"，诸如此类的用例很多。前揭《自由市场与奔入寺》的脚注中称，"关于中世的'乐'，从废除行会令的内容来看，是表示从各种限制中解放出来的状态，即类似于当今'自由''自然'状态的词语。"这是恰当的解释。《日葡辞书》中把"乐"解释为"快乐，或者欢乐"，在"乐游"一词附上"自由自在的玩乐"的解释。另外，关于"无缘"的含义，植田信广氏有一篇以中世前期为中心的论文，我对这篇论文的看法在补论中提及，因此这里不再赘述。

（14）"公界"一词（第 88 页）

安良城氏在《年报 中世史研究》所载论文中指出，"所谓公界是中世式继承古代'公廨'的词，'公廨'具有衙门＝公的语义，因此中世的公界虽含义众多，但都广泛表达'公'这一语义"，并表示在另稿《公廨＝公界、随意、无缘所》中详细论述。目前我尚无机会阅读此论文，因此这里就正文中提及的"公界"一词做若干补充。

写作本书时我学识不足，不知道关于这一词语，佐藤茂氏有一篇精心且深有趣味的论文《"公界"一词——其语史的考察》（「〈公界〉といふ語——その語史的考察」『福井大学学芸学部紀要』第Ⅰ部，人文科学第 11 号，1962）。佐藤氏博搜文献，以《天主教版　伊索寓言》〔『キリシタン版　エソポのハブラス』〕中所说的"公界的裁断，或者内证的处理等看起来完全不相称……"为线索，阐明了《罗葡日辞典》《罗日辞典》《日葡辞书》《日法辞典》《日本大文典》等天主教相关文献中出现的"公界"，是与"内证"，也即与私相对的公，是"处于众人注视之状态"的含义。

佐藤氏再往前追溯，注意到龙谷大学编的《佛教大词汇》里有以下此条：

> クカイ（公界）：禅林中对公共物品的称呼。又读作クハ。原称井田中央部分之公田，转指公道之疆界。

之后他涉猎了《道元禅师清规》《正法眼藏》等书，其中诸注将此词释作"公共的道场"、"公共，共同"、"一般大众共同使用的场处"等，佐藤氏由此认为该词"大概原本是禅林词语，但逐渐不再被视作这种特定的用语，而是作为普通词语使用"。

这与我在正文中思考的结论一致，目前来看，镰仓时代之前的"公界"用例仅限于禅宗寺院。此处再补充一两个事例：《永平寺文书》宝治二年（1248）十二月廿一日《永平寺库院规式》

有"一、费公界米而不可营薪炭等""一、公界米不可借与甲乙人"。这表明"公界"正是"公共""共同"之意。

《禅学大辞典》（大修馆书店，1978）也给出了"公共的区界。一般大众使用的场所，或所有物"的解释，同时给出了"作为佛性现成的尽十方世界"的佛教语义，并将"公界因果"一词解释为"一点私心都没有的因果"。由此可见，"公界"一词作为体会佛陀精神的"界"，指的是彻底的"公"与"共同"。至于《佛教大词汇》所说的"井田中央"，这些文献中未涉及，留待后考。

接着，佐藤氏列举了《太平记》《三内口决》《连诽秘诀抄》《毛诗抄》《永正本六物图抄》以及滑稽戏剧《居杭》等文献中"公界"作为普通词语使用的实例，明确了"公界"是相对于"内证"的词语、用作相对于"私"的"公"之含义。从中世末期到近世的辞书类著作中全都出现了这个词，则可以确认它已经广泛渗透到庶民生活之中，近世后期的辞典也用它指代"游女"，并且同一时期的《倭训刊》也可以看到与安良城氏一样主张"公界"为"公廨"的说法：

> くがい"公界"之读音也，又书"公廨"，指职田完全私用，以公廨为官府之杂费的词汇。（下略）

对此我"暂时质疑"，持保留态度。

对于近世诸书中出现的"公界"一词，佐藤氏指出其从"公开"之意转为"社会""世间"之意，如"游君是公界人"（《曾我扇八景》）、"倾城是公界者"（《冥途飞脚》）等所示，将游女、倾城称作"公界者"是因为游女是"广世者"，与很多人交往，而将"公界"讹作"苦界"出现在上述用法消失后的明治时期以后。于是佐藤氏得出结论，此词出自禅林之语，之后成为世俗之语，到了近世末年用法衰微。

根据佐藤氏的这一研究，"公界"一词的源流、词义的变迁，可以说在本书正文十五年以前就已经基本明确了。

若对此进行若干补充，则南北朝时期以后，禅林也依然使用原来的"公界"一词。《梦窗国师语录拾遗》所收康永四年（1345）十月十七日梦窗所记的《西芳遗训》中，有"库里典座寮，是公界寮，故不入此数"，即相对于"本寺僧寮"，食堂是"公界寮"（『大日本史料』第六编之九，375页）；《中世法制史料集》第二卷《室町幕府法追加法》第134条的永德元年（1381）十二月十二日《诸山条条法式》"两班进退事"中，有"除长病者，自公界点检可免退"的夹注，此处"公界"是指禅院中某些机构吧；前文所举的《荫凉轩日录》"延德三年（1491）十一月十九日"条，"来七日勤行众""可请之于公界"，也可以看作是与此相通的事例。此处的"公界"如前所述，是与"门徒众"相对的词语，近于佐藤氏指出的世俗用例。

《太平记》中所见"公""私"对置的"公界"用例，较早在文书中出现应是《妙应寺文书》至德元年（1384）后九月十九日《沙弥行妙等十七名联署起誓文》（《岐阜县史》史料编，古代中世一）中的"于当乡禁断杀生事，但除夜打、强盗并合战，对身敌公界事"。此后这种用例多见，如《晴富宿祢记》"明应四年（1495）二月二日"条中"私事一向无之，公界向之记也"等。

此外，佐藤氏认为"公界"讹作"苦界"发生在明治以后，但从《日本国语大辞典》（小学馆）所举《柳多留》中的"苦界乃游廊之夕气"等文学作品的例子来看，我们必须认为这种转化最迟在江户后期游女的世界即已发生。

这些姑且不论，我是在大冢光信氏的著作《〈天主教版　伊索寓言〉私注》（临川书店，1983）中首次知道佐藤氏这篇论文，而大冢氏在"公界"的补注中继承并补充了佐藤氏的见解。他首先将禅林之语中的"公共世界，即公共、共同"之义作为原义，论述其后出现了以"公界"的"公"为重点、相对于"私"的"公"之世界的意思，而这一含义"在某方面就是'社会''世间'"之意。而且他认为"'公'之物自然是'公正'之物，同时必须是不应秘藏而处于'公开展现'状态之事物"，列举了诸多确切例证，并进一步举出"鲁仲连不仕，为公界者，我不喜为人臣……"（《史记抄》），"侏，称呼无主、仅为公界之小男者也"（《玉尘抄》）两例，作为"'公正'也就是不与任何一方相关的'自由'之意"的用例，认为"近世将'倾城'称作'公界者'也是这一原因吧"（同书，第98—99页）。

不用说，正文中列举的卜算者、能剧演员等"公界者""公界众"都属于最后这种含义，它无疑是来自与"无缘"重合的"公界"的语义吧。"公界寺"的"公界"虽然包含与"私"相对的"公"，但我们应该在不受特定施主保护这一点上理解其语义，事实上，公界寺的实际状态与"无缘所"相同。而一揆、自治城市、总的"公界"，至少在其形成期包含了这一语义，可以说是对于"公正"、对于相对于"私"的"公"的强烈主张吧。

虽然已经看不到原义那样的佛教色彩，但追寻通向绝对者的彻底的"公""共同"这一原义，就蕴藏在"公界"一词之中。在作为权力者而确立自己立场的人们中间，这个词最终不再被使用，但在庶民中间，它却绵延不绝地存在。我们认为这一现象的理由也是其含义，也绝不为过吧。

（15）无缘、公界、乐、自由（第89页）

关于"无缘""公界""乐"三个词语的词义关系，安良城氏（《年报 中世史研究》论稿）提出了严厉批评，认为我在书中使用了"无缘即公界，公界即乐"的"逻辑修辞"。但正如正文所述，以及上述补注所言，我认为这三个词分别具有不同的原始含义，但随着时间的推移，三者本身的佛教方面语义发展扩大，从而在世俗世界中有了多种用法，并强调了从战国到近世初期，它们作为表现同一实际情况的词语，确实存在一个具有重合语义的时期。如果用图表示的话，我完全赞成安良城氏所说的"三环香皂的标志"。综上，必须认为安良城氏所批评的这个观点并未存在过。

在此基础上，我想这里还可以增加一个战国时期的"自由"一词。从这个意义上来说，圆环就变成了四个。关于"自由"的词义已有诸多讨论，我也多少涉及（拙稿「日本中世の自由について」『中世再考』，日本エディタースクール出版部，1986），这里就不再重复。广为人知的事实是，从战国时期"不自由"的用例中可以看出，"自由"一词表达从道理、秩序的惯例来看应该否定的肆意行为，一直用作负面评价，但它也可以用于积极的正面评价。

研究者已经指出，它出现在禅宗及天主教相关文献之中，而大冢光信氏在前揭著作中"自由"的补注（第109—112页）提示了适当的用例，进一步明确了这一点。他列举了"我没有主人，是自由之身"，"作为别人的仆人，我连在主人面前自由说话都不敢"，"身为主人的官员，付出了种种辛劳，但该村的人们请求获得休息，得到了自由……"等《伊索寓言》中的例子，称其中的"自由"一词是指"从奴隶身份解放出来之意的'获得自由'"，与现代含义几乎一样。更值得注意的是，《古活字本伊索物语》中，在同样地方的表达是"i 获许谱代之处。ii 自由置身。iii 成为独身"。大冢氏注意到"独身"一词在《日葡辞书》中解释为"没有依靠，也没有援助者的人"，由此认为"将'获得自由'之意译作'成为独身'，是《伊索物语》翻译者独自的思考吧"。但是，"独身"恰恰与"无缘"之人、"公界往来人"相通，"自由"一词在此也可以说与这些词义重合。进入近代，"自由"作为翻译词固定下来的源流也可以在此寻求吧。如大冢所言，"从被束缚的身份中获得解放之意的'得到自由'，是天主教特有的表达"，此后这种"自由"的含义没有发展、固定，而是与负面评价的语义一起持续存在于整个近代。可以说，"自由"一词与"无缘""公界""乐"不同，没有与制度相关，所以赢得了 freedom 之对译词的地位。

"无缘""公界""乐"则在一段时期内具有相互重叠的语义，且由此与制度结合在一起，故而各自走向了与"自由"不同的命运。"无缘"不仅成为本书中也提及的一般词语，而且在江户时代的部分地区成为"阶层"名称。这一点在我与阿部谨也氏的《对谈　中世纪的再发现》（『対談　中世の再発見』，平凡社，1987。"平凡社图书馆"系列，1994）中有提及；有贺喜左卫门氏在《日本家族制度与佃农制度》（『日本家族制度と小作制度』有賀喜左衛門著作集Ⅰ，未来社）中报告，山口县大岛郡家室西方村大字长崎，在江户时代有地侍、本百姓、门男百姓、无缘四个阶层，"对作为外来人士的无缘多少有些蔑视"；安泽秀一氏在《宇和岛藩天主教徒改族、改宗、政府人口统计的基础性研究》（「宇和島藩切支丹類族改・宗門人別改・公儀え指上人数改の基礎的研究」『史料館研究紀要』第12号）中指出，作为人口调查的项目，当时有"百姓、町人、山野僧、神子、社人、出家、尼、无缘、乞食、秽多、座当、占女"，"无缘"虽与"乞食""秽多"不同，但性质相近，是广义上的贱民。在《修订综合日本民俗语汇》（『改訂綜合日本民俗語彙』，平凡社）中，爱媛县北宇和郡下波村将无地农民称作"无缘"，而在宇和岛藩，据和歌森太郎氏编《宇和地区

的民俗》(『宇和地带の民俗』,吉川弘文馆,1961),在被称作
"地坪制"的土地分配制度中,"完全没有分配到的人被称作'无
缘'",相对于持有村庄成员权利的"百姓组",其他祖被称作"隐
居组""无缘组"。另据同氏所编《西石见民俗》(『西石見の民
俗』,吉川弘文馆,1962),西石见地区的"无缘"是"未持有
耕地的移入之人",生活悲惨。

我对近世史并不了解,所以这一点留待今后进一步研究。
"乐"也是如此,一方面被广泛地用于表达快乐、容易等普通
词义,另一方面也明显成为被歧视部落的名称之一。

《乡土研究》2—7 中刊载了高清水掬太郎氏的报告,称"羽
前、羽后一般将'秽多'称作'乐'",并举出鹤冈、秋田的事
例,引用了菅江真澄的游览记中所记内容:乐一面从事皮工艺
品制作,一面去每家唱祝词歌,分发田之神牌(石井进氏指点)。
《综合日本民俗语汇》也引用此记载,并举出了真澄的《芒之
温泉》〔『すすきのいでゆ』〕中的"乐久"、《雪之道奥》中的"良
久"。原田伴彦的《近世东北地方的被歧视部落》(「近世東北
地方の被差別部落」『東北・北越被差別部落史研究』,明石书店,
1981)也提到了这一点,并说在久保田城下镇中,"秽多町也
称河原町,这里"居住着"乐"。我也看过江户时代描绘近江
国琵琶湖边缘一个叫作"乐"的村落的绘画,东北地区的乐是
从西日本进入的吧。

不过这一现象可以追溯到很久之前,《梅津政景日记》"元
和四年(1618)九月七日"条有"众人与乐共移此处守卫";"宽

永六年（1629）六月十八日"条有"于乐町后之南方，我等属下之足轻欲申请宿舍之事"；同"八年二月十六日"条有"前来之'乐'所呈事乃牢之情状，称牢内之年寄前来呈报牢房破损不堪"；"五月三日"条中"小鹿之八藏以'乐'来报称，据报有人破牢越狱"；"九月十八日"条中"乐前来报称，先年在押者去世"；"宽永九年五月十五日"条有"看守人乐报称いつみ乃在押者，此人今日已死去"等。上述记载的"乐"（らく）明确与之后东北地区的乐有关。据此记载，当初在土崎凑居住的"乐"迁往久保田，在那里建立城镇，专门从事牢狱相关工作，但他们是否还有其他生计则无从得知（这些内容得山口启二氏指点）。

　　"乐"（楽）一词变成这种"乐"（らく）的来龙去脉目前尚不清楚，但将此看作是与"无缘""公界"重合的那部分词义的转化，恐怕没有错误。如前所述，"公界"在江户后期也变成了"苦界"，三个词词义重合的那部分几乎走向共同命运。这种相同性值得注意。不过"公界"的情况略有不同，在江户时代也仍然存续。

　　"公界"这个词，在近世的文学作品中也依然用作"公开""世间"的意思（佐藤茂氏前述论文），而如安良城氏的论文《琉球·冲绳史在日本史像形成中所占的地位》（「日本史像形成に占める琉球・沖縄史の地位」『地方史研究』197号）所示，它在某个时候传到了琉球。安良城氏在论文中指出冲绳的"クゲーノクワッチー"当是《结城家法度》第九十四条"公界之活计"，"クゲーノクワッチー"是社会交往中的宴会、派对，意思是东道主邀请数位客人的喧闹酒宴，因此"公界之活计"的意思自然也就明晰了。这是非常有意思的观点，在此之中的"公界"明显是相对于私的公、"世间"、"社会"的意思，《冲绳语辞典》（国立国语研究所编，1963）也将其解释为"社交、交际、交往"，而考虑到这种多人聚集的宴会具有庇护所性质（前揭『对谈中世の再発見』；拙稿「宴会」『大百科事典』，平凡社），"公界"的词义也就更见鲜活了。

安良城氏还注意到相当于"云游"的琉球方言"アンニャ"是指从本州、九州、四国传入的木偶戏，并提及傀儡，强调"日琉交流比过去预想的频繁"。对此我完全同感，琉球王国颁布的任命文书使用平假名，也是安良城氏在《新·冲绳史论》（『新·冲縄史論』，沖縄タイムス社，1980）中揭示的事实。将此二者合起来思考，则包括女性在内的这类艺能民对日琉交流作用甚大。不过"公界之活计"一词传到琉球王国无疑是室町、战国时期以后，但"公界""活计"这些词到了近世也仍然存在于文学作品之中，因此其传播的时期相当长久吧。

实际上，"公界"一词直到最近还在日本列岛广泛使用。宫本常一氏在《开拓的历史》（『開拓の歴史』，未来社，1963，第189页）中以日本西南地区农村为例，记载了为维持村庄这一共同体，户主将承担的"公共工作称作クガイ"。在《民众的文化》（『民衆の文化』宫本常一著作集13，未来社，1973，第160页）中，他认为"相当于公的クガイ一词，从中部山区延伸到关东、东北、近畿的部分地区。死亡也被称作'クガイ断绝'。这大概是作为公之人的任务断绝之意"。クガイ是公界，"必须把クガイ放在第一位，也就是说要遵循这样的秩序，换言之，情理是不可或缺的"。《综合日本民俗语汇》中也颇有意思地记述富山县西部交际中交换物品被称作"クガイ"，在岩手县九户郡，此词意为情理交往，不包含亲戚交往，并举出了《琉球国由来记》卷二"亲见世"一项中所见"那霸四町之公界所"的事例。关于"亲见世"与"公界所"，伊波普猷氏早已注意并言及。他认为"店"（みせ）前冠以"御"（ご）字的"亲见世"（ごみせ）指的是"官衙"，但实际上它也是与对外交易有关，且"收纳神物或氏族共有物之地"的"仓库"的新名字（「おもろ論考」『伊波普猷全集』第6卷，平凡社，1975）。"公界""如果以其原义使用，则公界所就必然用来指代公廨乃至一般公众使用之场所"，而琉球语中"クゲー""转而成为招待他人、设宴之义"，所以它可能是使用了"古来的'まきよ'这一共餐之处的含义"（《〈琉球国由来记〉解说》，同上，第7卷）。与安良城氏一样，伊波氏也将"公界"视作"公廨"，但没有特别说明依据。这或许是来自前面《倭训刊》等的解释，以及"亲见世"是官衙。伊波认为"公界所"意为原始的神仓、共同饮食之场所的观点，反而更好地抓住了"公界"的原义。

特别有意思的是，蒙须藤功氏赐教我才得知的鸟羽市松尾镇的"公界"。它精彩地展现了一直延续至今的自治组织"公界"的面貌。关于这一组织，志摩地方民俗综合调查团的《志摩地方的民俗》(『志摩地方の民俗』，1963）收录了 1982 年（明治二十五年）以来的相关史料，和歌森太郎氏编《志摩的民俗》(『志摩の民俗』，吉川弘文馆，1965）也在各处提及，而文物保护委员会编《志摩的年龄阶梯制》(『志摩の年齢階梯制』，平凡社，1965）对其实际情况做了最详细的报告。

不仅是松尾，船津、河内、岩仓、白木等加茂五乡似乎都有"公界"，现在松尾虽称其为"公会"（クガイ），但明显是经过 1892 年订立《公界约定书》、1908 年（明治四十一年）修改规定之后才开始改称此名。

松尾镇居民，年满十六岁且通过"拟制父子"这一成年仪式的所有男子都是"公界"成员，分作寄老（年寄）、中老、若者三个阶层。据 1908 年的《松尾公会规定》，他们从年长者中选取二十人为年寄，再选出二十人为中老，此外均为若者，不过 1960 年前后，寄老共有十二人，以最年长的一老（一腊）为首。

"公界"的职能限于盂兰盆节、乐舞、送神、送虫、葬礼、大念佛等所谓的宗教性仪式，前文提及的《公会规定》虽称该会"受本区庶民之监督"，但也有"凡有不正行为者，从本会除名，同时拒绝其一切交际"的严厉规定，则它无疑是以松尾地区自治状态为支撑的组织。

正文中也提到，西山克氏的研究更加具体地阐明，此组织源自战国时期伊势、志摩广泛可见的自治城市、庶民之"公界"。现在监督松尾地区"公界"运营的"庶民"，恐怕就是曾经的"公界"本身，但到了江户时代，它被嵌入"公仪"之行政机构的末端,与"公界"分离了。在这种"公仪"之"公"的压力下,"公界"作为这样一个掌管松尾地区民众一切生活相关仪式的组织,仍然维持了近四百年的岁月。前文提及的"公界"——民众性的"公"之萌芽——的特质,以及其坚韧的生命力,由此可以充分展现吧。

另外值得注意的是,拥有这一老若组织的松尾"公界",承担着与祭祀相伴的艺能。这一点在拙稿《艺能的承担者与享受之场》(「芸能の担い手と享受の場」日本民俗文化大系第七卷『演者と観客』,小学馆,1984)中有介绍,也让人想到经岩田胜氏指点得知的《儿玉文书》庆长十三年(1608)二月九日《备后国惠苏郡社家众联署誓言书》(『広島県史』古代中世資料編Ⅳ)中"一、小方者众嗜好艺能,公界之时,可殷勤仕老众之事"。这是此地的统治者由毛利氏转为福岛氏,所受统治逐渐严格时,惠苏郡的社家为了祭礼延续、社家永续而制定的五条起誓文中的一条。岩田氏着眼此处"小方者众"("若众"?)与"老众"的关系,认为这种"艺"指的是此地区盛行的"净土神乐"、"荒神舞"的祭神舞蹈,并推测此地的"公界"与这种祭神仪式、艺能有关。松尾地区"公界"的状况,证明确如岩田氏所言。通过这些史料、民俗事例探究"公界"一词及其实际情况的余地仍广泛存在。

(16)山林与山中小屋(第94页)

关于山林,胜俣氏的《一揆》指出,中世后期以后,人们

开始使用"上山""登山"的说法。《中村文书》永禄六年九月
九日今川家朱印状（《静冈县史料》第五辑，第587页）中有
"一、贪污百姓佃农年贡，或悬筱，或逃亡之上，号山林不入地，
虽令徘徊，一返相断，令以公方人谴责，并收取年贡事"一条，
胜俣氏关注到"悬筱""引筱"等百姓逃散时的行动，而"悬筱"
之地被称作"山林不入地"，则充分说明了山林是圣地、庇护所。

　　另外，笹本正治氏的《战国时代的山中小屋》（「戦国時代
の山小屋」『信濃』36-7）以甲斐的山中小屋为例，讲述了颇
有趣味的事实："山中小屋以山是庇护所为前提，是为躲避战乱
而建造的设施"，战国时代，人们到山中小屋避难时，为了表
示"和出家一样，切断各种社会关系"的意志，会自己在家里
点火进行"烧地"。

（17）澡堂与温泉（第105页）

　　据《源威集》记载，文和四年（1355）山名时氏与足利尊
氏以京都为中心的战争，"合战停止之日，我方、敌方折合入
洛中之汤屋，时时物语过合，更无烦也"，澡堂是和平领域由
此众所周知。可儿光生氏在《关于作为神判的起誓》（「神判と
しての起請をめぐって」『年報　中世史研究』第5号）中也
指出，在澡堂可进行澡堂起誓〔湯起請〕，而且它能成为议定、
集会的场所，也进行拷问。这可以说是澡堂具有一种广场性质
的体现。横井清氏在《中世民众的生活与文化》（『中世民衆の
生活と文化』，东京大学出版会，1975）中已经指出，澡堂是

通过洗澡而清除污秽、恢复清净的场所，而黑田日出男氏也在《中世民众的皮肤感觉与恐怖》(「中世民衆の皮膚感覚と恐怖」『境界の中世　象徴の中世』，东京大学出版会，1986）一文中详细探讨了这一点，认为澡堂作为神佛的圣地，"被世人认作除病患，净五体之污垢，清净身心之地"，而且温泉在中世日本也是灵山、灵地。这种作为圣地的温泉，可以追溯到古代，如新城常三氏在《参拜社寺的社会经济史研究》(『社寺参詣の社会経済史的研究』，塙书房，1964）中所论，前去温泉疗养之人获得藏人所公文是平安后期以后的惯例。将这些结合来看，则今后也有必要进一步研究温泉具有的意义。

（18）禅律僧（第 113 页）

关于禅律僧，特别是律僧，也因为其与非人的关系，相关研究最近很活跃，实貌正被迅速阐明。其中细川凉一氏精力充沛地推进研究工作，发表了以《叡尊、忍性的慈善救助——以非人救助为主线》(「叡尊・忍性の慈善救済——非人救済を主軸に」，中央大学大学院『論究』第 11−1 号）为首，包括《中世大和地区律宗寺院的复兴——以竹林寺、般若寺、喜光寺为中心》(「中世大和における律宗寺院の復興——竹林寺・般若寺・喜光寺を中心に」『日本史研究』第 229 号）、《中世唐招提寺的律僧与斋戒众——中世律宗寺院中劝进、葬祭组织的成立》(「中世唐招提寺の律僧と斎戒衆——中世律宗寺院における勧進・葬祭組織の成立」『ヒストリア』第 89 号）等用心之作。细川氏在这些研究中，强调律宗寺院具有的"公共性质"，并参照笠松氏的《佛物、僧物、人物》（前揭），论述作为遁世僧的律僧"是遵守佛物共同利用，具有将标榜不挪作他用之'物用于原本用途'特质的僧侣"。松尾刚次氏在《劝进的体制化与中世律僧——以镰仓后期至南北朝时期为中心》（「勧進の体制化と中世律僧——鎌倉後期から南北朝期を中心にして」『日本史研究』第240号）中也论证律僧、禅僧成为大劝进并从事修造的一个理由，是这些人具有"守持戒律，至少在此教义上最不可能犯下'互用之罪'"的公正性。他在《室町幕府的禅、律对策——以禅律方的考察为中心》（「室町幕府の禅·律対策——禅律方の考察を中心として」『鎌倉』第37号）中，也对镰仓幕府、室町幕府应对禅律僧的方式做了具体研究，我们可以预想到今后这一领域的研究会有更大的发展。另外，对于我在正文中将时宗僧人、禅律僧合并论述，细川氏强调了两者的差异。的确如其所述，两者与"非人"的关系各有不同，不过关于"非人"的问题争论颇多，所以这一点留待后日，此处不再赘述。

（19）公界之大道（第117页）

关于"公界之大道"，安良城氏（『年報　中世史研究』论稿）批评说，这只不过是"不是私路的公路"，"道路是'公界'（第48页）这种说法是不正确的"，"私道是道路，但不是'公界之道'"。关于中世"私道"的存在状态，以及是否存在这样的道路，我学识不足，尚不清楚，所以留待后日讨论，但我依然认为如尾张国大乡百姓所主张的那样，相当于"公界之大道"的"道路"是具有在该场所发生的事情只在该场所处理之习惯的地区。

小田雄三氏在《关于拦路抢劫》(「路次狼藉について」『年報　中世史研究』第 6 号）中引用许多事例论证，中世放贷、借钱的承诺书中，频现"不论逃入何人之御领庄园，获何权门世家"(《东寺百合文书》ル函第 5—3 号）、"不论权门势家神社佛寺御境内、市津路口海上"(《菅浦文书》下卷，第 741 号）、"不论权门势家、路次"(《九条家文书》三，第 722 号）、"无市町路次之论"(《千叶县史料》中世篇，香取文书《旧案主家文书》第 116 号、140 号、168 号、193 号）而扣押相应抵押物的"扣押词句"。

权门势家的庄园成为庇护所的事例，在笠松宏至氏《大山村史史料编第 560 号文书》(「大山村史史料編第五六〇号文書」『月刊歷史』9 号）中已经得以明确，而如笹本正治氏《关于路口的一个考察》(「辻についての一考察」『信濃』34—9）所探讨，"路口是幽灵聚集潜伏的特殊场所"。神佛领地以及市场、城镇、道路、津泊、海上等，都具有作为"圣地"的特质，成为庇护所。进入战国时期，相对于私人空间而被称作"公界之大道"的地方，正是这样的道路、路口吧。它当然也是一个"公"的场所，但同时也是前文就"公界"一词所说的"自由"的空间。

另外值得注意的是，如西垣晴次氏《民众的精神生活——秽与路》(「民衆の精神生活——穢と路『歷史公論』第 101 号）、山本幸司氏《贵族社会中的秽与秩序》(「貴族社会に於ける穢と秩序」『日本史研究』第 287 号）所论，相对于由篱笆围起来的"限定的空间"，道路、桥梁、荒野、河滩等作为"开放的空间"，是"不会成为秽"的场所。在这一点上，道路是"人类所属秩序"之外的空间。这个问题与前述这些地方作为"圣地"、庇护所的特质关系紧密，但仍有进一步研究的空间。

与此同时，不可忽视的还有如中原俊章氏《中世公家与地下官人》(『中世公家と地下官人』，吉川弘文馆，1987）中所论，京都及其近国的津泊、河川、河滩、道路与检非违使关系深刻。中原氏认为这不仅仅有经济上的理由，还有巫术、宗教上的意义。的确如此，我觉得在这个方面也有接近前述问题的线索。

（20）劝进上人的活动（第 122 页）

关于劝进上人，近年来的研究急速进展，以前述细川凉一氏的诸论文为代表，永村真氏的《镰仓时期东大寺劝进所的成立与诸活动》(「鎌倉期東大寺勧進所の成立と諸活動」『南都仏教』第 43、44 号）、三浦圭一氏的《镰仓时代的开发与劝进》(「鎌倉時代における開発と勧進」『日本史研究』第 195 号），松尾刚次氏的《劝进的体制化与中世律僧——以镰仓后期至南北朝期为中心》(『日本史研究』第 240 号）等众多研究均已发表，劝进上人多面的活动、多样的形态正被具体揭示出来。其中，三浦、松尾两氏阐明了劝进上人参与土木工程事业，组织石匠、非人、木工、铸工等从事建筑事业，并为了劝进而渡海前往宋、元的事实。关于律僧前往中国大陆一事，前田元重氏在《金泽文库古文书中可见的日元交通资料——围绕称名寺僧人俊如房渡唐》(「金沢文庫古文書にみえる日元交通資料——称名寺僧俊如房の渡唐をめぐって」『金沢文庫研究』24—1、2）中已有研究，而如我在别处所述，镰仓末期，律僧圆琳房为渡唐在"筑州"建造船只之事，也由《金泽文库文书》年月日不详的赖照书信（《神奈川县史》资料编，中世编，第1981号文书）清楚可知（此点蒙石井进氏赐示。关于圆琳房全玄，也请参照小野冢充巨氏《关于中世镰仓极乐寺》[「中世鎌倉極楽寺をめぐって『荘園制と中世社会』,东京堂出版,1984]）。那么，被称作"唐船"的远洋航船确实是在日本列岛建造的，我们当然可以想象有为源实朝建造"唐船"的陈和卿那样，来自中国大陆的造船技术人员参与其中。劝进上人也与这些技术人员有关联吧。

　　这种劝进圣在室町、战国时期也很活跃。这一点可由藤田定兴氏在《十谷圣及其在南奥的事例》(「十穀聖とその南奥における事例」『福島県歴史資料館研究紀要』第7号）披露的事实证实：为修复宽正六年（1465）遭大风摧毁的伊势内宫的大桥，十谷圣"以稻荷十谷入唐劝进"并回国。为思考商业史、贸易史的整体面貌，今后也必须进一步研究和阐明以禅律僧为首的劝进圣所发挥的作用，他们在整个中世承担着这种跨越列岛的贸易与交流，可谓"国际人"。

　　不仅在这种经济领域，在思想、艺术等整个文化领域，这些人在日本此时期与中国大陆、朝鲜半岛的交流中也做出了巨大的贡献。这一点以所谓五山文学为首，包括建筑样式、水墨画、枯山水庭园等宋元风文化的兴盛而广为人知。在连歌、茶道、插花以及能乐等方面，我们也有必要充分考虑禅律僧的贡献（座谈会「中世芸能にみる日本人の心——花鎮·婆娑羅·会所」第一部,『へるめす』創刊二周年記念別巻）。原田正俊氏的《曲艺僧考——巷间的禅僧》(「放下僧考——巷間の禅僧たち」『京都市史編さん通信』第 211 号）在德江元正、德田和夫、田中和夫诸氏的研究基础上，探究在《天狗草纸》中受到激烈批评的自然居士、电光、朝露、蓑蛾等曲艺僧，明确这些人既是禅僧，又是艺能者、劝进圣。"曲艺僧的存在展现了当时广为传播的禅宗的一个实态，正因如此，他们也成为比叡山延历寺镇压的对象"，但从民众的角度来看，自然居士正是"理想的宗教者"。德江氏将曲艺僧"置于伪僧的谱系之中"，而原田氏视自己的论稿为接受德江氏"建议后的一个考察"。最近丹生谷哲一氏的《检非违使》(『検非違使』，平凡社，1986）揭示了散乐与非人之间的深刻关系，结合这类研究，我认为有必要从广阔的视野重新思考一下创造、支撑中世艺术与文化的人们。

补注 13 提及载有"十乐之文""耳切法师""乞食"等词语的元久二年（1250）明惠上人高辩的书信。这封信坦率地道出了他的心境，其中"此世间如电光朝露之上"这句话，此时也需要注意了吧。

自古就认为叫声是"父啊父啊"〔父よ父よ〕，后来成为歧视他人之语的"蓑蛾"，在《天狗草纸》中正是以披着蓑衣的姿态出现的。关于这个名字也仍有探讨的余地。

总之，这些成为劝进上人的人的活动，在中世社会中极其多样，而以我的思考方式来说，在根底上支撑中世艺术的也是"无缘"之人。

（21）仓库与借贷关系（第126页）

关于《结城氏新法度》第四十二条，峰岸氏认为佐藤进一氏将"吾人皆"中的"吾人"解释为借、贷双方是错误的，"吾人"是第一人称复数代词，在此条法令中意指"以结城政胜为中心的结城家臣的'我等'"。他还提出"忠信之迹不如意"正是无法置之不理的"重大的'公界之义'（不是私事，而是公共问题）"，认为这一史料无法证明"金融＝公界＝无缘"，并对拙论提出批评。但从条文中还有"两人"，以及同法令第五十七条中的"人之子……我亲类"、第六十条中的"我之家庭及人之家庭"等用例来看，此条中的"吾人"若以峰岸氏那样解释，恐怕还是不合理。如此思考，则我现在仍依照佐藤氏的解释。

此外，安良城氏（《历史学研究》论稿）也对此提出批评，认为"'我'（忠信之迹）与'人'（藏方）的'两方'（'皆'）关系是'公界之义'，仅'藏方'本身并非'公界'，也非'无缘之场'"，若将"世俗的借贷关系全都视作'公界'即'无缘'，则'世俗'等于'无缘'，视'无缘'与'世俗'对立的"拙论就"自行粉碎了"。

此条文之中，安良城氏所称的"我"与"人"的关系不是借贷关系，因此佐藤氏将此解释为"金钱借贷是公界（世间）

性行为”，并加以限定，暂时“仅将从藏方借款定为‘公界之义’”。
“忠信”这一私人主从关系与“公界之义”在此被视作不同性
质的对立之物，因此笔者认为仍有正文那样思考的余地。不过，
对于这一条文的解释，佐藤氏自己也有疑问，有些地方难以轻
易确定，所以对于安良城氏的批评，在此我想保留回答。

　　不过，我们现在离开这一条文，回溯米、钱等的借贷关系
的源头，回溯到“初穗”——将寄宿有神圣之谷灵的初穗作为“稻
种”出租的出举，则正如本书补论《初穗、出举、关税》中多
少提及的那样，利息的起源或许也可以追溯到出举之利。探究
这种状态如何在战国时期以后的一般借贷关系中持续发挥作
用，是个很有意思的研究课题。小田雄三氏的《古代、中世的
出举》(「古代·中世の出挙」日本の社会史第四卷『負担と贈与』，
岩波书店，1986）是涉及这些问题的最新论文。在“围绕出举
的意识形态”这一小节，他注意到寺院的后户，指出它作为寺
院殿堂中主佛背后的空间，是隐藏的神圣空间，佛物性质的出
举米就以此处为仓库。石冢尊俊氏的研究也涉及后户。他引用
了由民俗学的各种研究阐明的事实，即作为卧室的纳户是保存
稻种的场所，并将此与后户结合起来思考，认为纳户是谷灵诞
生的斋场，主祭者是家庭主妇。此外，他认为仓库里也供奉着
纳户之神“谷灵”。这些观点对于思考正文所述的仓库具有的
作为神圣场所的特质，以及利用在那里存放的米钱等进行金融、
借贷活动的本质，可以说极具启发性。

　　小田氏提到的储藏室，在中世的建筑中还有纳殿、涂笼，

保立道久氏的《中世的爱与从属》(『中世の愛と従属』,平凡社,
1978）设有《涂笼与女性的领域》一章，对该空间作为仓库的
密室性、其主要管理者为女性，以及涂笼作为闺房的功能等做
了有趣的论述。他与小田氏一样继承了服部幸雄氏的观点，但
同时注意到作为该空间守护神的摩多罗神。

仓库作为这种金融据点的圣地，其功能绝不仅限于日本社
会。如石井进氏在前揭论文中所言，"人类最古老的银行，即
巴比伦地区乌尔克的红庙，以及古希腊的德尔斐神庙的金融活
动"等，是广泛可见于人类社会的事实。今后必须要明确的问
题非常多，而我现在仍觉得正文所述内容并非那么离谱。

与这些问题相关，货币的产生及其本质也仍有探究的余地。
拙稿《从"互酬""无缘之物"的原理说起》(「'互酬''無縁の物'
の原理から」週刊朝日百科日本の歴史51『税・交易・貨幣』,
朝日新聞社，1978）简要提及。货币称得上是"极致的'无缘'
之物"，关于这一点今后我也会重新思考。

（22）职能民的性质（第142页）

关于这一点，我在《日本中世的非农业民与天皇》(『日本
中世の非農業民と天皇』,岩波书店，1984）与《异形的王权》(『異
形の王権』,平凡社，1986;"平凡社图书馆"系列，1993）中
多少尝试了具体研究。最近"非人"相关的研究进展迅速，关
于这一领域的讨论也逐渐活跃，今后的发展非常值得期待。

此外，正文未能明确涉及的身为天皇、神佛直属民的供御

人、神人、寄人的状态,在拙稿《日本论的视角》(「日本論の視座」日本民俗文化大系第一卷『風土と文化』,小学馆,1986)等中有若干提及,但它的实际样貌仍有很大的研究余地,特别是对于职能民为什么处于这种"神奴""寺奴"——可以说是神佛之奴隶的地位,自我表现为区别世俗世界的"圣化"群体、"神圣的集团",我们也有必要回溯古代,并广泛比较世界各民族的事例以研究。

这是与职能—"艺能"的本质相关的问题,"非人"也必须在此之中理解。我想另找机会对此思考。

(23)女性的无缘性(第146页)

与此相关,保立道久氏在前揭书(第233页)中提到,中世的女性"经常获寄重要的文书和资产","更具体地说,这是指作为'家女'(正妻)、'家刀自'的女性,专门管理作为储藏室及卧室的涂笼这一事实"。本书正文中提到有很多女性户主当然也与此有关。整体而言,保立氏的这本著作极其具体地描绘了中世女性的诸方面状态,可以说是最近这一领域的一大成果。不过,如前揭拙著《异形的王权》("平凡社图书馆"系列,第238页)中简言,就天皇家庄园的管理者而言,"单身皇女"具有相当决定性的意义,因此我们有必要对此问题进行单独研究。当然,这与保立氏的观点不无关系。

另外,关于女性旅行的状态,我在前揭拙著中分享了若干试论,但这一领域的研究需要将视野扩展到游女、白拍子等女性艺能界人士身上，并考虑道路这一场所的特质。在此问题上，后藤纪彦氏陆续发表了新的研究(「遊女と朝廷・貴族」「立君・辻子君」「遊廓の成立」，週刊朝日百科日本の歴史3『遊女・傀儡・白拍子』，朝日新闻社，1986)，家族史研究等最近也突然活跃。今后这一领域的开拓非常值得期待。

（24）烧毁文契的行为与僧物（第 153 页）

笠松宏至氏在前揭论文《佛物、僧物、人物》中指出，这种烧毁文契的行为，不仅是为了断绝其世俗之缘，更是为了切断该地成为"人用"＝"僧物"的危险，"让此地只与佛结缘"。这篇论文通过在"人物""佛物"之间置"僧物"，引出了各种各样的新问题。从战国时期到近世时期，物品置于僧侣手上虽仍有意义，但几乎可以说"僧物"完全被同化成了"人物"。在考虑日本社会及宗教问题时，这是难以忽视的论点吧。

（25）无缘与统治权性支配（第 159 页）

这里"没有天皇的影子"是针对"无缘""公界""乐"三词本身而言，不过永原庆二氏在对本书的书评(『史学雑誌』88-6)中批判拙论，将其作为"场"的问题提出，认为将"无缘"之地或人置于"统治权性统治"之下（正文第 174 页），则在逻辑上"天皇岂不是被定位为'无缘'式'自由'的保障者吗"。如我在别处所言，"统治权性统治"这一概念，自佐藤进一氏将其与"主从制性统治"的对抗、紧张关系中提出以来，就绝非只与天皇有关的问题（前揭拙著『日本中世の非農業民と天皇』序章 2）。不过，正文也提到，这种"边界领域"或"边界"性质的人，为什么广泛处于天皇在内的统治权者—"王权"的直辖之下，我想再找个机会讨论，此处不进一步涉及。

（26）家、私人所有与神圣空间（第 168 页）

关于这一点，石井进氏在前揭《通向"新历史学"的摸索》中给出了"难解"的批评。我自身没有能力重新讨论超越此处所述的内容，不过笠松宏至氏曾在《墓地的法理》(「墓所の法理」『日本中世法史論』，东京大学出版会，1979）一文中指出过下述法理："隶属于强大宗教集团的人"——山僧、神人、寄人等神佛直属民被杀害时，要将现场围起，受害者所属的宗教集团将此地作为"墓地"纳入领地之中。也就说，这是通过将某个特定场所作为"无缘"之场、神圣场所而将之作为自己领地的惯例。在思考"家"成立的时候，我们也可以考虑这一惯例吧。不管是保立氏在前述著作中指出的守宫神、摩多罗神，还是灶神，可以说都是通过将特定场所作为圣地——"无缘"之地——并围起来，才形成了被称作私有之原点的"家"。为了保护这个"神圣的空间"，家宅的门上挂着劝请绳，周围则由篱笆围绕。

实际上，如饭岛吉晴氏在《灶神与厕神》(『竈神と厕神』，人文书院，1986）中所举的丰富民俗事例所示，家宅中的灶、仓、储藏室等地居住着各种各样的神，厕所也是厕神所居的异世与人世交界之地。高木侃氏的近著《三行半》(『三くだり半』，平凡社，1987）是一本颇有趣味的书，非常具体地阐明了江户时代后期的离婚并非由丈夫专权进行，妻子一方的意志也强烈参与其中。在这本书中，高木侃氏不仅介绍了名主的家、武家的宅邸以及各地的寺院成为奔入之地的事例，同时介绍了大阪的持明院和京都清水寺的"断缘厕所"。厕所作为"无缘"之地，也成为庇护所。

不仅仅是"家"。如胜俣镇夫氏在《地苏与德政一揆》（「地発と徳政一揆」，前揭『戦国法成立史論』）中强调，"地苏"一词所展示的人与土地之间的强烈连接——土地的生命力因为开垦带来的人与土地间的巫术交流、因为人的参与而蓬勃地发挥出来，进而生出这种人与地的连接——也与"家"相同。开发者对其开发的土地拥有最强的所有权，正是因为土地与人之间的联系具有这种"神圣"意义。

关于这种最初持有者与土地之间无比坚韧的连接之力，胜俣氏在前揭《一揆》中，就德政、德政一揆一直到江户时代、明治时代为止的改世一揆、打砸〔うちこわし〕等做了详细叙述，在前揭近稿《买卖、典当与所有观念》〔「売買・質入れと所有観念」〕中也详细叙述了房屋、住宅地，无须我在此重复了。

笠松宏至氏在《德政令》（岩波书店，1983）中指出的"物归原主"的正当性，当然也与此完全重合。在最近的论文《中世的安堵》（「中世の安堵」，『負担と贈与』）中，笠松氏讨论至今被理解为"将物（土地）安堵于人"的"安堵"，指出其原义是"如原本那样"将人"安堵"在"本所""本宅"等物（土地）之上。在这个具有划时代意义的重要观点之上，笠松氏继续指出，"安堵"可以说是在"离'土'、失'度'之人对恢复过去状态的希求，与通过完成这件事来保持自身正当性的公权力的政策交错之地发挥作用的行为"。在此，我们也可以看到胜俣氏深究的那种强韧力量的作用。

而且，这种"家宅"及土地与人的结合方式，绝不仅限于日本社会。菲斯泰尔·德·古朗士在其经典名著《古代城市》（田边贞之助译，白水社，1961）中详述了古代人视诸神与土地之间存在神秘关系的看法，灶台所居之地是神的土地，为了保护它，灶的周围必须隔一定距离围起围墙，"保障家族所有权的是家之神"，"借由宗教而环绕起来的围墙，是所有权最确切的标识"。胜俣镇夫氏也引用的马塞尔·莫斯《社会学与人类学》第一卷（有地亨等译，弘文堂，1973）中称，中国法律"承认所有物品都与最初的所有者有着不可分割的联系"，"出售土地在人类历史上，特别是在中国，是晚近的事"。莫斯进一步指出，"即使在罗马法中，甚至在古代法兰西法及日耳曼法中"，明确的土地买卖"也受到家庭财产共有制度，以及家族对土地，反过来说是土地对家族的根深蒂固的执着——这非常容易证明——带来的诸多限制"（该书第369—370页）。实际上，在《德政令——中世的法与裁判》（週刊朝日百科日本の歴史8『德政令——中世の法と裁判』，朝日新闻社，1986）中，如武藤滋氏就古代美索不达米亚、安藤弘氏就古希腊、冈野诚氏就中国汉唐五代所述，"德政令"在世界各民族中广泛存在。

正如石井氏所论，正文中的表达实在稚拙，但之所以这样写，只是因为我想表达私人所有权是以某地作为神的居所、不属于任何人的"无所有"之地并将其围起之后才首次出现的，而因为如此，私人所有在漫长的岁月里一直受到这种源头的制约。这种"前近代性所有"的多样状态，不仅与人类相互之间的共同体有关，还受到产生于人与自然关系的巫术性、宗教性限制。从人类历史的角度对上述状况进行广泛的综合研究，将成为今后一个非常有趣的研究课题吧。

（27）前近代社会的自由民（第173页）

在此处如此叙述之后，我在与阿部谨也、石井进、桦山纮一诸氏的座谈《中世的风景》下册（『中世の風景』下，中公新书，1981）"历史学与感性"一节中说，"我认为，不仅是希腊城邦的市民、日耳曼的自由民，所谓'亚洲式'共同体的成员、日本古代的公民、中世的平民百姓都可以称作自由民"（同书第262页）。在与阿部谨也氏的《对谈 中世的再发现》（前揭）中，我也发表了大致相同的言论，对安良城氏"非自由的'亚洲式自由民'"一说致以批评。

的确，自《中世的风景》至今，我想更进一步地思考自由民的问题。安良城氏（《历史学研究》论稿）对此给予了"无方向感式转向"的严厉批评，认为"不考虑所有论，终归无法正确地讨论前近代社会的自由民"，拙论是"完全不管所有关系下的对自由民说东道西"的谬论。而且安良城氏以《御成败式目》第四十二条中的"于去留者宜任民意也"这一句为中心，提出新的解释，强调13世纪的百姓阶层在自由移动上不成问题。

这种批判也延续到对上述拙论多少深入思考的拙稿《关于日本中世的自由》(「日本中世の自由について」『年報　中世史研究』第 10 号；注释部分添加了与上述安良城氏批判相关的若干补充后，收入『中世再考』，日本エディタースクール出版部，1986)，而安良城氏在前述《年報　中世史研究》所载论稿中对此给予了恳切的批判。他在文章中引用了仲手川良雄、弓削达两氏关于古日耳曼、古典时代的论文，严厉批评拙论：对于在共同体成员这一点上探求自由民身份本质的拙论，安良城氏认为古日耳曼、古典时代与古代日本是"性质极其不同的社会"，仲手川、弓削两位的见解与拙论之间"横亘着利根川、淀川那样的大河"，不在学术上绞尽脑汁以跨越沟壑、无视"研究史上明明白白之事实"的拙论只是单纯的想法和构思而已，不可能"用正面进攻法论证"它，拙论在学术上的成立"从理论上、从实证上看都是无望的"。而且，这种观点源于我对既是封建性私有隶属民又是农村共同体成员的"欧洲封建制下的农奴"，以及"由庞大的理论性、实证性研究积累并被确立为定论"的农奴概念的无知、不理解。面对"近世百姓是封建性隶属民"这种毫无怀疑余地的通说，仍将他们看作自由民只能说是"疯狂的行为"。

对于自由民相关的论点，我现在没有足够能力来回答安良城氏的批评。我虽无学识但也学到一些，知道面对积蓄至今的

庞大研究史，在此要主张该观点正是"疯狂的行为"。而且我
也知道，这不仅是在跨越淀川、利根川，更是想以小舟横渡太
平洋、大西洋一般的鲁莽行为。而且，万一我的想法成立，哪
怕是在针眼那么大的地方成立，必须要解决的问题也数不胜数。
如安良城氏所言，在人生已至迟暮的今天，我要完成这件事无
疑是充满绝望的。在这个意义上，我接受安良城氏的上述批评，
那是亲密朋友对那些想要走上这种鲁莽道路之人大声提出的严
厉忠告。

　　但是，我仍然觉得从上述方向思考这个问题，以及从根本
上重新思考人隶属于人、人受人统治是在什么情况下才可能发
生有其意义。只要时间允许，我仍想以自己的方式探索事实，
推进实证。本书的补注是其中的一个尝试，另稿《关于中世的
负担体系——年贡》(「中世の負担体系——年貢について」『中
世・近世の国家と社会』，东京大学出版会，1986）也是这种
摸索的结果。对于后者中提到的《御成败式目》第四十二条的
解释，安良城氏已经以《〈式目〉第四十二条解释与"移动的
自由"》(「式目四二条解釈と'移動の自由'」『文化学研究集録』
第三集）提出了新的批评。对于安良城氏的新解释，我也有自
己的想法，有机会再做讨论。

　　如上所述，我对安良城氏的忠告致以由衷的谢意，但还是
想说，我只能走我自己的路。

　　在这里还要补充一句，我主张古代公民、中世百姓为自由
民，是因为觉得这些人作为共同体成员，存在拒绝私人奴役的

自由，而这一点与有无"迁徙自由"的问题不直接相关。当然，这种自由民的定义本身是否成立尚且是一个问题，但是今后我还想在这种方向上继续思考，包括究竟能否认为近世百姓是不自由的。

（28）奴隶民、自由民的存在形态（第174页）

补注26中提到的问题就是其中之一。另外，岛创平氏在《关于教会奴隶解放——从与希腊的神圣式奴隶解放的关系出发》（「教会奴隷解放について——ギリシアの聖式奴隷解放との関係から」『史学雑誌』91-3）中阐明，希腊的奴隶解放以圣殿中的神圣式解放的方式进行，如献身于神、临时出售给神灵，或在圣殿中宣布解放等，我们有必要在这种源流中理解罗马的教会奴隶解放。将此与安野真幸氏在《下人告假的源流——另一个"灵魂归处"》（「藪入りの源流——もう一つの『魂の行方』」，弘前大学教養部『文化紀要』第23号）等论文中提到的下人在"圣日"暂时解放，以及胜俣镇夫氏在《〈山椒大夫〉中所见中世世界》（「『さんせう太夫』に見る中世世界」，前揭『楽市と駈込寺』）中指出的逃亡的厨子王跑进丹后国分寺，成为佛祖的奴仆，进而从下人身份中解放出来等事情比较，可以看到各种各样的有趣问题。

我学识有限，不清楚在圣殿、教堂中获得解放的希腊、罗马奴隶之后处于什么样的处境，但上述厨子王虽然从下人的身份中解放出来，却承担了"打破誓言"之罪，暂时成了佛祖仆人的非人。在日本社会中，仅凭这一个事例自然很难明确跑入庇护所的下人之后会处于什么样的境况，但通过与希腊、罗马以及古日耳曼，乃至亚洲、拉丁美洲等社会比较来探讨这个问题绝非徒劳吧。

此外，村川坚太郎氏在详细讨论希腊社会中的"市民与武器"（『村川堅太郎古代史論集』Ⅱ「古代ギリシア人の思想」，岩波书店，1987）后，述及日本古代公民的"武器粮食自备"（本书正文第173页），告诫不要盲信马克斯·韦伯的命题，即"古代东方型的统一国家"士兵的武器由国家提供，这一点与保持武装自备原理的"西方"有决定性差异。此种问题也仍有极其宽阔的应该探索、讨论的余地。

（29）关于无所有论（第185页）

关于此处的"无所有"论，安良城氏（《历史学研究》所载论稿）指出，"马克思、恩格斯"在谈到"'原始的自由'时都是将其放在共有的基础上"，批评将"无所有"与"原始的自由"联系在一起是一种"不合逻辑的主张"。"人类是所有的动物"，"无所有只与动物及'不自由'的奴隶有关，与百姓的自由、人类的自由不相及"。

我对此提出了一些"异议"，安良城氏又在《再论》（『年報 中世史研究』所载）中对此提出批评，强调"人类是所有的动物"这一点是"自然科学、社会科学两方面都确定的科学的事实认识"，它不是"意识形态＝思想"而是"关于人类本质的最基础的规定"。对于我个人认可的"人类对'所有'的追求这一点，从人类作为'无所有动物'的本质出发，要基于何种事实和逻辑才能阐明，请给予非感性而是理性的明快"回答。

正文所述本身只是一种试论，对于安良城氏的这番批评，我现在也没有足够能力给予"明快"的回答。在这样的情况下，我必须反省对安良城氏致以批评之辞的态度。不过，关于这一点，我至今基本上没有改变想法，所以想在此再次阐述我的想法，请以安良城氏为代表的学者大方批评。

人类具有"占有"、"支配"自然的志向，是无人能否认的事实。到了最近，从阳光到空气，甚至人类自身的生与死，都开始被"占有"、管理，上述事实由此来看也清晰明了。正如安良城氏所说，这是与人类本质相关的最基本的特质。

但是，如此具有"占有"、支配自然志向的人，无疑也是动物的一种，也是自然的一部分。这也是事实。而且，这也是思考人类本质时最基本的事实。

我认为，如果把自然看作与人类对立之物，只从"占有"、支配、管理它的侧面发现人类的本质，而迷失了人类是自然的一部分时，人类就只能走向毁灭了。（此前我如此误读安良城氏的看法，所以弄出来一些批判言辞，而安良城氏在前述论文中说过，仅凭"人类是所有的动物"这一规定并不能完全把握人类本质，因此这是我的误解，在此撤销该言论）。

如前文所述，只有将自然视为"无所有"，人类才能够找到实现对家宅、土地占有的端绪。仅从这一事实来看，人类在漫长的历史中，显然绝不只是将自然看作与自身对立的事物吧。我认为，人类对自然带有敬畏的那种谦虚、虔诚姿态，以及人类在不可避免地明白自身也是其中一部分之时期的状态，存在于包括土地共有在内的共同体式所有、共同体式社会关系的根底之中，"原始的自由"也正是由此支撑。因此，我把共同体历史相关的"法则"视作与"无所有"的深化、发展有关。

对于这类可能与哲学之根本相关的问题，这是非常幼稚的讨论吧。但是，在试图支配自然，包括内在自然的现代自然科学发展到了异常地步，人类也借此确实掌握了能够毁灭自己的力量这一当前事态面前，我们对于人类本质的认识明显还只停留在人是"所有的动物"这一点上。我认为，立足于这种认识，在人类社会的历史中阐明自然与人类的关联方式，是我们的紧要课题。

前面提到了对家宅、土地的"占有"方式。如该处所述，借用山本幸司氏的话来说，那些是"限定的空间"，而人类与"开放的空间"——山野河海、道路、河滩等的关联方式，是与此性质不同的事物。在这二者之间，我想日本社会中也许有一种将自然视作与人类纷繁活动相适应的"庭园"的关系（拙稿「中世'芸能'の場とその特質」日本民俗文化大系第七卷『演者と観客』，小学馆，1984）。中泽新一氏将后者称作"不可计量的'平滑空间'"，以区别前者"被分隔的空间"，并言及在各自"空间"中居住、活动之人的异质，以及"空间"本身的特质（「異教のモノテイスム」『現代思想』15-2，1987

年 2 月)。

这些"开放""平滑"的空间,实际也是"无所有"的,或者说具有与"限定"、"分隔"之空间的"所有"尖锐对立的特质。人类不仅在山野河海、河滩、道路等地方狩猎、捕鱼、采集,从事交通、贸易等活动,而且在"无所有"的自然——太阳与月亮、山与海等地发现了神,并相互结下宗教性关系。

随着国家的成立,统治者也利用各种巫术性、宗教性手段,将这个"空间"置于自己的统治权之下,试图"领有",但"无所有"的实态却不断反叛。对于统治者来说,这个"空间"常常不可避免地成为极其危险的"空间"。

到了这样的"空间",包括"无所有"的自然,看起来几乎完全消失后的现代,国家、社会以及人类要如何应对它呢?追溯这一历程,还有广阔的未开拓领域,即使只是其中的一小部分,我也会努力总结自己的想法。

（30）什么是进步（第 187 页）

如此处所述,摊得过大的"包袱"马上就四分五裂,想要包进去的"行李"已经到了散乱前一秒的状态。我自己认为这样就可以了,但安良城氏强烈规劝,因此我决定在此尽可能地修补"破绽""裂缝",再一次硬着头皮尝试提起"包袱",以回答众多批评的形式阐述现在的想法。修补后的"包袱"自然比以前的更脆弱,显然还是会破,但我据本书做的这种尝试就到此结束吧。

　　在抵达此处的过程中，我新学习到的哪怕一丁点知识，对我来说都是很大的收获，在此对以安良城氏为代表的各位的批评，深表感谢。

　　永原庆二氏在前揭书评中，对本书进行了恳切的批评，并强调"还是私人所有、'有主'世界的进展，才是历史中进步的基本契机"。那可以说是人类社会的发展，但能否直接称之为"进步"呢？本书从这一疑问出发，想法至今未变。准确地追溯这种社会发展的"现实过程"本来也是我的课题，但正如永原氏所认可的那样，我难免要强调，在基于上述看法而发展起的历史学视野中，被割裂、被忽略的事情无比庞大。我想尽可能地阐明这些被抛弃的问题，今后也继续探讨对于人类来说，真正意义上的"进步"是什么。衷心希望大方批评指正。

补论一

城市成立之地

——江心洲、河滩、水滨

一、作为城市性村落的菅浦

城市是什么？它与农村或者说村落有什么区别？这个自古以来就有各种讨论的问题，感觉上答案不言自明，但一旦正面提出来却相当难以解决。最近我参加了滋贺县组织的琵琶湖捕鱼民俗调查，走访了两三个历史上著名的"渔村"，这种感觉不免更加强烈了。

众所周知，近江国是中世后期自治性村落"总""总村"最为发达的地区。或者不如说，中世"总村"的印象就是由近江地区村落的事例创造出来的。《今堀日吉神社文书》中流传的今堀之总的法令、《大岛奥津岛文书》中以宫座为中心的规约、琵琶湖北岸的菅浦存留下来的各种留存文书等，作为象征总村自治的代表性资料，屡屡出现在高中教科书之中。这些村落是中世后期典型的村落＝农村，现在已毋庸置疑了。

然而，实际上这些"村落"都很难称作农村。今堀是自古以来的商人聚落，其居民被视为近江商人的先祖；菅浦、奥岛的民众以沿岸运输和渔业为生。这些是中世史研究者都知道的常识。这种研究者的"常识"与上段的"通说"之间的矛盾关系，又该如何处理呢？对我来说，这是由来已久的疑问，而在数次前往刚才提及的村庄之一，即菅浦，在村落中来回行走之间，这个疑问不可避免地越来越强烈了。

东西两侧由木牌坊区隔，背枕山脉，紧密依偎在湖岸的房屋。像是几条路汇集形成的村落中央的小广场。村落周围只有很少的旱地和果树，水田则在遥远的山谷之中。虽然现在修建了很好的道路，但在不久以前，菅浦的居民仍是乘船往来，前往那里耕种。

自镰仓时代以来，围绕这片田地——日指、诸河这两处土地的归属，菅浦与大浦出现激烈而漫长的争斗，有时甚至会爆发流血事件，因此这里对菅浦的重大意义不言而喻。但不管怎么看，田地都不是支撑菅浦的主要经济基础。如果以土地，也就是水田旱地为中心来看，菅浦只不过是可谓"陆上孤岛"的"寒村"而已。

菅浦民众生活的主要舞台，无疑是自古以来就在村落面前铺开的浩渺湖泊。而且，前文所述那种聚落的样貌，自然不是农村，也不是村落。我想无论多么小，它都应该叫作城市、港口城市吧。

　　这一点可以通过菅浦人珍藏的中世以来的古文书得到充分证明。最迟到 8 世纪，定居这处小港口的就是以捕鱼、船运为生计基础的湖民，到 12 世纪，他们为天皇贡奉鲤鱼、枇杷，从而获得在琵琶湖面等各地的自由通行权，以供御人身份显露身姿。

　　而 13 世纪后半期的菅浦供御人，已经是以近湖货船运输业为主要生计的集团，14 世纪菅浦的所有居民都拥有了供御人特权。如今留在菅浦东西两侧的四足牌坊，也在同一时期作为"大门"出现在史料之中。前文提到的与大浦对抗时，它作为"木门"起到防御设施的作用。被称作"所之置文"的法令——港口法律首次付诸文字也是在这个时候，以老众（宿老）为中心处理法律裁决、内部纠纷及刑事案件的自治可以说也在此确立。在各地的港口城市、宿所都能看到的时众，也在这里建造了阿弥陀寺，并以之为首，在狭窄村落的山边地带建造了许多寺、庵。

　　进入 15 世纪后，由于被后文将要述及的坚田压制，近湖船运人的活动趋于停滞，但菅浦仍确保了守护不入、自我裁断的权利，自治进一步深化。此世纪后半期，与大浦的诉讼中出现了一位个性鲜明的人物，奔走于京都的朝廷及寺院并与它们交涉，同时记录下菅浦全体居民赌上生死存亡与大浦交战的经过，总结成警醒后人的历史。这一人物的出现也是因为菅浦不仅与附近的农村有关系，还具备了通过湖泊与广阔世界接触的都市特质吧。

　　战国时期，坚田凌驾于菅浦之上；到了江户时代，菅浦成为琵琶湖北岸的一个村落。但在此之前的菅浦是不折不扣的中世自治城市。向我们传递这一事实的《菅浦文书》，就是保存在这个城市民众自治体里的文书；迄今为止被视作"总村"的村法，实际上是自治城市的法律。

这样一来，不论是商人聚居且仍保留"门"和"木门"的今堀，还是油坊主、磨匠、染坊主、铁匠、木匠等人居住的奥岛，似乎都更应该看作是具有城市性质的村落。前些年，我访问了琵琶湖西岸的坚田，那里也因为拥有"总中"这一自治组织而被认为是"地缘性村落共同体"，但我却进一步产生了上述判断应该没有什么错误的印象。

二、中世后期的环壕城市坚田

作为近江一向一揆重要据点而广为人知的坚田，自战前就作为特殊的渔村备受关注，战后也有人主张这里是漂泊民聚居地的所谓"渡"，但另一方面，因为腹地拥有条里制水田，抓住坚田庄的这一侧面，如前述那样将它规定为"村落共同体"的见解仍然根深蒂固。

但是，坚田的聚落也和菅浦一样，密集地分布在滨湖地区，只是它不是由牌坊隔开，而是由引水渠似的护城河所包围的几个单位组成，规模远比菅浦大。我觉得无论怎么看，较之以农业为中心的村落，称其是以湖泊为活动舞台之人的聚居地、环壕城市更为自然。而且，虽然未能像菅浦那样详细追溯，但已有一些研究表明，中世以来坚田的历史无疑是湖民的历史，战国时期的坚田巩固了可称作"湖之领主"的地位。

一般认为，坚田原本居住着向天皇进奉贡品的湖民。白河院政时期，即 11 世纪后半期，这些也被称作"网人"的人，成为向鸭社进献每日贡品的供祭人。与供御人一样，鸭社供祭人也获享在湖面等水域自由通行与捕鱼的权利。他们在琵琶湖上拉渔网，按次序将鲤鱼、鲫鱼等送到鸭社。

或许稍晚一些，钓人集团就在现在的小番城一带建立根据地。这些人据推测也与天皇有关，专门从事以绳钩钓鱼的生计，大部分时候在湖面上生活。因为存在作为湖民之大本营的侧面，坚田被称作神领。

另一方面，这些网人、钓人获享一些免除全部或部分地租、杂税的免租田地。12 世纪左右，以网人的这种田地为中心的坚田庄成立，等到 13 世纪后半期，以钓人的那些田地为中心的今（新）坚田成立，前者就被称作原坚田了。这一庄园处于以近江为中心、拥有巨大权威的佛教势力统治之下。作为鸭社供祭人之主，并承担上述按次序进奉之责的番头级别的人，在庄园即田地上来看相当于名主的地位。

另一方面，位于琵琶湖最窄水道之处的坚田，自古以来就有渡口，此时已具备了关卡的功能。拥有特权保障的网人、钓人并不轻易认可没有通行权的船只通过，14 世纪以后，他们之所以经常被称作海盗，正是因为要以武力贯彻这种特权。此时的坚田民众，特别是被称作殿原众的番头阶层，拥有许多船只，以湖上货运为业，而他们自然也能立刻转化为海贼即水军。

为了避免坚田的这种威胁，湖岸各港口的船只请坚田的人坐在船上，保证平安通过关卡。15世纪，这个被称作"上乘职"的权利，是坚田番头们的重要收入源，随后就相当是对各港口征收的税赋。如上所述，再考虑到他们以名主身份保持的田地，认为拥有对各港口统治权的坚田人是前文所述的"湖之领主"，绝非言过其实吧。

对此，被称作"全人众"的普通供祭人——网人、钓人，也不仅从事捕鱼，反而进入了工商业领域，足迹远至山阴、北陆、东山道诸国，其中也有人成为"有德"——富裕之人。

到了14世纪后半期，坚田就确立了由称作"番头一众"或"所之番头"的十人左右的宿老管理的自治体制，也有逃亡之人藏匿于此。我们可以认为坚田的"所"，与恶党逃入的菅浦的"所"一样，是庇护所。毫无疑问，这就是一座以番头，也即宿老自治为轴心的港口城市。

15世纪后半期，坚田被问海盗行径之罪，成为幕府委任的佛教势力"大责"的对象。殿原众与全人众、宿老与普通市民一致以濠为"木门"进行激烈战斗，但最终战败，市镇一度化作灰烬。不过坚田的市民全员承担了与佛教势力和解的费用，并返回坚田居住。我认为由沟渠也即城壕围绕的"宫之切""东之切""西之切"等整齐的区划就是在那个时候设置的，但不管怎么说，在特意规划的坚田，此时无疑确立了全体市民的自治体制。向传教士夸耀足以媲美堺市之富有的自治城市坚田，就这样压倒了以菅浦为首的其他小城市，成为琵琶湖霸主。

众所周知，支撑这一地位的强大力量，是以本福寺为中心、主要是全人众出身的一向宗门徒。我们可以通过市民出身并成为本福寺住持的明宗、明誓父子所写的《本福寺由来记》《本福寺迹书》等详细了解其经过。这本有趣的纪录使用夹杂方言的口语，是在本福寺的困境中记录下来的著作，但与前述菅浦的总庄的记述一样，它多少也以警示性角度总结坚田的历史。这样的历史叙述，是拥有城市民众之个性才能记录下来的。这些人不受限于周边的狭小地域，而是得享机会，了解到远及其他各分国的广阔世界，被迫有了复杂的体验。

16世纪后半期，坚田的一向一揆被信长压制。正如今井宗久在堺市的角色一样，坚田诸武士（殿原众）之一的猪饲野甚介升贞四处奔走，总算保留了这种自治状态。但在丰臣秀吉时代，坚田的特权几乎都被夺走，太阁检地之后最终被固定为"村"。对此，坚田代为表达诸浦的不满，强调自己是"亲乡"，并在江户初期勉强确保了沿岸船运及在湖中自由捕鱼的特权。其内部的运营，依然是由称作"乡士"的宿老自治，讲述这一状况的庞大村镇纪录至今也仍保存在伊豆神社，但从制度上说，坚田到底只是一个"村"而已。[1]

这么说来，过去那种把"总""总中"视为"总村"，也即村落、农村的通说，无疑是受这种江户时代的面貌、制度迷惑而错误推测了中世的事实。从事实的角度来看，至少称菅浦、坚田是城市并没有什么不自然的。恐怕今堀、奥岛，甚至其他"总中"

267

的事例，也有很多是同样的情况。在此意义上，我认为我们有
必要在充分考虑这些事实的基础上，重新研究中世后期的村落
与城市的实际情况。

三、"无主""无缘"之地的特异性

但如此思考，马上碰到的就是开篇提到的问题——要如何
区分村落与城市的问题。实际上，拥有称作"总百姓"的老众、
若众之组织的自治村落，在中世后期的西国也广泛可见。

与此相对，我们也可以举出与上述菅浦的牌坊、坚田的护
城河那样明确划分城市领域的设施。即使不那么明确，大和、
近江也有许多以环壕村落而闻名的农村。另外，就像这里列举
的事例一样，中世后期的城市很多都是非农业民群体，以及供
御人、供祭人、神人群体的聚居地，使人能够强调城市民众本
来就以非农业生产为主要营生的事实。尽管如此，也有像坚田
那样腹地拥有相当多田地的情况，那么近江国也能看到的铁匠
村、铸工村等职人聚居的村庄和城市有什么区别呢？特别是在
西国，这种职能民的村庄分布广泛，不可能忽视不见。

又或者，写成文书的法令——城市法的存在，"会所"等
自治体机构，在那里保存的文书，以及在伊势国的山田三方、
今堀和后文将提到的船木北滨等地可确认的"总中"的花押和
印章——自治体的印章等，也都可以作为城市的特征列举出来。
与一般的村落相比，我们确实可以说这些特征在前文列举的城

市事例中都相当清楚，但这是否只是程度上的差异，还是说它就是质的差异呢？

不过我另外想到了城市成立之地的特异性，虽然这也可以说是与上述各点程度相同的区别。

菅浦也好，坚田也好，其聚落都集中在滨——湖海沿岸。这样的选址，在称作港口城市的中世城市中当然可以找到很多。小滨、桑名、尾道，这样的事例俯拾皆是。当然，将此与非农业民——捕鱼民和沿岸运输民的生计联系起来理解是个常识。但是，考虑到有史料清楚表明"市镇、浦滨、野山、道路"等是具有相同性质的场所——以我的流派来说是"无缘"之地，则也可以将此事例与城市性区域的特质联系起来。

最近刚刚调查的近江国船木北滨，是河、湖民众的聚居地，这些人与坚田的网人在同一时期成为贺茂神社的供祭人，以在安昙河上用鱼梁捕鱼为主要生计。值得注意的是，该处也被称作"滨"，而中世后期这处聚落还设置了关卡，虽然不如坚田，但保证了渔捞上的特权，因此也可以视其具有都市特质。现在它也房屋林立，与菅浦、坚田有着十分相似的景观。

安昙川在河口附近分为北川和南川，再汇合后流入琵琶湖，而必须注意的是，船木北滨的聚落密密麻麻地聚集在北川和南川环绕的、可谓安昙川江心洲的地方。

都市性聚落选址在这种居住条件绝非优越的地方，恐怕很难仅从生计上的经济性动机来解释吧。我想它与江心洲这个特殊地方的特质密切相关。[2]

淹没在备后国芦田川河底的中世后期港口城市草户千轩町的遗址被发掘并成为话题，已经过去了很多年。考古工作发掘出土了陶瓷器、漆器、水井，以及很多木简、木牌，甚至部分街道遗迹，现在草户千轩町遗址调查研究所的人也仍在热心推进挖掘与研究。此镇也是在芦田川河口的河滨、河滩、江心洲建立，随着河道变动而瞬间被冲毁、淹没。

另外，因与领主小早川氏之统治关系而广为人知的安艺国沼田庄的市集，在15世纪中期，是拥有三百栋房屋、一所仓库的小城市。小早川氏禁止家臣住在那里，我个人认为是因为市场本身的特质——作为"无缘"之地的特质。前些年我去到那里，确认了它也是位于沼田川河口处纺锤形江心洲的城市。在这片矗立着"无缘塔"的土地，如今已几乎看不到当时的影子，看上去就像是农村一样，但从地形、地名等仍可以看出，这里曾经是在江心洲周边堆起堤坝而围成的小城市。另外，同处安艺国的竹原庄、备中国新见庄的市集也位于江心洲，现在的新见街区可以看作是后者的发展。

在注入伊势海的诸河河口，也能看到同样的现象。木曾川的入海口，自古就有这样的江心洲。在嘉保年间——11世纪末的大地震中，这些岛屿经历了被称作"变为海尘"的大变动，但那里不久之后重新形成冲积岛，又被周围的庄民争相开发，结果伊势国的益田庄与野代庄、鹿取庄等庄之间发生了边界争端。冲积岛也就是"无主"之地，围绕着开发获得的先占权，这里常常成为争端的对象。针对古日光川河口形成的成洲岛，尾张国的日置庄与富吉庄发生争执也是同样的道理。

尚不清楚木曾川入海口的冲积岛之后经历了怎样的变化，但战国时期，激烈抵抗信长并遭到彻底镇压的长岛，正显示出这种地区安定、巩固的姿态。然而正如藤木久志氏所论，那里最终变成被称作"河内"的"川之民"、非农业民的聚居地，所以也可以说它具有城市的性质吧。

另外，古日光川的江心洲还坐落有尾张国名社津岛神社。江心洲也是祭祀神灵的地方，而据推测，津岛的街镇在古代也是同样的地形。

从这些事例来看，江心洲与湖滨、海滨一样，均是"无主""无缘"之地，因此多成为游历各地的非农业民的聚居地，而城市自然而然地就在那里建立起来。如此考虑也并非勉强的看法吧。

河滩也是同样的场所。从各地残留的"宿河原"这种地名来看，那里常常会有宿所，而在整个中世纪，因设立了大型鱼市、关卡而十分有名的山城国的淀市，原本也是在河滩上招揽"在家人"而形成的。透过画卷来看，《一遍圣绘》中描绘的备前国福冈市也可以视作是位于河滩乃至江心洲的地方。像滑稽戏剧狂言中有《河原新市》这出戏一样，如此在河滩建立市场的例子还有很多，而这些地方不久之后变成城市也是理所当然之事吧。

进一步探索这样的场所，则边境（堺）也具有同样的性质，特别是国境，是特异的区域。10世纪末，摄津与播磨两国的边境就已经成为"不善之辈"往返的问题之地，而在13世纪围绕这一边境而引发的摄津山田庄与播磨淡河庄的边界争夺中，尽管两者都是武家的领地，此事却由天皇裁断。那时，清水寺、丹生寺等几座寺院都建在那里，明显可以说那里与一般的农村不同。作为自治城市而十分有名的堺市成立于摄津国与和泉国边境，鸟羽位于伊势国和志摩国交界处，都绝非偶然。

如果继续研究这些城市的场所，还可以想到很多事情。[3] 在此举出的都是西国的事例，但西国与东国在对这种区域的理解方式上或许也存在差异。当然，城市是以村落的存在为背景的，即使对比中世后期的两者，也如前文所述，有不少地方是共同特征的数量差异。实际上，我们将村落本身的起源追溯到古代，并思考其形成的场所，出乎意料地会遇到与城市同样的问题。

但是通过这里列举的几个事例所知道的两者成立的区域差异，意外具有古老的源流，我们不能否认这也规定了城市与农村、城市民众与农民的性质差异吧。

我认为对这一点的研究，可以为揭示各个时期统治者对城市与农村、非农业民与农业民的应对方式及统治方式的差异提供一些线索。虽然在此完全没法进入，但正如前文零星提到，在日本这里，天皇的问题不可避免地在其中浮现出来。

在经济学、地理学的专家看来，这些可能是可笑的废话吧，但我仍想把两三点想法记下来，请大方指教。

「都市のできる場所——中洲・河原・浜」『is』12，ポーラ文化研究所，1981 年 3 月

集市之场所

——和平与自治

市场所处的位置、其样式，在世界上任何地方都极其相似。

据坂本勉氏执笔的《伊斯兰事典》(平凡社)中的"市"一项，在伊斯兰教兴盛以前立于供奉多神教崇拜之偶像的圣域附近的巴扎——集市，在伊斯兰城市改设在"十字路口"以及通向商队之家(caravanserai)"中庭"的"王之广场"。据说在那里举行以处刑为首，包括接见外国使节、练兵等的各种活动，摊贩商人及艺人也聚集在此，进行物资、信息等各种意义上的交换。

在南美洲的秘鲁，市场也开设在教堂前的广场上，许多男女聚集在这里，在地上摆放物品，进行充满活力的交易。也许是错觉，但我总觉得市场一直能听到某处传来的风琴声。而川田顺造氏笔下的非洲莫西王国的集市，也同样作为活跃交易的自治场所，既是神圣的"和平领域"，也是"王权之权威的象征"。而且市集里也会出现"死者"。

　　与死者世界接壤的边境、与神灵有关的圣域、贸易与演艺的广场、自治的和平领域、与王权有关。这些要素在日本的集市中也完全可见。集市从很久以前开始，就坐落在河滩、江心洲、水岸、山野、山坡等地。正如《常陆风土记》所描绘的那样，那里是春花秋叶点缀的具有牧歌式美感的圣地，是广阔范围内的男女聚集并进行"赛歌"表演的地方。但另一方面，至少到了中世时，这些地方是累累白骨散乱的送葬地，同时也是刑场。它正是与诸神世界或冥界的交界之处，是超越共同体的边界领域。中世以后寺庙、神社的"门前"，也是最常设立集市的地方，其意义也可以说与此完全一样。寺庙、神社并非在任何地方都可以建造。它们原本就是同样的圣地。

　　与日常世界不同，这种区域允许"高声说话"。因此男女可以在此放歌，自由玩耍，而来自各地的商人可以高声招揽客人，艺人也带着安抚死者灵魂的意味展现艺术。集市就是这样的"庭"＝广场。

　　集市的"庭"常常供奉着以山茶、七叶树这种大树或者石头等为象征的神。中世集市开张之日，巡游的工商民在临时屋舍或地面上确定的"座"开设店铺，向聚集而来的男女顾客推销商品。从《一遍圣绘》中可以看到，女子头戴市女笠，穿着像是旅行装束的衣服来赶集。乞丐也成群结队地聚集在一起，被称作圣的僧侣、曲艺僧等艺能民众也现身此处吧。

　　在集市，杀人、伤人自不必说，争吵、口角、强买强卖，乃至索债也被严格禁止。不管是负罪、负债之人，还是下人，都能在集市免于追究。万一发生了什么事件，依惯例也只在该地处理，而不带出市集之外。和平与自治是集市的原理。

但是，首长、"王"与集市有着密切的关系，比如从"国国有市，交易有无"的《魏志·倭人传》时代，政权就"使大倭监之"。律令国家成立后，这种关系在天皇所居的都城中的东西两市，以及常常留下"市川"等地名的令制国的国市上，以最具组织化的形式展现出来。然而在京都，河滩具有了取代它们的意义。天皇的直属机构检非违使厅，通过处刑、清秽等职务管理河滩，至中世后期将之作为自己的领地[1]，清楚说明了京都的河滩是天皇的直属地。

而且如石井进氏的完美描绘，镰仓的前滨、小袋、化妆、名越等地的山中通道，不仅是游女居住、商家林立的集市，是刑场，也是纳骨堂〔やぐら〕集中的墓地。但是，这种位于城市镰仓与外部结点的边界领域，被镰仓后期获得幕府实权并掌握统治权的北条氏全部控制。[2]

一般的领主无法将集市置于他们的私人控制之下。城市是"庭"，是广场。它本质上与领主的私人统治异质，是超越它的空间。因此，领主认为家臣居住在集市"不吉"也并不难理解。

但如前所述，通过与集市之神等的关系，掌握统治权的天皇、将军、得宗乃至守护大名、战国大名都想将集市纳入自己的管理、控制之下，并屡屡成功地实现了这一目标。

尽管如此，在战国时代，聚集于集市的人们称那里是将自己与外部之缘切断了的"公界"，宣告那里是"十乐"之地、自由之城镇。山城的淀、山崎，和泉的堺，近江的坚田，伊势的桑名等自治城市，都渊源于曾经位于河滩、水岸、江心洲、边境的集市传统。[3]

从织丰时代到整个江户时代，这些城镇的自治状态最终都受到限制，但是川田氏所说集市的原理，即"由异人、孤立之人创造出的既与王权紧密相连，又与王权分庭抗礼的空间"，最终从未停止贯彻自我。

第二次世界大战后，在车站前簇生的黑市中，我们反而可以看到这种原理最直接的体现。现在它们已经完全消失，但我觉得从我住在名古屋时所看到的觉王山、笠寺等地的集市，以及在道路拐角的一小块空地上沐风栉雨的"六斋市"中蔬菜店传来的商人高声吆喝中，可以看到集市不变的原理。

集市的存在方式在世界各民族的社会中如此相似的事实，充分说明了集市本身植根于与人类的一切相通的、人类极其本质的力量之中。而且，这也可以成为我们确信人类生命力之顽强的一个依据吧。

「平和と自治」『太陽』272，平凡社，1984 年 12 月

补论三

初穗、出举、关税

　　众所周知，无论是渔猎得到的猎物，还是农作物，将最初的收获物献给神灵，是各民族中广为流传的仪式。在日本，石母田正氏也认为古代的贡品〔贽〕源于捕鱼、狩猎、采集收获的"初物"之贡纳，田租源于将隐藏谷灵的稻种进献给神、首长的初穗礼仪[1]，特别是如坪井洋文氏所述，作为稻种的初穗被称作"suchi"〔スヂ〕而受到神圣对待，与再生仪式相连，深植于日本的民俗之中[2]。那么，将作为初穗而缴入国、郡正仓的田租作为稻种贷出的出举，就如坪井氏所关注的那样，本质上具有礼仪性、民俗性意义，而不能仅仅将之视作当时农业生产力低下的表现。事实上，出举在整个中世都持续存在，在考虑年贡的本质上这自然是难以忽视的问题。

　　初穗、初物在平安末期以后被称作"上分"，被认为是献给神、佛的神物、佛物。例如在伊势神宫，如应德元年（1084）

"供神物御上分""上分御赘""无止供祭上分"[3]之类所示,神领的贡奉物资被视作"上分米""地利人分""供祭上分"这种神物。日吉社的日吉上分米自然也完全一样。稍晚时候,即镰仓末期及南北朝时期,若狭国小滨的借上滨的妻子,及其儿子石见房觉秀将"熊野上分物"贷给东寺及太良庄的名主,但这些东西在另一方面被称作"熊之御はつを(初穗)之物",则由此可以明确上分就是初穗吧。[4]

不只是稻米,丰后国由原八幡宫还从盐滨征收"上分盐"。而如"高野山拾斛上分米"[5]所示,上分在寺院也被当作佛物。这种上分米与田租一样,原本也被"纳置"于"御藏"之中[6],如嘉祯二年(1236)"件农料者,日吉社上分稻五拾束"[7]所示,它们被用束计量,并作为种子、农料贷出。很久以后出举的利息仍以束、把计量,便渊源于此。

众所周知,上分米在平安末期以后,由被称作"借上"的山僧、神人大量借出,起到了所谓金融资本的功能,但这一点自然也应该在初穗、上分出举的延伸上理解。保延二年(1136),日吉社大津左方、右方神人往返各国,将上分米借给诸多受领 *、近江国高岛居民、越前国木田庄居民、越中国官员、承租农民,甚至是四条的女商贩,且远至筑前国芦屋津讨要之事,已由以户田芳实氏为代表的诸位详细论述,[8]而在此之后,日吉上分米、上分物的借贷,也即出举,在整个中世时期一直在广

---

* 本义是事务交替时的接续、承应,后来指代朝廷地方官长。

阔范围区域内进行。正如户田氏所论，前述与太良庄相关的熊野上分米，同样从平安末期开始作为"熊野僧供米"发挥同样的功能。伊势上分米也是一样。

这些用作出举的上分物是源于作为初穗的神物中的神物，所以收款极为严格，也不适用于德政令。嘉吉元年（1441）的德政令中，它们作为"诸社神物付神明、熊野讲要脚事"而"不可改动"，享德三年（1454）的德政令反而"仅限伊势、熊野讲钱"，永正元年（1504）的德政令"仅限伊势、熊野、日吉讲钱"。这些特殊处理无疑是渊源于伊势、熊野、日吉的上分米传统。我们也应该注意到它变成标会金的形式。这一点可以说是神人、御师、先达的活动深入平民之中的表现。另外，中世后期禅宗、律宗等寺院中广泛进行的祠堂米、钱，也作为"佛物"借出，免于德政，可以说与此具有完全相同的本质。

初穗的出举就这样作为在根底上支撑中世社会金融的习俗而持续发挥作用，出举的实际情况，包括使用上分物的山僧、神人、御师等的活动，今后必定需要继续探究[9]。同时值得关注的还有初穗与关税之间的关系。正如相田二郎氏所论，江户时代宿站对商人货物征收的"庭钱"，可以看作是通关税[10]。在天文四年（1535）石清水八幡宫住京大山崎神人的上申文中，庭钱被称作"买卖油之初尾"，明显是将其视作初穗，由此我们也可以推导出关税也是初穗。[11]

当然不是所有的关税都是初穗，但将初穗被称作"上分"这一点作为前提，则仁治元年（1240）闰十月三日造酒司奏请文[12]中，内置寮、内膳司"于市边召取鱼鸟交易之上分"，装束司"召集市苧麻买卖之辈之上分"，造酒司要向酒屋征收"上分"之事就映入我们的眼帘。这与上述大山崎神人的庭钱本质一样，是在集市交易时的初穗。作为在集市中对游历商人的课税，它也可以说是一种关税。

另外，仍如相田氏所关注，熊野那智山向"诸国诸沿岸商船人"征收"那智山海上上分高纳"一事也不容忽视。[13]相田氏认为"高纳"是关税，但我觉得反而是"上分"才是关税吧。[14]据中野岂任氏指点而得知的《弥彦神社缘起断简》中，有"寺泊津之御上分""蒲原郡内凑御上分料"的记载，则这定然也可以视作关税。不过，相田氏指出安房国须崎神社的香钱船一直存续至近代，其上分是源自"船舶通过海上，朝拜那智山时作为还愿的资财"，视此为"通关税产生的一个原因"。[15]这一见解正确得当，那正是献给神的初穗，类似经过山岭或边境时的贡物。[16]

市、津、关、渡的关税，作为交通税的山手、河手等。在根底上支撑征收此类费用的习俗，就是这种进献初穗、"贡物"的行为。山、河、关、渡、津、泊是具备这些条件的场所，而之所以是与佛直接相连的劝进上人、圣负责征收关税，原因也在此。设立关卡的地方是游历民的根据地也并非偶然。琵琶湖的坂本关、大津关是日吉神人的据点，坚田关是鸭社供祭人的据点，船木关是贺茂社供祭人的据点。作为侍奉神灵之人，这些人负责收取关税，也即初穗、贡物。农业民与非农业民的活动、农村与城市的生活，在其深层都受到这种习俗的限制，各种征收、课税都以此为基础而建立，我们有必要对此更加关注。

『新修大津市史』第七卷月报，大津市，1984 年 11 月

补论四

就植田信广氏《关于中世前期的"无缘"》而论

此论文（《国家学会杂志》第 96 卷第 3、4 号）是针对拙著《无缘·公界·乐》认为或可表达日本中世"自由"的"无缘"一词，广搜中世前期的史料，并对其词义详细研究的劳作。

首先，植田氏探讨了"无缘"一词在否定语境中使用的事例，指出在以《明月记》为首，包括劝进上人的相关事例中，可广泛确认"无缘"一词用在"不情愿地在行动上受到不利制约"语境中的例子。在此语境中使用的"无缘"是"无助、无依靠"的意思，这是直到 17 世纪初《日葡辞书》为止的"无缘"的主要意思。

在此基础上，植田氏进一步涉及针对这些"无助、无依靠"的"无缘"状况的救济措施，明确指出"贫道无缘""无缘孤独"之人因没有资产而在经济上陷入困境，因此有必要让有实力的人给予"怜悯"，施以恩惠性的救济行动，并认为这是从镰仓时期的相良氏到战国时期的今川氏向"无缘所"捐赠领地的共同理解。

作为在否定语境中使用的"无缘"一词的第三个用例，植田氏还指出了因与佛陀结缘而被视作无缘的事实。他力说这些在否定语境中使用的"无缘"用例在中世前期占绝大多数后，话锋一转，提出在肯定语境中将其"作为目标价值而追求"的事例"虽然极少"但也"确实存在"，并对此论述。

其中之一是叡尊的回答：对于北条时赖的援助提议，叡尊表示厌弃"有缘"而好"无缘"是"僧法久住之方便"。此事例中可见"作为佛道之理想的'无缘'"。在其他事例中，僧人以寺院、寺领"无缘"为理由排除"世俗权力对寺院的干涉"，植田氏认为那是"寺院这个场所固有的逻辑"，并援用笠松宏至氏关于"人物"移至"佛物"的分析，总结为"'无缘'化最妥当的解释，无非是将受赠土地只置于佛陀的支配之下，换言之，使之'佛物'化"。

如上所述，植田氏事无巨细地收集了与"无缘"一词相关的中世前期的史料，在整体上准确解释史料的基础上，清晰阐明该词所具有的否定性、肯定性两个方面的意义。其直接契机是拙论，令人惶恐之至。对于拙论在缺乏周全准备的情况下就使用的"无缘"一词，植田氏以此篇劳作确定了它更正确的意义，并对拙论提出恳切的批判，我深表谢意。

对于拙论已经收到的各种严厉批评，我早晚要找机会全面回答（本书的补注只是一种尝试），不过对于植田氏的批评点，我想在这里阐述一二想法。

正如植田氏所详述，"无缘"用作否定性意义，作为表达悲惨、无依无靠之贫困状况的词语，自然得到广泛使用。在拙论中，这一点也处处可见。但植田氏也鲜明地指出，表达借此词语"追求的正是不依赖世俗权力保护之自由"的事例，虽然数量稀少，但仍能在中世前期的史料中得到确认。我认为这一点才是重要的。而且，追求这种"无缘"的"当事者本身按照社会普通的'无缘'观来审视自己的行为，意识到那是非常例外的决定"这一点也非常重要，可以说它表明了在穷途末路这一状况中，积极性意义——有意识地追求自由的思想至少已经显露苗头。

而且，"依据'无缘'能够排除世俗权力干涉的主张本身，是寺院这个场所固有的逻辑"的说法也是理所当然的吧。"无缘所"直到战国时代都指某种寺庙，也表明了这一观点的正确性。此外，正如植田氏所说，"'不属于世俗权力的私有统治'这一点""正是'仅处于佛陀统治之下'的意思"。"无缘"一词是在"寺院将寺院（寺领）作为佛物而圣域化，并以此为依据排除世俗权力对寺院（寺领）干涉的情况"下，可以发挥十分有效作用的词语。正因如此，对于战国时期的"无缘所"，世俗权力虽称作"怜悯"，但也不得不认可其以"不入"为首的各种特权，使其本身成为庇护所式场所。我认为植田的论述反而具有说服性地证明了这一点。

不过，虽然植田氏绝没有这样说，但他也可能有如下观点：因为"无缘"而被视作"佛物"的场所及物品，归根结底与世俗中的私人所有一样，无非是私人所有之对象的一种形式，因此两者之间没有什么区别。这一观点当然是成立的，但我并不认为将两者的本质都归为私人所有、支配就足够了，而是应该着眼于两者关系中尖锐的紧张、矛盾。因此，处于这种矛盾连接点上的"无缘"一词仍值得关注。在仅与佛陀"结缘"而成立的"无缘所"中，人们的共同组织应当是与胜俣镇夫氏揭示的在神前立誓而成立的一揆本质相同的，具有平等原则的自治性组织，因此也可以说，寺院里的自治集会普遍发达同样来源于此。

那么，正如植田氏自身也承认的那样，"无缘"这个词即使是限定于寺院的词语，但也可以用来表达日本中世社会中的自由吧。而且我至今仍认为，如果日本不存在与西欧的"自由"完全同义的词语，那么用与之多少有些近似意义的"无缘"一词来表达日本中世的"自由"绝非没有依据。我想在此意义上的"无缘"也即"自由"原理，无论是在劝进上人身上，还是在周游各地的职人、艺能民身上都发挥效用。我当然也不认可这些人都意识到自己是"无缘"之人等说法，但必须注意的是，上人在原理上也仍是只与佛陀连接之人，在中世前期，保证职人及艺能民游历自由的是天皇、将军这样的统治权者以及神佛本身。植田氏认为这些劝进上人是无依靠的"无缘"，因此才寻求"有缘"，并强调职人、艺能民因为与"权力'有缘'"才获保自由通行的权利。但我认为，必须要注意到与这些人结缘的不是人，而是神佛以及时而相当于神的统治权者。当然，我们也可以说这与诸领主的保护、统治本质是一样的，就像前面提到的私人所有的问题一样，它可以落入人类一切都是"有缘"的结论，但我并不认同这种观点。我们当然必须要有透彻的洞察力，看清人类狡诈地将"无缘"转化为私人所有的逻辑，并伪装成"公"而追寻私人利益的行为，但我绝对不认为那是人类的全部。

而且，我认为反而是通过关注诸个领主的统治与这种统治权性统治、与神佛的结合之间存在的矛盾、紧张关系才能发现新的问题，因此对于职人、艺能民而言，在室町时期以后这种矛盾的交汇点上出现了"公界"一词。从与"无缘所"性质相同的"公界寺""公界所"等词可见，这个词具有与寺院之"无缘"近似的意思，但它超越寺院而广泛使用，可以说是比"无缘"更具自我意识、更明晰的词语。而进入战国时代，"自由市场〔楽市楽座〕""乐杂谈""乐书"等处所见的"乐"这一词语也开始被使用。因此拙论述及"无缘"的原理时，也可以换作"公界"或"乐"的原理，但这两个词的使用时间都很短且语义转换，"公界"转化为"苦界"，"乐"则转化为部分地区受歧视部落的称呼，因此我试着用模糊的"无缘"来代表。综上，我绝不认为这是周全的词语，但如果认为"无缘"受到限定，在很多情况下用作否定的词义，因此不能使用"无缘"，那就要请植田氏赐示"表达中世自由之整体的词汇"。如果能在前近代的日语中找到这样的词，我会立即遵从。

不过与此相比，日本中世时表达自由的词语为何多种多样，"公界"中所见到的"公"与"自由"有什么关系等都是值得追究的问题，我认为由此导出的新问题在思考日本社会特质上具有极其重要的现代意义。此外更具体的是，《明月记》经常使用"无缘"一词的原因为何？对在肯定语境中使用"无缘"的少数事例深入探讨，对仅靠与佛陀"结缘"支撑的"无缘"之人、地、集团的特质的深入研究等，都是我们能从植田氏的论稿中提出的问题。我想将这些问题作为自己今后的课题来继续思考，也衷心期待植田氏就日本中世的"自由"有更加积极的发言。

植田信廣「中世前期の「無緣」について」『法制史研究』

34，法制史学会，1984 年 3 月

增补版后记

　　本书出版至今，已经过去了九个春秋。在此期间，我完全没有想到有那么多读者给予我各种批评、批判与鼓励。这是我的望外之幸，在此谨表深切谢意。

　　对这本缺漏多端之书的批评是多方面的，无论如何也不能全部涉及，但我通过添加补注纠正错误、尽可能地回答批评、补充现在的想法，同时从已发表的文章中选取一些与本书主题有关的文章作为补论，将其作为增补版刊行。

　　胜俣镇夫、山本幸司两氏一直给予我恳切的教导，编辑部的加藤升氏一直对怠惰的我予以鞭策，并不辞辛劳地协助我收集史料，衷心感谢诸位。

一九八七年三月二十四日

网野善彦

解说

"文明"之脆弱的实证

　　1938 年考入东京港区某小学的我，自然不知道那所学校五年级中，有一个叫作网野善彦的高年级学生。十几年之后，作为同一所大学同一学科的著名学长，他的名字我早有耳闻，且我们略有相识，但彼此相熟到惊讶地发现是小学同窗，还是因为那场东大纷争作为远因引发的某个事端。就算对于我这种只是旁观者的人而言，那场纷争也是一个不愿回忆的黑暗"过去"，但能够获得网野先生这位在人格上就极有魅力，更不用说还是优秀的历史研究者作为知己，或许我必须要感谢那个恶心事件。

　　从那时起，网野先生就把在东京研究的主要空间设在我当时工作的东京大学史料编纂所古文献部一个角落的空桌子上。屡屡看见早上从名古屋进京的网野先生，比从文京区家里上班的我更早穿过赤门时的背影，内心不免惊慌失措。

　　就这样到了本书初版问世的 1970 年代后半期，因为其宽容，网野先生成了我一切都可毫无顾虑地谈论，无论是学术上还是在社会上都不可替代的前辈。在本书的《后记》中，似乎写着我给了网野某些学术上的"启发"，但那多半是文饰而已。在网野先生一边留意着返回名古屋的最后一班新干线的时间，一边单手拿着啤酒杯，热情讲述我完全不知道的中世社会的种种事情时，我只是半带愕然地倾听而已。

正如本书第 142 页所说的"对于……在日本历史上无疑发挥了足以比肩农民之作用的海民，现在有多少狭义的历史学家在专门研究呢？我觉得一只手就数得过来。……这就是现实"，网野先生带着怒气讨论当时学界状况时的表情，甚至有些吓人。虽然也包含了一些调侃，但我的反应是这样的："所谓渔业史，是在什么地方捕捞多少条五条鰤这种东西吗？"愤懑变成了对无知者的怜悯，我至今还清楚记得网野先生那失去再补充任何言语之气力后的呆然表情。

不仅限于海民。在遵照当时中世史研究之主流的"世界史基本规律"的社会经济史舞台上，登场的人们全都是作为领主的寺院神社、作为地头庄官的武士、作为农业生产者的"百姓"，以及最底层的奴婢下人。作为"无缘、公界、乐"之主人公的海民、商人、职人，甚至不可思议的是，连天皇、贵族在当时都不过是仅为支流的政治史、制度史中的支流角色而已。可以说，直到网野先生的《日本中世的非农业民与天皇》（岩波书店，1984）将他们真实而系统地描绘于历史的主舞台之上，他们从未成为日本历史这一故事的主角。

现在想来，这种反而极其不自然的现象在战后仍长期持续的原因有两个：第一是大家不自觉地对主流的追随，或者是像我这样只能说出"有几条五条鲥"的学术无知。而第二个实际上是中世历史研究之基础的技术性水平不高吧，这是我的切身感受。更具体地说，相比那些主角登场的史料，正确解读在网野以前主要作为配角而登场的史料，将其相互关联并形成条理的这种基本工作要难得多，仅凭一知半解的知识和辛劳，无法将其作为历史史料加以利用。

在刚刚出版的《日本中世的经济构造》（岩波书店，1996）一书中，大幅提高中世经济史研究水平的樱井英治氏在《后记》中这样说道："……但是，我认为先生（指网野先生）真正厉害之处在别的地方。在无缘所、海盗、关卡、割符等实证层面的问题上，无论是否同意都必须与其理论对峙时，为了要击溃它而倾尽全力时，才首次看到先生刀刃般锋利的思想。"樱井先生还说过，区分网野以前和以后的主要分歧点之一，正是"实证层面的问题"。本书序言提出了两个问题：天皇为什么没有断绝？为什么只有在平安、镰仓时期才涌现出许多优秀的宗教家？网野先生的精髓就体现在，他面对这两个谁都想敬而远之的难题，不是以意识形态式或外行评论家式的得意表情，而是实证式地面对，其结果当然是埋下了某些危险。

即使如此，这本标题奇异的著作从各方面来说，都是从当时学术界脱颖而出的异端。本书第5页关于"Engacho"有一段说"我(笠松)二十年前就开始思考了"。实话说，这个"二十年"

原文是"十年",是我擅自改成"二十年"的。不管多么亲密，改动他人文稿这种事情我也没有干过。该书出版前夕的某一天，网野先生照例坐在我旁边的桌子上工作。然后他说"这次要出本这样的书"，并给我看了校样的最初部分。书名是"无缘·公界·乐"，故事是从 Engacho 开始。愚笨又贸然理解的我，当即认为这是一本生涯波折的网野先生自传风格的学术随笔。从小就觉得"Engacho＝斩断缘"的我毫不犹豫地把"十"改成了"二十"。这就是至今都让我冒冷汗的事情真相。

虽然不值得炫耀，但我对中世词语"公界"略感兴趣，并写了一些与之相关的文章，可是我从这三个词语联想到的至多就是前文所述的内容。那么收到这本书的零售书店的困惑就更不堪设想了。当时网野先生自然还不是大书店里有"网野善彦专柜"的名人，从书名上也完全不可能知道此书应该归为哪一类。此书上市不久，被放在佛教书籍所属角落之事尚且不论，被放在"葬礼的方式"旁边这种像假事一样的真实事件也情有可原。

出版后，我收到了一本。因为前述的先入为主，我带着轻松的心情开始阅读，没多久就屏住呼吸，被强烈的紧张感包围，不得不正襟面对这本书。如终章所述：

> 我认为，从种种迹象来看，"无缘"原理在不管是未开化还是文明的世界各民族中都存在，并持续发挥作用。在这个意义上，它与人类的本质深刻相连……

对于至今为止由 22 篇短篇群构成的"种种迹象"中的诸个迹象，读者大概都有"种种感想"吧。有人被展现于眼前的新的中世风景所陶醉，相反，也可能有人或怀疑该迹象本身是否存在，或对以此为事实而推出的道理抱有异议。但整体上读完本书时，很多人不免和我有同样的感觉吧：自己在这种人类的无缘史中，究竟处于何处？当我们试着将自我投射到这种"无缘原理"中时，又该如何赋予在"文明"外皮之下延续的现代社会以意义？

本书刚上市时并没有什么反响，但销量逐渐增长，成为学术书籍中的畅销书。与之相随，读书界给予广泛赞誉，但学界的主流反应却是批判性的，听说某位研究者甚至要这本书绝版。为什么会出现这样截然相反的反应？如果沉迷于寻找网野先生所谓尽可能摊开的"包袱皮"的破洞，那么发现一两处"开线处"对于专业研究者来说并不那么困难。相反，作为知识人的业余爱好者却被这件颜色、花纹都未曾见过的包袱的奇诡之美所迷住……这样来说，事情也就是如此而已。那种常见的解释方法，即一方面源自战后历史学走入死巷所带来的焦躁，另一方面来自以石油危机为象征的增长神话的终结，恐怕也太过空洞了吧。

但可以说，在盲信"进步""成长"是"文明"的同义词这一点上，这本书确实让站在同一个舞台上的社会、学界切实感受到了这个舞台本身的危险性，从这个意义上讲，两者的反应差异并不具有什么意义。

当然，作为一位真挚的研究者，网野先生为了一一回答大家提出的批评，在大约九年后出版了增补版，主要增补三十条字数庞大的补注。这就是为什么它现在作为"图书馆系列"出版而被冠以"增补"的原因。不管恰当与否，我期待本书能长久地待在书店的货架上。因为我怀疑，在几年、几十年甚至几百年后，人们就真的不会受到这本书的任何冲击了吗。

（笠松宏至／日本中世史）

注 释

第一章 "Engacho"

1　名古屋称作"フンジョーケ"，也有"斩断 en"的护身术，但多数称作"カギカケタ"，动作也变成了食指、中指并拢的形状。

2　「子どもの眼」『文学』1976 年 12 月号。

3　阿部谨也氏在「アジールの思想」（『世界』1978 年 2 月号）提到了丹麦的儿童游戏。如果一个孩子迅速在自己周围画出一个圈，并喊出"helle"（庇护所），鬼就无法抓住他。这与"阵"完全一样。儿童游戏展现出的这种共性，是将这一原理思考为人类普遍性原理的重要线索。阿部氏的这篇文章与本书一样，从这一点出发，对西欧中世纪社会的庇护所做了很有意思的概述。

4　皆收录于『法制史論集』第 3 卷。

第二章 江户时代的断缘寺

1　『日本婚姻法史』。

2　同上，第 146 页。

3　同上，第 113 页。

4　同上，第 148 页。

5　同上，第 157 页。

6　同上，第 160 页。

7　高木侃『縁切寺満徳寺史料集』。

8　后述（第十八章）。

9　据说东庆寺是由丰臣秀赖之女作为住持，满德寺由德川家康孙女千姬的侍女作为代理住持。

10　「駈込み女の階層」『日本史研究』第 171 号。

11　拙稿「霞ケ浦四十八津と御留川」『歴史学研究』第 192 号。

12　阿部善雄『駈入り農民史』，第 146 页。

13　阿部谨也在「中世に生きる人々　2」(『月刊百科』第 182 号) 中也指出，牢房较之关押危害社会的人的一面，本来就具有暂时保护犯人免于追讨者行使武力 (复仇) 的一面。日本的牢房也可以这样看待吧。

14　后述的长谷川升的『博徒と自由民権』，是证明这一点的相当有趣的著作。

第三章　若狭的奔入寺——万德寺的寺法

1　『歴史地理』第 76 卷第 2 号。

2　此地名在加贺、越后、上野等地区常见，皆称作"しったか"，但若狭的中世史料中写作"しんたか"，实际上也可能读作促音，但此处暂且这样标注。

3　拙稿「若狭の駈込み寺——万徳寺の寺法をめぐって」『小浜市史紀要』第 4 号。

第四章　周防的"无缘所"

1　参照石田尚丰编『職人尽絵』(日本の美術　132 号) 等。

2　此云庆寺的附近有著名的陶器小镇濑户，恐怕也不是偶然吧。

3　参见胁田晴子「徳政令と徳政免除」『創立十周年記念 橘女子大学研究紀要』第 4 号。

4　参考神田千里「中世後期における〈無縁所〉について」『遥かなる中世』第 1 号。另外，根据神田的报告，我们知道了一些新的无缘所事例。云兴寺也是其中之一，在此深表谢意。

第五章　京都的"无缘所"

1　参照胜俣镇夫「国質·郷質についての考察」『岐阜史学』第 56 号，以及『中世政治社会思想 上』(日本思想大系　第 21 卷) 中胜俣氏执笔的『塵芥集』第 127 条补注。

2　『吉田家日次記』。

3　参考竹内秀雄『天満宫』第 198—209 页。

4　参照本书第十四章。

5　『日本仏教史』第六卷（中世篇之五），第 287 页。

6　『阿弥陀寺文书』。

7　以上据『真継文书』。

第六章　无缘所与氏寺

1　参见『静冈县史料』第 2—5 辑。

2　参照『武生市史』资料篇（神社、佛寺所藏文书）。此处由金龙静氏赐示。

3　参照『中世政治社会思想　上』第 254 页佐藤进一氏所做的头注。

第七章　公界所与公界者

1　此处及前述签押文书，均依据贯达人编『新编　相州古文书』第五卷。

2　此处蒙千千和到氏赐示。

3　参照『毛利家文书』『小早川家文书』。

4　拙稿「中世における鵜飼の存在形態——桂女と鵜飼」『日本史研究』第 135 号。

5　此份史料之所在，也承胜俣镇夫氏赐教。

6　收入『大系　日本国家史』第二卷。

7　收入『聖徳太子研究』第 8 号。

第八章　自治城市

1　『地方史研究』第 62、63 合刊。

2　『大湊町役场所藏文书』。这本账本中有一册是大湊老若中作成，盖有花押印的天文十六年五月吉日的「为末代可入日记」。它的最初部分是滨七乡及"大湊御被官中"给北畠氏的官员鸟屋尾氏提交的书信副本，其中一封盖的花押印就是"御被官中"。只是带有"大湊御被官中"的发出文书无一例外都被抹掉了。如何解释此事目前还没有定论，但事实上，大湊的老若——虽然很难断定是不是其中的所有人——也是北畠氏的家臣吧。不过之后"被官中"这一用语消失，"公界""老若"的称谓确立，因此可以认为大湊确立为自治城市是在这一年之后。此外，滨七乡也用两个花押印。这一点蒙小岛广次氏赐示。

3 「花押小史——類型の変遷を中心に」『書の日本史』第九卷。

4 西川幸治的『日本都市史研究』也注意这一点。

5 川添昭二『古代・中世の博多』『博多津要録』第一卷。

6 『櫛田神社文書』。参照后述胜俣镇夫的「楽市場と楽市令」，载『論集 中世の窓』。

7 参照『中世政治社会思想　上』第 80 页笠松宏至氏所做的头注。

8 『日本歴史』第 310 号。

第九章　一揆与总

1 载于『日本社会経済史研究　中世編』。

2 同上。

3 对此，大山乔平氏在论文「中世社会のイエと百姓」(『日本史研究』第 176 号) 中将"公界"解释为相良氏的法庭，反对这一解释。笠松、胜俣 两氏将"老若役人"合起来解释为相良氏的权力，稍显不明确，为大山氏 的这一解释留下了些许余地吧。但正如此处的修改，将其释读为"老若，……役人……"，并将"老若"解释为"公界"，则大山氏的解释就没有成立的 余地。特别是大山氏把"敬申之人虽有道理"解释为"发起诉讼的人虽然 有道理"，从语义上来说也完全站不住脚。相良氏认为在自己的法庭上提 出诉讼之人有道理，但审判后判其败诉等，是过于司空见惯的事情，特意 用法条将之规定下来很不自然，所以大山氏的解释终归是站不住脚的。另 外，大山氏反对笠松氏将法条中的"自然"解释为"万一"，并将其仍译为"自 然"，但这里也是笠松氏正确。另外，我觉得"公界"一词也不可能如大 山氏等人所说的那样，指代公权力。

4 『岩波講座　日本歴史』第 8 卷。

5 『中世政治社会思想　上』的解说。

6 「加賀一向一揆の形成過程」『歴史学研究』第 436 号；「戦国期本願寺権 力の一考察」『年報　中世史研究』創刊号等。

7 「一向一揆」，载『岩波講座　日本歴史』第 8 卷。

8 参照『一向一揆の研究』。

第十章　十乐之津与自由市场

1 拙稿「中世の桑名について」，载『名古屋大学文学部研究論集　史学』 第 25 号。

2 收入永原庆二编『戦国期の権力と社会』。

3 蒙胜俣镇夫氏垂示。

4 「松坂権輿雑集　天」。

5 「楽市場と楽市令」，载『論集　中世の窓』。

6 胜俣氏详细论证此份规定不是确立自由市场，而是颁布给现存自由市场的
　法令。

第十一章　无缘、公界、乐

1 「京都大学文学部所蔵文書」。

2 「轆轤師文書」。

3 『長遠寺文書』。

4 『新編　武州古文書』上卷。

5 「聖徳寺文書」。

6 『戦国社会史論』。

7 参照前揭「徳政令と徳政免除」。

8 『光明寺古文書』。

9 这种地方在现实中存在与否暂且不论，但它表现出了与日本人的"无
　缘""公界""乐"本质一样的，中国人对乌托邦的追求。

10 据服部英雄「開発・その進展と領主支配」『地方史研究』152 号，"十乐"
　一词已如柳田国男『地名の研究』所论，作为地名而广泛流传，但在中世，
　除了作为"十乐房""十乐法师"等人名出现外，它还广泛可见于庄园、
　公领的名称。正如服部氏所论，肥前国长岛庄的十乐浮田是免田，美浓
　国大井庄的是寄居民之田。服部氏认为十乐浮田构成了领主开发的核心，
　因此对十乐是某种"自由"这一点持保留态度，但这是与第二十章的"家
　宅"完全相同的问题，并不妨碍上述解释。另外，"寄居民"是流动性很
　强的人群，将此与这个词联系在一起并不奇怪。

11 『正法眼蔵』。

12 『円覚寺文書』。

13 收入『東福寺文書之一』。

14 参照中村元『仏教語大辞典』。

第十二章　山林

1 「延命寺文書」『千葉県史料　中世篇』诸家文书。

2　关于这一问题，櫻井德太郎编『山岳宗教と民間信仰の研究』详细论述。

3　西田真树「近世初期美濃国旗本領における農民闘争」『名古屋大学日本
　　史論集』下卷）注意到元和九年（1623）时村、时山村的百姓联署状中"因
　　此互相神水上山"中的"上山"一词。这可以说正是指"山林"吧。

4　平泉澄，前揭著作。

5　参照长沼贤海『日本海事史研究』。

第十三章　市场与宿所

1　『庄園解体過程の研究』第三编之第三章。

2　『小早川家文書之一』所收小早川家证文第 19 号。

3　『祇園執行日記』。

4　参见「後深草院崩御記」。此条蒙今江广道氏垂示。

5　前述京都内外的非人之中，处于六波罗探题管理之下的大笼（大楼）与检
　　非违使厅牢房之中的非人，是捕快〔放免〕、皂隶〔下部〕吧。如前所述，
　　牢房是无缘之地。散所非人是捐给东寺等寺院的散所法师，清水坂非人兼
　　作清水寺、祇园神社的犬神人，各自如捕快、皂隶一样，具有作为刑吏的
　　职责。阿部谨也「刑吏的社会史」（『知的考古学』第 6 号）一文中指出，
　　后来遭厌弃的西欧刑吏之职本是高贵的神圣行为，则中世前期的非人仍有
　　这种残影。不过，此处的散所非人是在京都没有特定据点，即"宿"的非人，
　　而散在非人或许是散居京都之外的山城国宿所的人吧。这些非人虽然属于
　　其他寺社，但都处在检非违使厅的管辖之下。这也是显示天皇与无缘地区、
　　无缘集团有关联的事例。

6　参照大山乔平「奈良坂·清水坂两宿非人抗争雑考」『日本史研究』169 号；
　　拙稿「非人に関する一史料」『年報　中世史研究』创刊号。

7　渡边广『未解放部落の史的研究』第 160 页。

8　竹内理三「大和奈良坂非人と京都清水坂非人」『鎌倉遺文』月報第 9 号。

9　非人之"宿"与驿舍之"宿"在实际样貌上虽不可视作同一物，但在作为
　　"宿"这一点上是相通的。镰仓前期，若狭国太良庄中让乞讨法师寄宿于
　　家中的大门傔仗，是一个寄居民。考虑到"宿"作为这种"无缘"之人"寄
　　宿"的场所及其固定的场所，则有可能将两者统一思考。

10　参照泷川政次郎『遊女の歴史』『江口·神崎』。

11　『吾妻鏡』。

12　池内义资、佐藤进一编『中世法制史料集』第一卷（镰仓幕府法）追加
　　法第 435 条。

13 『興津文書』。

14 阿部谨也「中世庶民生活点描 2 共同浴場」『月刊百科』第 182 号。

第十四章 墓地与禅律僧、时众

1 竹内理三，前揭著作。

2 松尾刚次「中世非人に関する一考察」（史学会第 75 届大会报告）。

3 『類聚三代格』卷十六。

4 『日本後紀』"大同元年八月二十七日"条。

5 户田芳实『日本領主制成立史の研究』，第 288 页。

6 『続日本後紀』。

7 大山乔平「中世の身分制と国家」『岩波講座 日本歴史』第 8 卷。

8 与鸭川西岸的东悲田院相对，作为安居院流倡导者而广为人知的安居院也辖有悲田院。这虽然不一定与河滩有直接关联，但救济施舍、治疗病人的悲田院显然是无缘之地吧。

9 『左経記』。

10 『天狗草紙』。

11 『徒然草』。

12 『史学雑誌』第 80 卷第 1 号。

13 『楠木合戦注文』。

14 『太平記』卷二十。

15 横井金男『北畠親房文書輯考』。

16 『光明寺古文書』卷 20—21。

17 『光明寺古文書』卷 5—11、15。关于此点的解释，蒙笠松宏至氏指点。

18 『中世政治社会思想 上』头注。

19 「東寺百合文書」し函第 7 号。

20 拙著『蒙古襲来』『日本の歴史』第 10 卷。

第十五章 关渡津泊、桥与劝进上人

1 『高山寺古文書』第三部第 94 号僧人运西的上申文。

2 『日本霊異記』。

3 日本史研究会史料研究部会编『中世の権力と民衆』。

4 参照中之堂一信前述论文。

5 同上。

6　『文学』第 45 卷第 8 号。

7　『定本　柳田国男集』第 5 卷。

8　『経俊卿記』。

9　『妙槐記』。

10　相田二郎『中世の関所』。

11　「勝尾寺文書」『箕面市史』史料编一。

12　在「中世に生きる人々　2」(『月刊百科』第 182 号)中，阿部谨也氏指出在西欧，船与房屋都是“和平领域”。

13　相田二郎「中世の接待所」『中世の関所』。

14　拙稿「日本中世における天皇支配権の一考察」『史学雑誌』第 81 卷第 8 号。

第十六章　仓库、金融与圣

1　『中世政治社会思想　上』。

2　永村真「東大寺大勧進職と油倉の成立」『民衆史研究』第 12 号。

3　『源平盛衰記』。

4　参照拙著『中世荘園の様相』。

5　「東寺百合文書」ム函「学衆方評定引付」“文和二年八月九日”条。

6　我们时常能看到与普通家臣形象不同，侍奉在将军、大名身边，在政治上也有很大发言权的童名人物，这与前述禅律僧或者室町将军的同朋众等具有同一意义。这一点与“男色”问题恐怕也有某种关系。

第十七章　游历的“职人”

1　『沙汰未練書』。

2　「東寺百合文書」ム函「学衆方評定引付」“贞治六年四月二十四日”条。

3　「壬生文書」。

4　赤松俊秀『古代中世社会经济史研究』第 426—431 页所载史料。另外，蒙今江广道氏赐教，这一史料与「実躬卿記嘉元四年卷紙背文書」中的文书相关。

5　『梅松論』。

6　拙稿「中世前期の〈散所〉と給免田——召次・雑色・駕輿丁を中心に」『史林』第 59 卷第 1 号。

7　『明月記』。在原始社会中根源极深的飞砾，也与无缘之人或者“祭”等无缘之场关系密切。

8 『醍醐寺文書』寛元元年七月十九日関東下知状。

第十八章　女性的无缘性

1 『本朝無題詩』。

2 『醍醐寺文書』之八。

3 『光明寺古文書』。

4 参照宇野修平编『備中真鍋島の史料』第一卷,『常民文化研究』第 76 号。
这本史料集由日本常民文化研究所于 1955—1957 年出版，共五册，尽管
做了充分的准备，但由于种种原因而未能彻底完成，不得不说是一件非常
遗憾的事情。

5 福尾猛市郎『日本家族制度史概説』。

6 『光明寺古文書』等。

7 参照柳田国男『族制語彙』。

8 当然，战场上女性应该与时众一样，居于"不及敌我双方之裁断"的立场。
我识见不多，无法举出日本具体的例子来说明女性作为护士的角色是以何
种形式出现的，但我确信红十字会这一组织的源流也可能存在于日本。

第十九章　寺社与"不入"

1 笠松宏至「仏陀施入之地不可悔返」『史学雑誌』第 80 卷第 7 号。

2 『河上神社文書』。

3 此事例蒙笠松氏指教。

4 『葛川明王院文書』。

5 『金剛寺文書』。

6 「桂林寺文書」。

7 「法住寺文書」，收入『加能古文書』。

8 「大福寺文書」，『静岡県史料』第 5 辑。

9 「根来要書」。

10 「寛元寺文書」。

11 「広福寺文書」。

12 「金山寺文書」。

13 「新興寺文書」。

14 小山靖憲「初期中世村落」『講座　日本史』第 2 卷。

15 参照赤松俊秀「南北朝内乱と未来記について」『鎌倉仏教の研究』;「高野山御手印縁起について」『続　鎌倉仏教の研究』。

16 櫻井好朗『神々の変貌——社寺縁起の世界から』。

17 关于后一个问题,有前文提及的金龙静氏的一向一揆相关论文,可以说是最近的成果。

第二十章　作为"庇护所"的家

1 『史学雑誌』第 81 卷第 6 号。

2 户田芳实「中世の封建領主制」『岩波講座　日本歴史』第 6 卷,1963。

3 『中世政治社会思想　上』,参照胜俣氏的补注。

4 同上。

5 石井良助『日本婚姻法史』第 213 页载此事例,并称是金山正好氏指教了村田光彦『千人頭石坂家の秘録』(『多摩文化』第 4 号)这篇文章。

6 「中山法華経寺所蔵日蓮筆双紙要文紙背文書」。

7 『史学雑誌』第 81 卷第 6 号。

8 户田芳实「律令制からの解放」『日本民衆の歴史』第 2 卷。

9 阿部謹也氏与网野的对谈「中世に生きる人々　1」(『月刊百科』第 181 号)中阿部氏的发言。

10 大山喬平「中世社会のイエと百姓」。

11 据竹田旦的『日本の家と村』,家(イヘ)的"ヘ"是"ヘッツイ",也就是灶台,房屋(ヘヤ)的へ也是一样。

12 『中世の法と国家』。

13 户田芳实『日本領主制成立史の研究』。

14 石井進『中世武士団』『日本の歴史』第 12 卷,及「中世社会論」『岩波講座　日本歴史』第 8 卷。

15 『日欧文化比較』(大航海時代叢書XI)。另参考胜俣、石井两氏的前揭论文。

16 田沼睦「〈とはずがたり〉の下人史料」『月刊歴史』第 10 号。

第二十一章　"自由"之平民

1 拙著『中世荘園の様相』。

2 拙稿「一三世紀後半の転換期をめぐって」『歴史学研究』第 269 号;「鎌倉末・南北朝期の評価について」『日本史研究』第 64 号。

3 关于"家族型"与"家礼型"的主从关系之区别,参考佐藤进一编『日本人物史大系』第二卷（中世）第 6—12 页的佐藤氏的论述。

4 『ヒストリア』第 47 号。

5 参照大山乔平「中世社会の農民」（『日本史研究』第 59 号）及前揭论稿。

6 『唯物史観』第 3 号。

第二十二章　未开化社会的庇护所

1 石井进「中世社会論」。

2 石井氏对平泉氏此项研究给予了很高的评价，称其“非常出色”，但我完全反对这样的评价。

3 同书 115 页。如后文所述，平泉氏也承认朝鲜半岛存在《三国志·魏书·韩传》中称作“苏涂”的庇护所。那么，若以平泉氏此处所言为事实，从原始民族没有庇护所这一平泉氏的论点来看，自然可以得出当时的日本比朝鲜要原始得多的结论。然而平泉氏并不这么说。这种“国粹主义”造就了平泉氏日后的皇国史观，而这种观念至今仍未完全被克服吧。

4 中村吉治「田地に神木を立てること」『中世社会の研究』第 3 章。

5 「中世の政治・社会思想」『岩波講座　日本歴史』第 7 卷。

6 三品彰英『新罗花郎之研究』所收「朝鲜民俗学」提到“苏涂”以及天道地，指出它与边界相关，且“它存在的社会，存有原始性成年仪式及未婚男青年集会所”，而这与花郎集会一样的男子集会不无关系。这与中泽厚在『山梨県の道祖神』等中指出的道祖神与成年仪式、道祖神场等有很深联系，而且与作为“无缘”之场的老众、若者——老若这一组织有关。另外，苏涂以树木为标识，就相当于前文提到的“神木”，而“边界”有神圣的别邑这一点，也与前述日本的“无缘”之地的状况完全相似。

7 永留久惠「天道信仰に関する考察」『対馬風土記』第 6 号。

8 或者这件事本身，就可能展现了本章注释 3 中所提到的日本古代的原始性。

第二十三章　人类与“无缘”原理

1 维克多·特纳在《仪式过程》中详述，“阈限与交融”的问题正与这一问题相通。

2 参照阿部谨也『中世を旅する人びと——ヨーロッパ庶民生活点描』。

补论一　城市成立之地——江心洲、河滩、水滨

1　关于坚田,参照拙稿「中世の堅田について」『年報　中世史研究』第 6 号。

2　拙稿「日本中世都市をめぐる若干の問題——近江国高島郡船木北浜を中心に」(『年報　中世史研究』第 7 号) 提及了船木北浜。

3　比如, 尽管许多人热切希望保存下来但最近仍被破坏的横滨市上行寺东遗址, 以及现在正面临破坏危机的静冈县磐田市的一谷坟墓群遗迹, 作为与中世城市相关的遗址, 其 "场地" 本身就具有重要意义, 且向我们提出了极其有趣的问题。对此可参照『歴史手帖』14-11 (1986) 的特集「シンポジウム 中世墳墓を考える——中世都市と場をめぐって」、千千和到氏「仕草と作法」(日本の社会史第八巻『生活感覚と社会』, 岩波書店, 1987) 等。

补论二　集市之场所——和平与自治

1　丹生谷哲一氏『検非違使』(平凡社 , 1986);拙稿「検非違使の所領」(『歴史学研究』第 557 号)。

2　石井进氏「中世都市としての鎌倉」『新編　日本史研究入門』, 東京大学出版会, 1982。

3　勝俣鎮夫氏「売買・質入れと所有観念」(日本の社会史第四巻『負担と贈与』, 岩波書店, 1986) 中, 对集市场所的特质给予确切的论述。

补论三　初穗、出举、关税

1　『日本の古代国家』(岩波書店, 1971)。

2　「稲作民の再生儀礼」『日本民俗研究大系』第 2 巻, 国学院大学, 1982。

3　「吉田文書」。

4　拙著『中世荘園の様相』(塙書房, 1966)。

5　『高野山文書』又続宝簡集八十七。

6　「興福寺本信円筆因明四相違紙背文書」。

7　「比志島文書」。

8　「王朝都市と荘園体制」『岩波講座　日本歴史』4, 1976。

9　小田雄三氏「古代・中世の出挙」(日本の社会史第四巻『負担と贈与』, 岩波書店, 1986) 是这种新尝试之一。

10　『中世の関所』(畝傍書房, 1943 ; 吉川弘文館, 1983)。

11 拙稿「中世「芸能」の場とその特質」(日本民俗文化大系第七卷『演者と観客』, 小学馆, 1984)。

12 『平戸記』。

13 「米良文書」。

14 我认为"高纳"和"高质"一样, 意思是收取比平常更高的关税。『早稻田大学所藏 (荻野研究室收集) 文书』上卷 (吉川弘文馆, 1978)「上贺茂神社文书」文永元年六月日权祝贺茂某某的诉状中有"一庄民等济物高纳之由回新仪之今案, 致谋略之诉讼", 与此也是同样意思吧。

15 『中世の関所』(畝傍书房, 1943 ; 吉川弘文馆, 1983)。

16 拙稿「中世の旅人たち」(日本民俗文化大系第六卷『漂泊と定着』, 小学馆, 1984)。